BIBLIOTHÈQUE DE GÉOGRAPHIE ET VOYAGES

ANDRÉ MAUREL

PETITES

VILLES D'ITALIE

II

BIBLIOTHÈQUE DE GÉOGRAPHIE ET VOYAGES

PETITES

VILLES D'ITALIE

II

BIBLIOTHÈQUE DE GÉOGRAPHIE ET VOYAGES

ANDRÉ MAUREL

PETITES VILLES D'ITALIE

II

ÉMILIE - MARCHES - OMBRIE

MILAN — PAVIE — PLAISANCE — PARME — MODÈNE —
BOLOGNE — FERRARE — RAVENNE — RIMINI —
PESARO — URBIN — PÉROUSE — ASSISE — SPELLO —
MONTEFALCO — SPOLÈTE — ORVIETO — VITERBE, ETC.

DIXIÈME ÉDITION

LIBRAIRIE HACHETTE

79, BOULEVARD SAINT-GERMAIN, PARIS

1920

A MADAME PIERRE MAUREL

EN TÉMOIGNAGE

DE FRATERNEL ATTACHEMENT

A. M.

PETITES
VILLES D'ITALIE

I

SUR LE CHEMIN DE ROME

Milan.

Il pleut. Stendhal prétend que rien n'est plus magnifique que la dentelle du Dôme sous les rayons de la lune, à minuit. Je suis obligé, et, si je m'en rapporte à bien des témoignages, tout le monde est soumis à la même nécessité, de l'en croire sur parole. Quatre fois déjà, à plusieurs années de distance, j'ai posé sur le pavé retentissant de cette ville fiévreuse mon pied joyeux et impatient. Quatre fois, ma botte présomptueuse a reçu son châtiment de boue. Stendhal aimait trop Milan pour la voir sans partialité — à moins qu'avec les jours héroïques des temps stendhaliens, le soleil et la lune ne soient défunts dans le ciel milanais.

Que nous reste-t-il, au surplus, du spectacle dont l'amant de Louason promenait à travers l'Europe le regret contagieux ? Une ivresse musicale, une passion amoureuse et ce goût de l'intrigue

puérile, de la fronde en chambre et des mesqui-
neries politiques dont *La Chartreuse de Parme* nous
offre la quintessence. Je sais bien que Milan, aujour-
d'hui, même si les étoiles luisaient encore au-dessus des clochetons de marbre, ne peut même plus
murmurer ce qu'elle chantait alors aux oreilles du
jeune Fabrice del Dongo, lorsqu'il accompagnait
la duchesse de Sanseverina à la Scala. Le théâtre
s'ouvre encore, mais à de paisibles bourgeois que la
prospérité matérielle ne dispose à aucune appli-
cation contemporaine des cris vengeurs poussés
par Guillaume Tell contre l'autrichien abhorré.
Milan ne pense plus à l'Autriche. Elle est la grande
bénéficiaire de l'unité et sa richesse, son activité
en font la vraie capitale, en ce siècle d'affaires,
de l'Italie. Tout de même, Milan possède encore
des trésors qui n'ont rien de commercial ni d'in
dustriel. Ce sont eux que je viens chercher et voici
que mon reproche à Stendhal peut m'être retourné.
Ni lui, ni moi ne voyons ce qu'il faudrait regarder.
Nous ne goûtons pas les mêmes choses et les choses
que nous goûtons, chacun, ne sont peut-être pas
celles qui mériteraient d'être goûtées. Stendhal ne
dit rien, ou du moins ce qu'il en dit disparaît derrière ses transports juvéniles, des chefs-d'œuvre
que Milan recèle. Et tandis que je poursuis ceux-ci,
je ferme les yeux à cet autre chef-d'œuvre que sont
le travail et la bonne chère sur cette terre musarde
et frugale.

Heureuse diversité des voyageurs ! Montaigne et
sa néphrite, le président de Brosses et ses bagages,
Stendhal et ses amours, voilà trois Italies. Chaque
pèlerin en construit une à son image et pour peu

qu'il revienne en des lieux déjà vus, c'est une vision différente, contraire souvent, qu'il aura. Quelle sera la mienne aujourd'hui ?

Il pleut. Que m'importe ? Milan ne me sert qu'à prendre haleine. Son développement actuel la rend l'égale des plus grandes, qui vivent surtout du passé. Et si je songe à parler d'elle un jour, ce ne peut être qu'avec Rome, Florence, Naples et Venise. Elle ne peut, si vivante et si moderne, figurer dans mon petit musée, sur mon obituaire. Milan est le plus éloquent témoignage de vitalité. Si exaltantes que soient des églises comme San Maurizio et Santa Maria della Grazie, si émouvantes que soient la Brera et l'Ambrosienne, elles ne le sont qu'au touriste. L'homme qui réfléchit un instant aux causes et aux effets et se laisse aller, lorsqu'il ne les provoque pas, aux impressions qui l'assaillent, quelles qu'elles soient, celui-là ne peut regarder Milan ni penser à elle indépendamment de sa force contemporaine, de son rayonnement matériel et du symbole ultra-moderne qu'elle offre à nos méditations. Quelle admirable Milan je vois à peindre sur le volet du triptyque, là où l'on agenouille le donateur! En pendant, je mettrais Gênes et les deux cités fécondes veilleraient sur les reliques éparses dans toute l'Italie et dont les beautés mortes nous sont offertes resplendissantes, grâce, en partie, à leur énergie laborieuse, à leur prospérité sans cesse accrue.

Partout en Italie, sauf en quelques coins nettement retranchés du présent, partout, sans doute, la vie moderne se montre à côté du passé. Celui-ci domine toujours. A Milan il est aboli. Les musées

ne sont que des musées, c'est-à-dire des asiles of-
ferts à ce qui n'a plus sa place en ce monde. Les
œuvres ne brillent que de leur seul et intrinsèque
mérite. Plus rien ne les relie à la cité, qui triomphe, comme Paris autour du Louvre. Milan c'est
la galerie Victor-Emmanuel, ce n'est pas le castello ;
c'est le Dôme gothique, achevé depuis un siècle à
peine et non pas le portique de San Lorenzo.

Milan n'est rien moins qu'une « petite ville ».
Autant et plus que certaines, elle cache des merveilles d'intimité poussiéreuse, comme la piazza
dei Mercanti et la piazza Fontana. Le tumulte de
la place du Dôme, qui s'entend jusque-là, ne permet
pas d'en jouir purement. Les vieilles choses veulent
autour d'elles du silence. Et Stendhal aurait toutes
nos approbations s'il avait été milanais en 1900.
Ce grand garçon anguleux que j'ai vu, tout à
l'heure, traverser en courant, chaussé d'escarpins
légers, la galerie Victor-Emmanuel, n'était-ce pas
notre cher commissaire des guerres ressuscité ?
Voilà comme il devait se ruer, le visage contracté,
ainsi que ce nerveux et pressé jeune homme, vers
la porte d'Angéline ou les galeries de la Scala !
Stendhal fut toujours en avance. Il avait deviné,
en 1830, qu'on ne le comprendrait qu'en 1880. Il
vivait aussi cinquante ans trop tôt.

Laissons donc, pour la quatrième fois, Milan à
sa gloire moderne, à son labeur, inconciliables avec
notre préoccupation. Je ne m'y suis arrêté que
pour souffler et, malgré le mot d'un maître vénéré,
y prendre aussi un peu d'air italien :

— Milan, disait-il, ce n'est pas l'Italie !

Jamais l'admirable pensée de Sainte-Beuve :

« Une vérité est moins vraie exprimée que conçue », ne s'illustra mieux que par cet exemple. Si, Milan c'est déjà l'Italie. Mais ce ne l'est que « déjà ». Et il me faut errer au hasard dans la Brera familière, pour penser exclusivement à la tâche que je viens continuer, à mes amours poursuivies. Les salles toscanes et les salles vénitiennes me rappellent mes précédents voyages. Les œuvres des écoles ferraraise, ombrienne, bolonaise, parmesane, et celles des grands maîtres que leur génie a rendus cosmopolites, ouvrent devant moi l'horizon dont j'ai moi-même sévèrement dessiné la ligne.

*****

En abordant, il y a deux ans, la rive de Lecco je m'écriais avec Goethe : « Si l'on m'eût traîné à Rome sur la roue d'Ixion, je ne me serais pas plaint ! » Goethe ne connaissait pas encore, et pourtant, les chemins de fer. Si « ixionesques » qu'elles soient, les roues des wagons italiens n'eussent pas plus effrayé son zèle qu'elles ne diminuent mon ardeur. J'ai voulu, au contraire, prolonger leur délicieux supplice. Et je vais vers Rome par le chemin des écoliers. Chemin bien calomnié ! Les écoliers apprennent autant aux buissons qu'à la classe. Ils voient agir la doctrine. C'est bien ainsi que je comprends ma route buissonnière. Rome doit toute sa splendeur à des artistes qu'elle n'a pas enfantés. Devrai-je donc passer par la Grèce et l'Asie ?... Pour le moment, je ne veux pas entrer à Rome avant d'avoir demandé aux cités et aux paysages dont elle profita tous les témoi-

gnages qu'ils peuvent fournir. J'ai déjà parcouru
la terre des Michel-Ange, des Titien, celle des
Giotto et celle des Bramante. Je vais aujour-
d'hui parcourir celle de Raphaël, de Pintur-
ricchio, de Corrège, de Francia et de Signorelli.
Alors, me semble-t-il, je serai plus à même de
goûter Rome et sa synthèse. Lorsque les êtres et
les choses auront mis sous mes yeux leur fleur
adolescente, je pénétrerai mieux leur maturité.
Écolier, je chercherai, dans les champs, à deviner
le mystère des éclosions, afin de mieux goûter
l'épanouissement. Rome est au bout de mon chemin. Avec quelle nonchalance de gamin paresseux
je m'avance vers elle ! Rien ne presse. Je ne risque
aucune déception à exciter mes désirs en retenant
mes pas. Rome est une belle qui peut se faire attendre.

C'est dans cette sécurité que je trace ma route
ou plutôt que ma route s'impose à moi. Les petites villes de l'Émilie, des Marches et de l'Ombrie
sont les étapes de ma connaissance romaine. Les
bijoux et les toilettes d'une femme renseignent sur
la moralité de celle-ci. Les parures de Rome disent
sa mentalité. Je vais couvrir la voie émilienne,
puis la flaminienne et ce seront tous les joyaux
de la couronne romaine que je dénombrerai. Et
voici qu'à l'égal de la signification artistique, la
signification sociale luit d'un plein éclat. La contrée où je m'engage et où je ne voulais suivre tout
d'abord que les sillons lumineux des peintres et
des architectes, se trouve, lorsque je pense aux
événements dont elle fut le théâtre, compléter et
préciser mon dessein. Quelle avenue magnifique !

A droite les rameaux raphaëlesques, à gauche les branches pontificales. Forêts différentes, mais qui bordent strictement le chemin et vont se confondre bientôt. Depuis Pavie jusqu'à Orvieto, j'entendrai la voix des grands hommes dont Rome possède les chefs-d'œuvre ; j'entendrai aussi la voix des peuples dont la papauté subjugua le front.

Écrire par les villes de l'État pontifical l'histoire de cet État, la tâche est belle. Elle n'est pas la tâche d'un voyageur. Ce qui est la sienne, c'est d'obéir scrupuleusement à toutes ses impressions. S'il lui est donné, de par l'unité même que le hasard géographique et le choix artistique lui ont fournie, d'apporter à son récit plus de cohésion qu'il n'est coutume en ce genre, de soumettre, grâce à son itinéraire, son œuvre à une idée générale, de composer enfin un livre et non de juxtaposer des pages, c'est un avantage dont il serait fou de ne pas profiter. Et puisque chaque ville du pays que je vais parcourir fait partie du domaine de l'Église, ne nous refusons pas à jalonner l'histoire. Pavie, c'est la naissance. Spolète, c'est l'anarchie. Pérouse, c'est l'éclipse ; Orvieto, le relèvement ; Pesaro, le plus bel effort pour créer le royaume. Urbin, c'est le faste ; Bologne, l'apothéose ; Ancône, l'agonie et Modène, la mort. Ayant vu ce que Rome a fait, je pourrai mieux comprendre ce qu'elle a été et ce qu'elle est devenue. Il n'est rien comme la vie d'un personnage pour expliquer son œuvre et la curiosité n'est pas malsaine qui nous pousse à tant désirer connaître l'intimité des grands hommes. Ainsi de Rome, personnage prodigieux, d'un tel génie, auteur d'une œuvre incomparable !

Le champ est vaste. Pour ne pas m'y perdre, il
n'est que deux guides. D'abord ne m'écarter jamais de la route tracée, saisir les fleurs qui s'of-
friront d'elles-mêmes sur les branches traînantes
sans vouloir courber les plus hauts rameaux, même
si ce sont les plus chargés des plus belles grappes ;
il ne faut pas plus forcer les hommes que les
choses.

Le second guide, c'est de ne pas oublier que
Rome ne doit figurer ici que comme État et jamais en tant qu'Église. Tout à l'heure, à San Maurizio, parmi les Luini qui couvrent tous les murs,
j'ai vu le portrait de Bentivoglio et de sa femme
Ippolita Sforza. Chassés de Bologne, en 1532, ils
se réfugièrent à Milan et ils furent les donateurs
de ces fresques impérissables. Ils ne rendirent
pas la divinité responsable du sort rigoureux qu'ils
devaient pourtant à son représentant sur la terre.
Imitons leur sagesse ; sur cette terre pontificale,
elle est la garantie de notre impartialité, elle
répondra de notre justice.

II

LA PARIÉTAIRE

Pavie.

L A vallée du Pô, qui s'élargit encore grâce au Tessin et autres petits tributaires, répand dès la sortie de Milan sa richesse imposante. La profusion du ciel, les hommes sans littérature l'utilisent et le sol altéré répudie l'optimisme de Stendhal. Sur cette terre unie et plate, les nuages déversent leur nappe et le chemin de fer semble courir sur une lagune, mais une lagune féconde où les arbres naviguent, où l'eau fleurit. De grands rectangles sont méthodiquement taillés au milieu des champs, tandis que les bordent des ormeaux et des saules, qui se penchent pour mirer leur fraîcheur dans les lacs sans fond des rizières. En ce printemps tardif, les petites pointes de la céréale asiatique n'apparaissent pas encore. Bientôt la plaine lombarde ne sera plus qu'un tapis verdoyant et le grain de riz cherchera à son tour son image parmi les eaux paisibles et basses sous lesquelles il germa. Déjà, par instants, la plante apparaît et nos yeux français ont des visions tendres de cressonnière.

Sur la digue, le train roule, et je guette au loin la lanterne et les clochetons de la chartreuse. Cette orgueilleuse sépulture d'une race avide qui réunit éloquemment les rejetons de l'évêque et du condottiere, cette sépulture, à mi-chemin de ma première étape, sera le pont qui me fera passer sans brusquerie de la vivante Milan à la morte Pavie. Derrière son rideau de peuplier, elle apparaît ; ses briques ajourées étagent leurs colonnades et les tours carrées de l'abside portent avec aisance, peut-être avec trop d'aisance, leurs petits clochers. Elle est seule, dans cette plaine, au milieu de ces marécages, cette église rougeoyante. On cherche la ville dont elle abritait la prospérité, dont elle embellissait la pauvreté. Le mur qui ferme l'enclos au milieu duquel se dresse ce géant basanné, n'a jamais délimité qu'un sépulcre et retranché du monde que des gardiens silencieux. Par-dessus les pierres, on aperçoit les toits des cellules, les vingt-quatre cellules où se rachetaient nuit et jour les crimes des Galéas et des Maries, ces crimes que le faste du tombeau ne saurait imposer à la clairvoyance divine s'il les recommande à la complaisance humaine.

Par un chemin boueux, une voiture d'une prodigieuse stabilité porte les visiteurs jusqu'à l'entrée de la cité humble et magnifique et, la voûte franchie, il n'est plus dans les cœurs qu'indulgence et gratitude. Je me souviens, lorsque apparaît le portail miraculeux, de la phrase de Goethe : « Bien des désastres ont affligé le monde, mais il n'en est point qui aient causé autant de plaisir à la postérité que la destruction de Pompei ».

L'ambition des Sforza déchaîna sur l'Italie les dernières convoitises sous lesquelles elle succomba

mais nous lui devons ce monument où depuis cinq
cents ans le monde se grise de magnificence et re-
trempe ses vertus esthétiques. Quelle prodigalité
et quelle discrétion ! C'est tout le goût, cette union
de deux contradictions enfin conciliées. Tout de
suite, à ma mémoire revient la chapelle Colleone
de Bergame. Elle est ici, mais non plus en délas-
sement, en sourire d'un artiste qui s'amuse à pétrir une figurine. Voici vraiment l'œuvre maîtresse,
celle que, sortie des doigts d'un sculpteur ou d'un
peintre, les musées ou les milliardaires s'arrache-
raient. Jamais l'art décoratif n'a atteint une telle
richesse dans l'harmonie, la proportion et la délicatesse. A Venise, la façade de San Zaccaria et la
façade de Santa Maria dei Miracoli donnent la
même impression d'achevé et de complet. Elles ne
triomphent pas de la profusion. Leur modération
a voulu être pure et, ici, la pureté subsiste dans
l'excès. Ces fenêtres aux marbres divers et trans-
parents sous la taille ajourée dont on les a effilés,
ces médaillons et ces bas-reliefs que le temps a
patinés comme des ivoires, font à la porte qu'ils
flanquent le plus éblouissant des cadres. Les piliers
s'avancent entre chaque ouverture, s'élancent vers
la frise et leur massivité disparaît, creusés qu'ils
sont en niches où des statues s'abritent. Ce ne sont
plus des piliers mais des fûts du haut desquels
les saints président au sanctuaire.

Levant la tête, je suis leur ligne et je les aperçois qui se hâtent pour enlever, au-dessus d'une
petite galerie, le massif à lunettes, sans dentelles,
sur lequel le fronton reposera. Tel qu'il est
aujourd'hui, si logiquement lisse puisque les yeux

n'en peuvent discerner que l'ensemble, ce second
étage écrase le premier, rieur, de sa sévérité.
Comme les Sforza, leur tombe n'acheva pas sa carrière. Amadeo n'a laissé à l'amusement de la postérité qu'un chef-d'œuvre interrompu. Il l'a laissé
si joyeux et si frais qu'on dédaigne bientôt le
plaisir de la mélancolie pour se livrer tout entier à
la joie, à l'orgueil d'être un homme et de vivre,
d'être de ceux dont les pères accomplirent ce miracle — et de le voir.

Serait-ce parce que le dessin en est plus familier à mes yeux français? La nef et les absides ne
m'ont procuré aucune allégresse. J'ai goûté, certes,
aussi, la richesse des chapelles, les fresques de
Pordenone, que je dédaigne un peu, devant le
voir dans sa gloire, demain, à Plaisance; j'ai goûté
les tombeaux aussi magnifiques que la façade et
plus riches encore. Je me suis extasié, plein de
politesse envers le troupeau au milieu duquel le
guide m'a poussé, devant les anges de marbre cri-
blés de pierres précieuses; le jubé de bronze, si
pesant dans ses découpures, a recueilli mes déférences. Il est souvent difficile de choisir et c'est
une épreuve trop fréquente que les monuments
ou les musées vous imposent. Sous la parole
péremptoire d'un conducteur galonné ou sous
le prestige d'un assemblage majestueux, l'état de
révolte perpétuelle que nécessite la résolution
d'impartialité, répugne à notre paresse et à nos
sacrifices. Être venu de si loin et dédaigner quelque
chose! Il faudrait du moins se donner des raisons, et l'on est souvent bien fatigué... La foule
est sage de bayer aux chapelles si froides et de rire

à ce moine peint dans une fenêtre peinte et qui
prête à ce noble vaisseau l'apparence d'un guignol.
Il me reste néanmoins assez de patience pour m'arrêter devant le tombeau de Gian-Galéas Visconti.
Sous la voûte basse qui forme ce petit sépulcre, le
sarcophage porte, couché, le profil vorace de celui
que grisa la gloire des Valois auxquels, pour le
malheur de sa descendance, il prit Isabelle et
donna Valentine. J'envoie un dernier salut au
gentil Amadeo qui a conçu cette tombe comme
un cabinet. Les meubles de la renaissance française
procéderont directement de ce mausolée et il n'est
pas jusqu'aux torchères à sphinx et aux statuettes
dévêtues du sommet, posées là comme des
bronzes sur un bahut, qui n'ajoutent à cette
ressemblance. Par quelle injustice la victime de
ce Galéas, Ludovic le More, qui mourut chez
nous, et sa femme Béatrice d'Este, n'ont-ils ici que
les débris de leur tombeau ? Deux statues, échouées
dans le transept, par Milan rejetées, perpétuent
leur fourbe et gracieux souvenir. Je m'amuse un
instant, enfin, à confronter entre elles les sept du-
chesses, qui s'offrent au-dessus d'une porte comme
une enseigne pompéienne et je me hâte vers le
cloître de la fontaine où m'attend, je le sais, ce
qu'il y a de plus savoureux : une expression d'art
parvenue à son achèvement.

Autour d'un jardin que dessinent des corbeilles
aux arbrisseaux trapus et que, du haut de sa vasque, un petit dieu surveille, le plus délicat et le
plus nouveau, pour nos yeux, des cloîtres aligne
ses arcades. Sur un mur bas, des colonnes de marbre sont posées, unies et fines. Elles détachent

leur chaude blancheur sur l'aveuglant crépi du
fond. Mais leur miracle ce n'est pas leur légèreté
ni leur chaleur. C'est leur couronne : leurs arcs et
leur frise, leurs figures et leur guirlande, presque aussi fouillés qu'un plafond rococo et qui
n'abandonnent rien de leur grâce ni de leur
aisance. La magnificence de la façade et la majesté
des nefs, cette abondance de marbres, matière si
riche et solennelle, m'avaient fait oublier ma première vision. Au milieu de ce cloître, rouge de
tous les tons du rouge, depuis la brique jusqu'à la
tuile lavée par cent ans de pluie, je reste subjugué
par cet art charmant, l'art de la terre durcie au
feu, l'art de la brique architecturale et de la terre
cuite ornementale.

Quatre étages en échelle, tout fleuris de décors
les plus fins, mesurent à ce jardin sa part de ciel
et pourtant ne l'étouffent pas. Il semble qu'à être
traités en terre et cuits, les ornements perdent ce
que leur prodigalité leur donne de fatale lourdeur.
Des pinacles, au-dessus du premier toit, coupent
la sécheresse du second et rompent la ligne de la
galerie qu'un troisième toit surmonte pour supporter encore, dans un troisième retrait, une galerie
encore ! Le dôme, à pans, de l'église et sa lanterne,
si habilement placés au-dessus de l'un des angles,
viennent sans doute alléger, avec les clochetons du
transept, la masse hardie et ces arcs ouvragés
comme un coffret. L'hémicycle, sorte de tribune,
si bizarrement juché au niveau du troisième étage,
égaie la froide monotonie des lignes. Mais la beauté
n'est pas, ici, dans les profils. Elle réside toute
entière dans la couleur, dans cette gamme qui va

du rouge vif au rouge lie, dans l'ornementation, si vivante, sans sécheresse et sans ombres cependant. La grâce et le charme en sont doux et riches à la fois. Le mariage de la brique et de la terre cuite, la terre où l'on voit d'un œil attendri la trace du doigt qui vient de la pétrir, est le plus heureux qu'âme d'artiste ait pu concevoir. Ce n'est point grand peut-être. Cela n'a pas la sévérité nécessaire à la grandeur, cela n'a pas de majesté. Mais quelle incomparable fête de feu qui s'éteint, caresse ineffablement douce aux yeux éblouis par les marbres dont Florence et Venise ne cessent de vous écraser ! Sous ce ciel gris, le regard se plaît à ce tendre décor et la moindre ivresse n'est pas de participer au génie lombard qui sut si bien construire pour sa réjouissance et si bien embellir ses paysages inondés d'un fulgurant éclat.

** * **

Ceux qui édifièrent ce tombeau somptueux l'avaient bien placé pour leur orgueil et leur domination. A deux pas de la vieille et déjà défunte Pavie, ils triomphaient chaque jour, chaque cercueil assurant leur gloire, et se promettaient une durée dont ils refusaient rageusement la joie à la race d'Alboin. De quels débris Pavie, la Pavie italienne, est-elle bâtie ? Seuls les remparts moussus, que les années ont comblés et comblent encore, rappellent la vieille capitale de Luitprand. Quel lien fragile pour me rattacher ! Du haut du pont couvert, sur le Tessin, j'ai longuement fouillé des yeux ces murailles que l'impartiale nature est

seule à soutenir encore. Des masures et des clochers
qui les surmontent, il ne m'est venu aucune voix
qui me parlât la langue que je désirais entendre.
Tout, d'autrefois, est détruit. Pour édifier la cathédrale, il a fallu jeter bas deux églises. San Michele Maggiore est une basilique rapetassée. L'Université date du More. Le castello est l'œuvre de
Galéas II, monument classique du genre militaire et seigneurial. La Canepanova est de Bramante et, sur la place du peuple, la seule mémoire
dont Pavie s'énorgueillisse est celle des Cairoli.
Héros! Comme ce Garibaldi qui, sur la place du
château, défie la vieille servitude. Notre temps, du
moins, se contente de ce défi. Il ne ruine pas le
témoignage de la victoire. François Ier et les Na-
poléons ont pu combattre autour de ces murailles.
Ils n'ont pas renversé les souvenirs des Sforza.
Ceux-ci ont tout abattu. L'Italie s'est acharnée sur
les dépouilles des hordes descendues des bords de
l'Oder pour coloniser cette terre fertile et y vivre
mollement. Un nom, Lombardie, voilà tout ce
qui subsiste, tout ce qui rappelle une puissance
qui ne fut pas sans justice ni sans bonne volonté.

Quittant le pont couvert, je me suis avancé le
long des maisons pauvres, et j'ai tourné autour des
églises pour leur arracher un secret. Aucune ne se
distingue par quelque beauté particulière. La façade de San Francesco est excessive et ma complaisance pour l'art de la brique ne peut la rendre
raisonnable. Il semble qu'Amadeo et Bramante,
qui ont transformé la cathédrale, aient eu les mains
figées par leur sacrilège. La Torre Maggiore, énorme,
cherche en vain à en imposer. La galerie de San

Michele étonne sans émouvoir et le Carmine essaie inutilement d'attirer vers ses briques rayonnantes. Il y a, à Pavie, par trop de destruction.

Les Lombards n'étaient pas venus ici en conquérants. Ils y étaient venus en sauveurs. Pourquoi l'Italie les appela-t-elle, une première fois contre les Goths, une seconde fois contre l'exarque ? Alboin, vainqueur des Gepides, avait rapporté dans ses déserts glacés le soleil italien. Et lorsqu'il s'offrit pour chasser Longin, un cri d'allégresse, parti de toute l'Italie, lui répondit. Toutes les villes, du Tyrol à Rome et à Ravenne, s'ouvrirent devant lui, sans combat. Il s'installa et son peuple avec lui. Tous deux prospérèrent dans leur descendance. Ils étaient humains, leur gouvernement n'était pas despotique ; la législation de Luitprand subsiste encore comme un monument de sagesse. Et plus tard lorsque, grâce aux Francs, la dynastie lombarde sera chassée d'un pays dont elle était maîtresse, il faudra bien laisser les citoyens fixés, mariés et propriétaires, perpétuer sur les bords du Pô, au bord du Tibre et jusque dans la Campanie, leur race.

Est-ce à cause de ces rejetons suprêmes que j'ai été si vivement ému par le spectacle qui vient de m'être offert dans cette cathédrale, où j'entre sans désir impérieux, par conscience plus que avec conviction ?

Avant même que j'aie poussé la porte, un ramage de volière frappe mes oreilles. Saint Marc, de Venise abrite des pigeons sous ses portiques. Le dôme de Pavie nourrirait-il sous ses voûtes des nichées de moineaux ? J'entre et me voilà inondé de fracas. De tous les chapiteaux, de tous les arcs, de tous les murs et de toutes les chapelles, partent des gazouillis pleins de fraîcheur et d'innocence. Le doux François d'Ombrie a-t-il essaimé jusqu'ici son auditoire ? Les pinsons et les fauvettes de Lombardie veulent-ils, comme ceux d'Assise, entendre la parole divine ? L'église est noire. Je ne distingue aucune forme et cette vie babillarde, dans ce tombeau, semble un bruit de résurrection. Joie de vivre ! d'entendre des gosiers qui narguent la nuit ! Prudemment je m'avance, et la plus ravissante et la plus tendre des fêtes m'arrache violemment aux souvenirs. Ces voix, ce ne sont pas des chants d'oiseaux qu'elles lancent, ce sont des cantiques et des prières d'enfants. Tous les marmots de Pavie sont là, non point réunis, mais rassemblés et, au pied de chaque colonne, ils s'ébrouent en criant. A droite, à gauche, au fond, devant chaque autel, ils se groupent, et parlent, et crient, et chantent, tous en même temps. L'un, deux ans à peine, balance ses petites jambes nues sur son banc. L'autre, cinq ans, fait voler sa casquette qu'il rattrape en éclatant de rire. Le troisième, bien sage, répète des paroles qu'il ne comprend guère, mais dont il respecte le mystère. Plus loin, ils sont deux qui se bourrent. Là-bas, une petite fille noue sa mantille en chantant. Ici, la patte levée, une autre tire son bas, tout en récitant sa leçon. Le vacarme est indescriptible et enivrant. Quelle radieuse jeunesse ! Et quelle attendrissante mêlée ! Il y en a partout. Ils m'appellent de tous les coins. Un moment, je m'arrête : j'ai peur d'écraser leurs pieds tendres.

Peu à peu, cependant, mes yeux s'habituent à la lumière si pauvre qui tombe des fenêtres avares et je comprends. Je suis venu, innocemment, assister à une leçon de catéchisme. Mais un catéchisme que notre enfance n'a pas connue. Chez nous l'église est un lieu sévère où notre esprit d'ordre et de discipline est respectueux du palais divin. Ici l'église est la maison commune, où chacun est chez soi. Personne ne s'y sent plus gêné que sur la place publique et l'on apprend aux bambins à la considérer familière. Sur des bancs ils sont assis, à moins qu'ils ne grimpent dessus ou n'en dégringolent en hurlant, ils sont assis autour d'une dame paisible, résignée et dont la mantille entoure le profil indulgent. Charitable, la dame, bourgeoise pavesane, consacre son dimanche à l'éducation du petit peuple. Elle dit les mots consolateurs que chacun répète, s'il les entend. Mais qu'importe ? La prière qui monte sous ces voûtes sombres est la plus ineffable ; les petits lombards glorifient la divinité par leur innocence et leurs jeux.

Cette pauvre Pavie, si délaissée, inutile et veuve de toute beauté, que serait-elle devenue si ses premiers maîtres avaient conservé leur conquête ? Bien mieux que Milan, elle commandait au Pô ; ses rois dont on retrouvera les comtes et les ducs jusqu'aux portes mêmes de Rome, à Viterbe et à Spolète, avaient tout fait pour qu'on les acceptât. Luitprand poussa la flatterie jusqu'à ramener de

Sardaigne dans l'église San Pietro, où ils sont encore aujourd'hui, sous un marbre dont seule l'Arca
de Bologne dépasse la magnificence, les restes du
fils de Monique. L'Italie accepta la relique et re-
poussa la main qui l'offrait. Lorsque le pape appela les Francs pour chasser Aistulf, puis Didier,
ce fut au nom de l'Italie entière qu'il parla. Augustin resta implacable à l'arien tolérant ; les enfants de Luitprand ne reçurent aucun secours des
cendres rapatriées.

A l'heure où les Lombards prospéraient, la condition de Rome, dit Gibbon, était descendue au
dernier rang de l'humiliation. Que pouvait-elle
contre un ennemi, contre ce Luitprand qui disait
d'elle : « le nom romain renferme tout ce qui est vil,
tout ce qui est perfide, tous les vices qui prosti-
tuent la dignité de la nature humaine » et qui
justifiait ses paroles en venant planter ses tentes
sous les murs de Rome ?

De ce chaos sortit pourtant la domination temporelle. Au moment même où le royaume lombard,
qui s'étend des Alpes à la Calabre, va créer à son
profit l'unité italienne, au moment où l'évêque
Eutychius s'enfuit à Naples et où Aistulf marche
sur Rome, Étienne se dresse et réclame pour la
république romaine les territoires arrachés sans
peine à l'empereur de Byzance. Ne croyons point
à de l'outrecuidance ni à du vertige ambitieux. Si
Étienne parle si haut, c'est qu'il est soutenu par
l'Italie entière, l'Italie fédérale et démocratique
que j'ai vu se développer et lutter, en Toscane et
en Vénétie. L'Italie ne veut pas du joug étranger,
même du joug lombard, si paternel pourtant, si

ouaté de prévenances. Libéré du duc romain, du souverain laïque qui commandait à Rome à côté de lui, et qui représentait, lui aussi, la domination étrangère, puisqu'il gouvernait la cité au nom de Byzance, libéré du duc romain, Étienne se dresse et, porté par les aspirations libertaires de l'Italie, soutenu d'ailleurs par les différents ducs, impériaux ou lombards, qui veulent aussi leur part des dépouilles byzantines et s'allient à lui, il se tourne vers les Francs et il leur dit : l'Empereur de Constantinople est incapable de gouverner l'Italie ; la république romaine, celle des Gracques et de César-Auguste, doit-elle donc tomber entre les mains de ces sauvages? Il n'y a qu'un pouvoir capable de galvaniser la vieille Italie et de succéder à César : ce pouvoir c'est le mien, émané de Dieu. Rendez à l'Église, héritière de la Rome païenne dont elle a triomphé, tout le domaine romain !

Cette thèse, l'Italie l'adopte et Pépin l'admet. Trompé peut-être par l'exhibition de la fausse donation de Constantin, gagné sans doute par le titre de patrice des Romains qu'Etienne lui donne pour se protéger contre un retour toujours possible de l'empereur, à coup sûr entraîné par la voix de l'Italie qui rugit avec Etienne, Pépin franchit les Alpes. Il vient mettre le siège devant Pavie et ordonne à Aistulf de livrer au pape sa conquête ravennate. Ravenne, terre d'empire, doit retourner, du jour où l'empire ne peut la garder, à la république romaine — dont le pape est le chef

Aistulf promet tout ce que veut Pépin, puis se rétracte et finit, sous la pression des lances franques, par confirmer la donation, que vient de

faire Pépin, de Ravenne « à l'apôtre, au vicaire et
à ses successeurs ».

Voilà le Saint-Siège nanti. Mais est-ce donc assez ?
La République romaine ce n'était pas seulement
Ravenne et les entours de Rome. C'était toute l'Italie. C'est d'abord tout ce qu'on peut prendre — en
attendant qu'on prenne tout. Le pape est aux
aguets. Toutes les occasions d'étendre ses prises,
il les saisit. Aistulf est mort. Deux compétiteurs
aspirent à lui succéder. L'un, Didier, duc de Toscane, promet plus de territoires que son concurrent si le pape le recommande au Franc, son ami.
Didier est élu roi. Aussitôt il oublie ses promesses ;
sans que le pape se fâche pourtant : Byzance s'agite
et le pape a besoin du roi, solliciteur comme lui,
pour protéger les dépouilles où chacun a puisé.

Pépin, cependant, est allé retrouver Etienne aux
pieds de Dieu. Charlemagne lui succède. C'est
vers lui qu'Hadrien, le danger byzantin passé, se
tourne, pour le supplier d'obliger le Lombard parjure et infidèle à livrer les places promises, à restituer ses gages. Charles descend à son tour et confirme la donation de son père.

A rester dans les archives, cette donation avait
prospéré. En faisant la paix entre Aistulf et
Etienne, Pépin avait adjugé à celui-ci les territoires que l'empire abandonnait, mais n'avait pu
donner ce qu'on ne lui demandait pas, pas encore
du moins, c'est-à-dire la terre des Lombards. Or
voici que la donation de l'exarchat s'étend maintenant, sous les yeux de Charlemagne, aux pays
où Aistulf est roi. Le raisonnement de la papauté
est implacable : la république romaine, c'est l'Ita-

lie ! Et voici que de la main de Charles, en attendant mieux espère Hadrien, tombent dans l'escar-
celle pontificale la Pentapole, Spolète, Bénévent
et la Toscane, la Vénétie, l'Istrie et l'Emilie. Il ne
reste plus qu'à les conquérir; Hadrien compte bien
que Charles y pourvoira.

Charles hésite. Au moment de regagner ses
Etats, il se contente de donner au pape cinq
villes, sur toutes celles qu'il a promises. Hadrien
empoche et renvoie au jour où il sera maître de
cet acompte pour réclamer le solde. Les ducs, en
effet, lui disputent morceau par morceau son jeune
royaume. Il mène un tel bruit que Charles revient
et, impatienté de ces disputes, met tout le monde
d'accord en se proclamant roi des Lombards; il
oblige, par surcroît, Hadrien à sacrer Pépin, son
fils, roi d'Italie, et signifie qu'il va prendre au
sérieux son titre de patrice des Romains.

Le coup est rude pour Hadrien, qui en meurt.
A cette heure, il semble que l'héroïque effort du
pape pour se tailler, lui aussi, un morceau dans la
dépouille byzantine, n'aura abouti qu'à substituer
les Francs aux Lombards. Si peu prophète qu'on
soit, il n'est pas difficile de prévoir que, le rôle des
Lombards envahissants, les Francs vont le reprendre. C'est au nom de Charlemagne que les Otton,
les Hohenstaufen et les Habsbourg descendront
pendant cinq siècles en Italie. Léon III a-t-il
deviné cette conséquence? S'il fut aussi clairvoyant, comment ne pas admirer son geste de la
Noël de l'an 800? Comment ne pas rester stupéfait
devant ce prince nouveau-né, à la merci du formidable empereur et qui, par un éclair de génie, avec

une conscience admirable de son prestige et de sa
force morale, simplement, plein d'une onctueuse
condescendance, pose sur la tête de Charles aba-
sourdi, la couronne, en s'écriant : A Charles-Au-
guste, couronné par Dieu !

Charles, qui rêvait à ce moment de se faire
empereur universel par des moyens plus humains,
c'est-à-dire en épousant Irène de Byzance, Charles
sursauta. Puis, dans un éclair, il entrevit quelle
force cette couronne donnée par Dieu lui appor-
terait. Il s'inclina. Je n'en prendrai, pensait-il
sans doute, que ce que je voudrai bien en prendre.
Il ne songeait pas qu'on ne peut limiter à son gré
l'avenir. Ce geste de Léon III va devenir l'obses-
sion des enfants et des successeurs de Charlemagne,
plus faibles que lui, pusillanimes ou émerveillés.
La donation de Constantin et celle de Pépin pourront être discutées, leur confection postérieure
pourra même être démontrée ; le geste de Léon,
supporté par Charlemagne, restera. Il engendrera
des siècles de carnage. Cet empire donné par le
pape, au nom de Dieu, les empereurs viendront le
demander au pape et ils ne l'obtiendront, malgré
qu'ils se réclament aussi de la conquête de la
Lombardie, qu'au prix de donations nouvelles,
jusqu'au jour où Charles-Quint imposera le partage
que sa toute-puissance aura résolu et recevra à
Bologne cette couronne impériale, faite des débris
de Byzance et de Pavie.

D'ici là nous verrons, et nous avons déjà vu, en
Toscane et en Vénétie, toutes les phases de la dispute. Ce que nous n'oublierons pas c'est que le
pape, au début organe des villes italiennes qui

réclamaient leur autonomie contre le Lombard,
parlera longtemps, en dépit de ses retours et de ses
trahisons, au nom de l'Italie, de la vieille République romaine fédérative. Il sera l'interprète et le
lien des enfants de ceux qui se serraient autour de
lui, lorsqu'il marcha sus à Luitprand et à Didier.
La papauté, poussée pariétaire sur les ruines de
l'empire romain, continuera, en dépit des crises
contradictoires passagères, à jouer son rôle démocratique et italien, qu'elle faillit couronner
sous Alexandre VI et que Jules II et Paul III, issus
de princes poussés parasitaires au milieu des champs
démocratiques et italiens, répudieront enfin.

Pendant ce temps, Pavie peu à peu s'affaissera.
Les Visconti, de sang ecclésiastique et guelfe,
s'acharneront sur son cadavre et feront disparaître jusqu'aux derniers vestiges de sa gloire
lombarde. La Pavie d'aujourd'hui renie encore
ces souvenirs. Elle n'a pas une pensée pour
Didier ni pour Aistulf. Si elle jette un regard vers
les temps de splendeur, c'est pour remonter d'un
trait jusqu'aux Goths, que les Lombards supplan-
tèrent dans ses murs : le buste de Boëce se voit
sur une masure où, dit-on, Théodoric avait fait
enfermer son fidèle mais importun serviteur ; c'est
aussi pour honorer, par un monument semblable,
le prophète de la fédération, Pétrarque le vision-
naire qui, un moment, ici, à la cour de Galéas II,
oublia, comme Pavie, ses rêves italiens et renia,
comme Pavie, sa vertu.

III

LE LABYRINTHE

Plaisance.

Qui ne connaît le jeu du labyrinthe ? Des petits carrés tracés symétriquement et, certains, ouverts en un point, afin que l'on puisse passer de l'un dans l'autre. Mais ces ouvertures sont ménagées avec tant de malice, elles conduisent celui qui s'engage dans le labyrinthe par des chemins si imprévus qu'il est très difficile, lorsqu'on est entré, de sortir, sans se heurter plus de vingt fois à des culs-de-sac.

Je m'étais souvent demandé qui avait inventé ce jeu, image de la vie, pour laquelle on part avec tant d'illusions sur sa facilité et qui, bientôt, n'offre plus que des impasses. Son inventeur ne peut être qu'un plaisantin : c'est ainsi, ou à peu près que se nomment les habitants de Plaisance.

Cette ville est un vrai dédale. Le matin, au sortir de l'hôtel, j'ai voulu gagner la piazza dei Cavalli, toute proche. Je n'avais pas fait trois pas que j'étais égaré et que, à travers les rues qui se coupent à angle droit tous les trente ou cinquante mètres, je tournais en rond autour de l'insaisissable place. Vingt Arianes s'offraient bien à moi sous les apparences de ménagères prévenantes ou de gamins effrontés. Piqué d'abord de ma propre étourderie, je me décide à m'en divertir ; je refuse les offres intéressées, et je renonce à demander à l'une des filles de Minos son fil. L'un des charmes de l'Italie est, partout, la bonne grâce et l'extrême complaisance de ses habitants. Ce qui exaspère tant le voyageur qui a combiné avec soin, sur l'indicateur des chemins de fer, ses changements de trains, cette nonchalance et cette indifférence envers l'exactitude, deviennent, lorsqu'on est arrivé à destination, le plus charmant des défauts. Dès que l'on s'adresse à un passant, il s'efforce d'abord de vous comprendre, puis de se faire entendre, enfin de vous conduire. Ses traits se tendent, son débit se ralentit et ses pas vous précèdent.

Je repousse pourtant ces secours. Je me lance au hasard, tout réjoui de ce vagabondage imposé. Ne vais-je pas l'utiliser ? Et le caractère extérieur de la ville m'apparaît bientôt. On a dit que les mots avaient une odeur et les lettres une couleur. Les villes italiennes sont trop souvent comme les mots, elles sont toujours comme les lettres. Plaisance, incontestablement, est rouge. Lorsque le rouge n'est pas fourni par la nature même des matériaux de construction, on se hâte d'en enduire la pierre. Toutes les maisons sont peintes en rouge. J'entends bien qu'on me citera tel ou tel palais qui a gardé la patine de son marbre, telle masure son crépi blanc, ou même telle rue, sans fard sur aucune partie de son visage. Lorsque l'esprit veut, néanmoins, formuler l'impression générale que les

yeux ont reçue, c'est le ton de rouge qui la synthétise.

Serait-ce pour s'harmoniser au municipio, devant
lequel j'arrive enfin, que la ville se revêt ainsi de
vieille pourpre ?' Je suis toujours au pays de la
brique architecturale et de la terre cuite ornementale. Et je vais en voir plus particulièrement ici
les productions profanes. Ce palais municipal est
célèbre dans les fastes de l'architecture gothique
civile. On dit même qu'il en est le type. La base
se compose d'un vestibule à arêtes vives où l'on
pénètre par cinq ogives formées de simples seg-
ments de cercle, et qui s'appuient sur six piliers
de marbre. Ces piliers blancs assombrissent encore
l'ombre du vestibule et enlèvent avec lui l'étage
qu'il supporte : six arcades de plein cintre, rétré-
cies par des fenêtres que soutiennent des colonnettes. Mais, ici, ce n'est plus le marbre qui éblouit.
C'est la brique et la terre cuite qui caressent. De
même que dans les rues, tout ce qui n'est pas
rouge disparaît ; l'œil voit exclusivement cet étage
clair et chantant que des créneaux plats et dentelés
surmontent et allègent.

Pourquoi, chez nous, en France, a-t-on si peu
pris à ces modèles ? Non pas comme dessin, mais
comme matière ? Certains châteaux de la renaissance s'en sont inspirés. Le style ne s'est pas géné-
ralisé, semble-t-il, comme il aurait pu le faire sur
notre terre où le marbre est précieux et la pierre
coûteuse. Le reproche de fragilité qu'on fait à la brique, le municipio de Plaisance l'en lave complètement. Quel charmant et délicat effet ! Les années
d'un soleil implacable ont rongé cette terre durcie

et la patine en est d'une saveur incomparable. Et quelle diversité dans le décor ! Pas une seule de ces fenêtres n'est pareille. L'une a cinq colonnettes, l'autre quatre. Celle-ci dessine entre le grand cintre et les colonnettes deux autres petits cintres. Celle de gauche a des colonnettes plus hautes, et, sous le cintre, un décor moresque semble rire de sa propre fantaisie. A gauche, encore une petite fenêtre ; une autre, vers le milieu, sous la corniche et voici vraiment la caractéristique de l'art en Italie, à travers tous les temps et toutes les écoles : la disparité dans les distributions, que le caractère général de l'œuvre et les lignes importantes respectées dans leur uniformité suffisent à maintenir en harmonie, aidés qu'ils sont par l'unité de la matière fondamentale.

On a quelque peine, après cette pure chanson, à écouter le rigodon que raclent les statues d'Alexandre et de Ranuce Farnèse. On dirait une parade foraine devant un parvis. Bernin, qui fut contemporain, quoique un peu plus jeune, de Mocchi de Toscane, auteur de ces bronzes, devient par comparaison plein de modération. Cet excès berninesque avant Bernin nous apprend à estimer celui que l'on est souvent tenté d'appeler un malfaiteur. Il a enfanté une école dont il reste inexcusable. Reconnaissons du moins qu'il a fait ce qu'il a pu pour maintenir la sculpture dans la dignité. Mocchi, précurseur, a sauté le pas du premier coup. On a dit que ces Farnèse — à qui il ne manque ni un poil de barbe ni un cheveu, et si bien peignés ! — sur leurs chevaux caparaçonnés — à qui il ne manque pas, pourrait-on dire si les chevaux portaient des guêtres, un bouton de guêtre ! — on a dit que ces Farnèse avaient été exécutés sous la préoccupation de la peinture. Il y a deux peintures, celle de Delacroix et celle de Meissonnier.

J'ai fui bientôt ces puérilités et, nouveau Thésée, je n'ai pas tardé à me retrouver dans le dédale. Mais j'avais dans ma poche toute une bobine qu'Ariane Joanne m'avait remise. C'est devant la porte du palais Landi que mon guide m'a conduit. Sur un mur de brique, la porte de terre cuite, chef-d'œuvre de la Renaissance, arrondit son arcade. Deux colonnes, que deux têtes d'anges coupent à mi-hauteur, séparant deux étages de figurines enveloppées d'acanthe, supportent une frise d'enfants musiciens abrités sous un fronton que trois statues de chevaliers surmontent. En retrait des deux colonnes, l'arc de la porte, appuyé sur deux chapiteaux corinthiens, et flanqué, en haut, de deux médaillons. Les mots sont bien froids pour dire le charme qui émane de ces tons rouge-pâle, de ces ombres imperceptibles presque et de ces dessins légers, purs, pleins de grâce et de délicatesse. Sur cette petite place, que des masures entourent, sans doute la fête de cette discrète richesse est plus grande. Elle est réelle pourtant et si je ne savais retrouver tout le long de cette voie émilienne où je viens de m'engager, cent autres modèles de cet art élégant et plein de distinguée réserve, je ne pourrais m'arracher à son enveloppement.

Tout autre apparaît le palais Farnèse, énorme masse dont l'unique caractère est dans son immensité. Cette œuvre de Vignola, l'élève de Michel-Ange, a bien son originalité ; il est, disent les

savants, l'un des premiers édifices où tout est sacrifié à la proportion et où, par conséquent et
logiquement, le détail est réduit à la plus extrême
simplicité. Dire cela, n'est-ce pas dire, un peu plus
longuement, que sa beauté est celle d'un géant?
Sforza à Pavie et à Milan, Farnèse à Plaisance et
d'autres ailleurs, palais gigantesques inachevés,
ne me disent que le vertige et l'inquiétude de
leurs constructeurs. Ceux qui les élevèrent devaient avoir conscience de leur propre fragilité.
Par ces masses, ils s'en imposaient à eux-mêmes,
tout en essayant d'en imposer à leurs sujets.
Comment ne pas croire à l'éternité d'un pouvoir
qui se meublait ainsi ? C'est le Pitti auprès du
Palais-Vieux, c'est la Pilotta à Parme, c'est le
palais Ducal à Modène, ce sont partout, musées,
casernes ou bibliothèques d'aujourd'hui, les mé-
lancoliques restes d'une grandeur éphémère auprès
du modeste mais durable municipe.

Mes pas sans méthode me mènent enfin vers ce
que je cherche sans hâte, vers les églises, aux
voûtes desquelles la pensée du voyageur reste
toujours suspendue. L'une d'elles, surtout, ne
m'attire-t-elle pas impérieusement? Je pensais à
ses murs dès Pavie. J'y terminerai ma journée.
Les fresques, sous la coupole du Dôme, de Guerchin, qui s'est haussé ici à un éclat presque vénitien, ne me préparent-elles pas aux grasses am-
pleurs de Pordenone? A côté, les anges semeurs
de roses de Louis Carrache, ne me prépareront-ils
pas, cette fois par contraste, à goûter les nus
puissants de Pordenone?

En Vénétie, à Vérone, j'ai déjà trouvé ce

qui me rendait pénible, sur cette terre d'Italie,
l'invasion de l'art roman. Je ressens, devant ces
églises d'Emilie, le même déplaisir. Est-ce, pourtant, que mon œil s'y habitue? Ne serait-ce pas
plutôt qu'en s'éloignant des Alpes, cet art s'épure
et devient plus libre, moins assujetti aux formes
importées, plus italien enfin? La terre cuite aide à
cette apparence sans doute, mais elle fait partie
de cet effort. Et, dans le traitement des masses, je
trouve nettement la trace d'une assez réelle personnalité. Après avoir salué, comme il convient
pour se les rendre favorables, les lions du porche,
j'ai gagné l'entrée latérale du Dôme. Aussitôt une
seconde église se dresse, accotée à la première,
mais mêlée à elle, confondue, l'une et l'autre se
pénétrant par des galeries, des toits, des piliers
communs; le clocher de l'une domine la masse
générale. Il y a, incontestablement, une tentative
pour sortir de l'ornière, non pas sans doute pour
créer un style, du moins pour tirer, d'un type,
toutes les diversités.

Dans le même souci a été construit San An-
tonino dont le transept unique a été placé au
bout de la nef. On entre par ce transept et, à
gauche, l'église s'allonge, aligne les colonnes qui
délimitent les collatéraux. Le transept lui-même
est fantaisiste, il veut se dégager du modèle classique. Là où mord le vaisseau, huit grosses
colonnes forment rotonde, et supportent le campanile. Voilà bien l'essai d'une expression nouvelle
d'un thème donné. C'est comme le développement
polyphonique d'une phrase mélodique, le scherzo
ou l'andante d'une symphonie inspirée par un air

populaire. La terre d'Emilie reçut, à son tour, comme Vérone, le baiser de Théodoric. Les Lombards la pressaient aussi dans leurs bras et de cet embrassement naquit un petit être, qui vécut peu, mais dont la grâce, l'espièglerie peut-on dire, en tout cas la vivacité intellectuelle, ont laissé des traces ineffaçables dans le souvenir des hommes.

Le coffret qui contient le trésor de Pordenone, la Madonna di Campagna, ne participe pas à cet affranchissement. De la plus classique Renaissance, la Campagna doit une grande partie de sa beauté, sans négliger ce qu'elle doit à la pureté de ses lignes, à son dégagement. Majesté des espaces! Notre Paris, s'il lui manque tant d'autres sens, a du moins celui de cette beauté-là, qui est peut-être la plus haute, qui est certainement la plus noble.

Le peintre chéri de Charles-Quint, Giovanni-Antonio Licinio Regillo, dit il Pordenone, du nom de sa patrie, dans le Frioul, est une des plus durables gloires de l'école vénitienne. Les fresques de la Campagna, même lorsqu'on a vu les fresques de San Stefano à Venise, sont les plus aptes à donner, de ce grand maître, l'idée la plus juste. Deux chapelles, deux années, de 1529 à 1531, d'un travail joyeux et libre. Titien, dit-on, était impatient des succès et de la gloire de Pordenone. Ce maître sévère devait assurément souffrir de cette exubérance ; l'adjectif « théâtral » aurait traduit son injuste pensée, si le théâtre avait éveillé, dans les esprits de ce temps, l'idée d'excessif qu'il fait naître aujourd'hui. Son élève Tintoret ne manqua pas de lui faire rendre justice à son rival. Il y a de la fougue chez Pordenone. Ses personnages

ont un élan magnifique, et s'ils n'atteignent pas an
prodigieux mouvement du *Martyr de saint Marc*,
ils conservent tout droit à la piété de ceux qui aiment, dans l'école vénitienne, la gravité, gloire de
Palma et de Titien. Nul plus que Pordenone, sauf
Tintoret, n'aura le sens du geste. Nul non plus,
même et surtout Tintoret, n'aura plus que lui le
sens de la mesure de ce geste, du moment où il
faut l'arrêter pour qu'il ne devienne pas choquant.
A gauche de la Vierge agenouillée devant son fils,
saint Joseph se précipite à la rencontre des bergers
et l'envol de son manteau est assez las pour que
nous devinions la modération bienveillante de
cet accueil. A droite, les deux bergers : le premier se rue à genoux, tendant son mouton et la
tunique battante ; le second offre son gâteau de
miel, tandis que, derrière lui, un autre mouton se
hâte, la patte allongée dans un galop précipité.
Il y a dans ces attitudes différentes une entente
du mouvement d'une science et d'un goût, malgré
la fougue, extrêmes.

D'autre part, voyez la naissance de la Vierge.
Quel calme et quelle sérénité ! Tandis qu'autour d'Anne délivrée, les femmes s'empressent
compatissantes et troublées, deux servantes age-
nouillées donnent à l'enfant, qui vient de naître,
les premiers soins et la plongent nue dans le bassin. Tintoret n'a rien à envier à celles-ci, non pas
le Tintoret de San Rocco, mais celui du *Veau
d'Or* dont la femme en bleu restera comme l'un
des plus magnifiques morceaux que l'art ait jamais
produit. Ces étoffes si amples et si lourdes, qu'elles
sont vivantes elles-mêmes ! C'est d'une puissance,

égalée certes, mais non surpassée, car la virtuosité de Pordenone, à laquelle on pourrait opposer la sincérité d'âme des Toscans, est d'un temps où la foi ne soutenait plus les maîtres, mais où leur prodigieux métier les excuse encore aujourd'hui de leur scepticisme. Superficiel peut-être, Pordenone, comme ils l'étaient presque tous, en ces temps redevenus païens. Ils croyaient du moins à leur art et Pordenone principalement. Si gras dans ses formes, si caressant dans ses carnations rondes et fermes, il est un maître dont le plus grand disciple naîtra quarante ans après sa mort. Rubens a-t-il connu les fresques de Pordenone? Vint-il ici, alla-t-il dans le Frioul dont les églises sont pleines de Licinios Regillos? Les biographes doivent nous le dire. A Mantoue, je vis déjà ce que Rubens apprit. Je vois non moins clairement à Plaisance l'éducation, directe ou indirecte, qu'il reçut. C'est par Pordenone, même s'il ne le connut pas, que Rubens communia avec Venise, la comprit et se l'assimila.

*
* *

Héribert, archevêque de Milan, était le plus puissant prince de l'Italie. Lorsque Conrad II traversa les Alpes, Héribert le reçut en grande pompe, et lui mit le diadème sur le front. Et lorsque Conrad, à Rome, enfourche son cheval qui doit le conduire à Saint Pierre, c'est Héribert qui tient l'étrier. L'archevêque de Ravenne lui dispute bien ce privilège, mais Héribert, à grands coups de poing dans la figure, lui fait promptement renoncer à cette prétention.

Son faste égale sa puissance. Il ne cesse d'enrichir les églises, et sa cour, que son épouse Uxeria tient brillamment en subjuguant à sa beauté ceux que la pureté chrétienne aurait pu détourner, est la plus brillante et la plus magnifique de l'Italie. Aussi Héribert est-il obligé de se montrer souvent assez dur au pauvre monde, bourgeois ou colons. La gloire se paie, et les Lombards d'Héribert comprenaient qu'ils devaient payer leur prestige de sujets milanais. Peu à peu pourtant, ils le comprirent moins et grondèrent. Ils suivirent le mauvais exemple qui leur venait de partout alentour. Un beau matin, ils jettent Héribert dehors. Conrad, qui doit en partie sa couronne à Héribert, accourt et rétablit son vassal. Il ne tarde pas à s'en repentir, lorsqu'il peut se rendre compte de cette puissance, qu'il ne soupçonnait pas. Il favorise, aux dépens des évêques, issus de la conquête franque, les nobles impériaux et somme enfin Héribert de rendre les biens et honneurs qu'il a usurpés :

« Ce que j'ai trouvé ou acquis, répond Héribert, comme propriété de saint Ambroise, je n'en céderai rien au commandement ou à la prière de qui que ce soit au monde.

— A l'exception de l'empereur, toutefois ?

— A l'exception de personne. »

L'effet fut prodigieux. Le peuple qui bénissait l'empereur d'avoir osé entrer en lutte avec Héribert, se retourne aussitôt. On appellera cela, plus tard, la lutte des Guelfes et des Gibelins, au cours de laquelle la même ville est guelfe quand l'empereur en est maître et gibeline lorsque le pape, son libérateur, en a pris possession. Conrad va-t-il de-

voir guerroyer contre ses sujets italiens ? Il se hâte
de confier Héribert à son cousin de Carinthie qui
est chargé de conduire le prisonnier en lieu sûr.
Héribert s'éloigne de Milan. Il descend la vallée du
Pô et, vers le soir, il arrive sous les murs de Plaisance. Étroitement surveillé, au milieu du camp,
dont sa tente est le centre, Héribert fait cependant
prévenir une abbesse voisine, de sa présence et il
la prie de se montrer prévenante envers son escorte, composée d'adversaires mais de loyaux allemands. L'abbesse, aussitôt, d'envoyer force provi-
sions de bouche et les meilleurs vins. Quelques
heures après, l'escorte d'Héribert est ivre-morte.
Héribert couche dans son lit son serviteur, saute
à cheval et rentre à Milan au milieu d'un peuple
délirant. Il marche à Conrad, le bat honteusement
et l'oblige à repasser les Alpes. Le pouvoir des
évêques est, du coup, rajeuni pour un temps. Le
fils de Conrad, Henri III le Noir, le reconnaîtra
pour l'accaparer bientôt.

Que fait le pape pendant ce temps ?

Le pape, élu à l'âge de onze ans, songe à se marier. En attendant qu'on l'y autorise, il s'initie à
toutes les joies du mariage et le Latran est « la
sentine de tous les vices » qu'Avignon, au dire de
Pétrarque, deviendra plus tard.

Quel beau geste accomplit Léon III, lorsqu'il posa
la couronne sur la tête de Charlemagne ! Par lui,
la papauté entrait dans le concert des royaumes en
formation. Le danger était, pour elle, qu'elle ne
pouvait s'y maintenir qu'en chantant à l'unisson des
royaumes. L'Église, devenant temporelle, devait
agir comme tous les pouvoirs qui se partageaient

l'empire romain tombé en déshérence. Un siècle après **Léon III**, le pape n'est plus qu'un seigneur féodal et il subit la loi de tous les seigneurs. Il tend à se développer comme ceux-ci. La papauté, je le verrai à Spolète, est un fief, le fief d'une famille que barons et ducs se disputent. La tentative de mariage de Benoît IX, ce pape de onze ans qui comptait faire souche de papes, était la plus logique conclusion des conquêtes d'Étienne et du geste de Léon.

Mais ce nouveau pouvoir, au milieu de tous les autres, plus prestigieux que les autres, n'allait pas, l'aventure d'Héribert vient de le montrer, sans créer des inquiétudes à l'empereur. Celui-ci recevait la couronne des mains du pontife, mais le pontife avait reçu de lui des domaines sur lesquels l'empereur entendait, à l'exemple de Charlemagne, garder sa suprématie puisqu'il les considérait, souvent à bon droit, comme des fiefs. D'ailleurs, l'empereur n'est-il pas patrice des Romains? Il invoque ce titre pour incorporer l'Église à l'empire. Le pape n'est plus élu ; il est nommé, par l'empereur. Le clergé est donc complice? Sans doute, puisque le clergé est à l'image du pape. Les évêchés ne sont plus des juridictions spirituelles. Ils sont devenus des apanages. Eux aussi ont suivi la loi féodale. L'évêque est un seigneur de même rang, de mêmes privilèges et de mêmes mœurs qu'un comte bourguignon ou bohémien. Il lève des troupes. Il a femme et on recherche ses filles en mariages.

Héribert nous a montré clairement ce qu'était un évêque deux cents ans après la constitution de Rome féodale. Le pape, domestique de l'empereur,

n'a plus aucune autorité auprès des évêques, plus
puissants et plus indépendants que lui. Il a encore,
sur eux, cette infériorité de ne pas se perpétuer dans
sa descendance et de se trouver à la discrétion de
l'empereur, qui le nomme, à chaque vacance.

Lorsque le peuple entamera sa lutte contre l'é-
vêque féodal, contre les Hériberts, ce sera donc au
pape qu'il sera conduit à demander la force dont
il a besoin, au pape, c'est-à-dire à la papauté, victime comme lui du développement féodal. Lors de
l'effondrement du royaume de Béranger, c'est autour de l'évêque que le peuple s'est rassemblé ;
c'est à l'évêque qu'il a remis ses destinées. L'évêque accomplit son rôle protecteur avec conscience
et nul mieux qu'Héribert n'a su chasser les nobles
de Milan et de son territoire. Aussi le pape fut-il
bien surpris lorsqu'il s'aperçut que rien n'était
changé que le nom du maître. Héribert persécuté
retrouve quelque popularité. Il la perd bientôt et
cette fois les villes entament contre les évêques
ou contre l'empereur, selon que l'évêque est pour
le pape ou pour l'empereur, leur dernière lutte.
Ce que veulent dans les deux cas les villes, c'est
en finir avec ces évêques concubinaires et simo-
niaques, qui en arrivent à payer à l'empereur leur
suprématie et leur juridiction, à négocier des faveurs ou des extensions, à marchander leur soumission ou leurs tributs. L'enjeu, c'est les villes ;
elles s'y refusent. Les villes, lorsque le Saint-Siège
se trouve débarrassé de Benoit IX, se serrent autour de Grégoire VI, qui entame la lutte. Lorsque
Henri III le Noir aura accaparé aussi bien les évêchés que le Saint-Siège et nommera aux évêchés,

comme au trône pontifical, ses créatures, l'Italie se lèvera pour réclamer la libre élection de ses évêques et Rome l'élection de son propre évêque, le pape. **La** résistance de l'empereur sera soutenue par tous les évêques féodaux, d'Allemagne et d'Italie. puisqu'ils seraient les premières victimes de cette révolution. Autour des Henri, d'Henri IV qui restera la synthèse de cette révolution, se serreront tous ces féodaux ecclésiastiques dont le sort personnel et familial se trouve suspendu au sort de la suprématie de l'empire sur le Saint-Siège. Que le pape demeure inféodé à l'empire, les évêques le demeureront aussi et garderont leurs fiefs. Que le pape s'affranchisse et les villes chasseront leurs seigneurs ecclésiastiques, pour s'en choisir, comme Rome choisira son évêque, le pape.

Ce mouvement de libre élection est si fort et si évident que, dans les États pontificaux, où le pape couronne les évêques, il se produit contre le pape — le pape qui, ailleurs, dirige la même résistance. La libre élection est demandée contre les deux pouvoirs discrétionnaires. Ni pape allemand, ni évêque allemand. Grégoire VII sera le fruit de la libre élection et il en sera le vainqueur. Ce clunycien a commencé par la favoriser dès que la faveur pontificale l'a appelé au Latran. Il veut sauver et affranchir l'Église, qui se perd dans les intérêts personnels, à moins qu'elle ne s'enchaîne aux intérêts impériaux. Hildebrand oblige Léon IX, couronné par Henri III, à se présenter à Rome en pèlerin et à demander son élection au peuple romain. Quel exemple ! Victor II est contraint à la même ratification. Étienne IX veut s'y soustraire.

Il meurt empoisonné. Clément II subit le même sort pour s'être révolté de même. Bénoit X s'y essaye à son tour ; Hildebrand le dépose et installe Nicolas II. A la mort de Nicolas, Hildebrand fait nommer Alexandre II et enfin, les temps devenus mûrs, il s'assied sur le trône et devient Grégoire VII.

La querelle des investitures qui va se dérouler sera le résultat direct de cette autonomie italienne et pontificale, âprement et infatigablement revendiquée. Les vicissitudes en seront nombreuses et lorsque Henri V, vengeant Canossa, ira mettre le siège devant Rome et obligera le pape à se réfugier au camp de Robert Guiscard, dans les bras de qui il mourra, on pourra croire que la papauté est vaincue. Elle l'est en temps que royaume temporel : encore son domaine accru par la donation de Mathilde lui reste-t-il ; elle l'est en temps que féodale. Mais elle se retrouve, populaire et spirituelle, régénérée et plus puissante que jamais. Les temps sont révolus dont Pierre Damien disait :

« Les évêchés et presbytères ne sont plus que des lieux de débauche remplis de concubines, de sœurs, de frères, de parents. Les missives galantes y circulent. Les présents y abondent. Les entrevues secrètes s'y multiplient, puis, quand il n'y a plus de doute, c'est la grossesse avancée et le vagissement des bâtards. »

Ces temps d'anarchie religieuse, Plaisance les connut mieux que toute autre. Son évêque, Richard, avait été le plus fidèle soutien de Héribert. Grégoire, successeur de Richard, au lendemain de Canossa, fait enlever et jeter en prison deux légats envoyés par le pape en Lombardie. Rizzardo imite Richard et Grégoire. Mais, admirons l'effort et jugeons de la victoire définitive de la papauté, organe des villes italiennes, soutien, en dépit de ses ambitions particulières qui semblent, seules, la mener, de l'autonomie municipale contre tout pouvoir étranger : en 1095, Urbain II réunit un synode où Henri est condamné encore une fois, où la simonie et le nicolaïsme sont encore une fois maudits, où le principe de la croisade est pour la première fois proclamé ; c'est dans les murs de Plaisance que retentirent ces malédictions et ce cri de la foi ressuscitée. Le labyrinthe féodal enfin traversé, la papauté va voguer, comme Thésée vers sa patrie, vers sa destinée.

IV

LE VOL NUPTIAL

Parme.

Lᴇ livre anglais que l'on trouve le plus souvent dans les salons d'hôtel, en Toscane ou
en Ombrie, c'est un volume intitulé : *Les Villes de
collines.* Tous les Anglais l'apportent avec eux et
certains, apôtres, en font hommage à l'hôtelier
pour l'édification des passants continentaux. L'ouvrage est estimable et j'ai souvent passé de longs
soirs à en regarder les images. Je ne l'ai jamais
rencontré, pourtant, en Emilie. Les ruskiniens ne
doivent pas apprécier cette province, si j'en juge
par ce livre préféré de toute l'Angleterre. Rien
n'est moins ruskinien, en effet, que l'Emilie. Et le
bavard dogmatique qu'était Ruskin ne dut jamais
se plaire dans cette plaine infinie, où les villes ne
couronnent aucune colline.

Parme, parmi ses sœurs, n'aspire nullement à
escalader. Sur les deux rives de la Parma, elle
s'assied largement, la Parma, torrent où sèche le
linge, où les enfants jouent, où les ânes paissent
et dont les chevaux emportent le caillou. Aucune
éminence ne se dresse, aucun vallonnement ne
s'infléchit. Les rues s'allongent avec complaisance,

rendues plus infinies encore par ces bandes de
marbre, ces dalles qui tracent leur sillon attentionné au milieu du cailloutis et que Stendhal
admirait à Milan, au point d'en figurer le dessin au
milieu de son texte.

Stendhal, si j'en juge par la satisfaction que
ces allées m'ont procurée, devait être plus sensible
à la bonne assiette qu'à l'harmonie. Comment, en
effet, ne pas lui reprocher sa chartreuse ? Cette
citadelle qu'il percha, selon les besoins de sa
fiction, au-dessus de la ville, n'est rien moins que
parmesane. Qui entre à Parme doit chasser tout
souvenir littéraire. La mémoire bourdonnante de
Fabrice, de Mosca, de Marietta et de Ranuce-
Ernest, j'ai cherché, toute une matinée, la trace
des héros immortels. Tel palais sur la voie émilienne, appelée aujourd'hui corso Vittorio-Emma-
nuele, tel palais avec son escalier orné de bustes,
ou tel autre dont la cour est fermée, au fond, par
un jardin peint à fresque sur le mur, pourraient
convenir, sans doute, au comte Mosca. Strada Farini,
près de San Tommaso, ce palais discret, malgré
son ampleur, abriterait, à la rigueur, l'amoureuse
duchesse. Il n'est pas jusqu'au palais épiscopal, sur la
place du Dôme, où il ne soit assez facile d'imaginer Fabrice, sous la voûte. Et la Steccata, ronde
et grasse, avec ses lignes infléchies et ses profils
caressants, nous dit, sans qu'on y apporte une trop
grande bonne volonté, que Parme pourrait être la
patrie de Clélia. Courons à San Giovanni ! Là du
moins plongerons-nous sans effort dans une atmosphère stendhalienne!

On se rappelle l'admirable scène. Dans la troisième chapelle à droite, caché derrière le tombeau de l'archevêque Ascanio del Dongo, Fabrice reste invisible au comte Mosca qui épie tous les gestes de la Fausta, dont les regards brûlants dardent le radieux jeune homme.

Hélas ! la troisième chapelle à droite est **vide** de tombeau. En vain, je cherche où raccrocher ma piété beylienne. Insensible à la sveltesse des piliers et à leur richesse, à la pureté des voûtes et de tout le vaisseau, j'erre, lamentable, à travers l'église, sans oser lever les yeux. Au-dessus de moi, comme un reproche, pèse la coupole où Corrège essaya ses forces, après les avoir diverties avec les Putti de San Paolo. Là-bas, la demi-coupole du chœur m'appelle en vain. Et je fuis loin de la lunette où saint Jean s'inspire de son aigle. Faut-il donc, si vite, abandonner le rêve, rejeter les souvenirs les plus chers et renoncer à l'enfantillage, consolation de l'homme ?

Mais non, voici le tombeau ! Je le vois, près de la porte, et qui semble honteux de sa gloire. Appuyé au mur, il se présente de côté, derrière une grille qui le protège contre l'indécence des Fausta et le cynisme des Fabrices. Je m'approche et, comme Fabrice, à San Petronio de Bologne, s'écroula d'effusion, je manque de m'abîmer en confusion. La plus complaisante littérature ne pourra jamais prendre pour Ascanio del Dongo, archevêque de Parme, une vieille dame à gros ventre et à tire-bouchons.

Nobila donna contessa Alberta Sanvitale-Montenuovo, figlia di Maria-Luigia, 1817-1867, dit l'épitaphe. Ci-gît la fille de Marie-Louise, née deux ans après Waterloo. Stendhal, dans les jardins ravennats que Dante a choisis pour son Paradis, dans ces jardins fiévreux où tu es allé retrouver ton dieu Napoléon, que penses-tu de la chute? A Parme, ce n'est pas Fabrice, ce n'est pas la duchesse de Sanseverina, ni même Clélia qui vécurent. C'est la veuve oublieuse, c'est la sensuelle épouse de Compiègne et des Tuileries, à qui son vainqueur, rajeuni pour elle, enseigna des mystères dont elle demandera au borgne, jeté dans son lit par un père astucieux, le perpétuel ravissement. Non, je ne puis croire, Stendhal, que ton ombre curieuse ne vienne pas, souvent, errer ici, à l'heure amoureuse où Fabrice frappait à la petite porte de la rue Saint-Paul. Minuit sonnait à la Steccata les rendez-vous de Clélia. Il sonne tes rendez-vous avec tes héros. Et ce que tu vois, c'est l'oubli, c'est le parjure, et ce que tu rapportes, au matin, à ton idole, c'est le témoignage d'un bonheur que la misère de Longwood n'empoisonna jamais. Demande à Canova, si tu le rencontres, lui aussi, sous les noirs parasols de la Pineta infernale, demande-lui ce qu'il pensait, lorsqu'il sculptait pour le musée de Parme l'image de Maria-Luigia. Il n'avait point de malice. Son ciseau pourtant dut tomber un jour de ses mains, de ces mains qui avaient pétri le masque napoléonien, lorsqu'il lui fallut enfin modeler l'heureux et fier sourire de ces lèvres sensuelles. Va voir, l'une de ces prochaines nuits, à la Pilotta, l'œuvre de Canova. Buste ou statue, tous deux ne respirent que le plus parfait bonheur. Et tu ne pourras, pas plus que je ne le puis, arracher jamais de ton souvenir cette bouche

amoureuse, cette poitrine avide de caresses et cette
plénitude de tout un corps en quête de baisers et
d'étreintes. Au milieu de l'Atlantique, Napoléon
berçait ses derniers jours de la bonté de Marie-
Louise et, ne pouvant croire à l'oubli, incriminait
Metternich. A Parme, Maria-Luigia mettait au
monde Alberia ; la femme de l'Empereur donnait
au roi de Rome une sœur, cette vieille dame à gros
ventre et à tire-bouchons.

C'est à saint Jean, c'est au Christ dans sa gloire,
c'est à la Vierge couronnée et transportée, c'est à
Jésus à la fontaine, c'est à Madeleine fervente,
c'est aux Putti, c'est à Corrège que j'ai demandé
de m'arracher à cette lamentation. Celui-là du
moins ne trompe pas et la joie rayonnante de son
œuvre est bien la plus réconfortante des consola-
tions qu'âme troublée puisse recevoir. Que tous
ceux qui doutent, que tous ceux qui pleurent et
maudissent un destin rigoureux, viennent à Corrège ! Devant un tel entier bonheur, d'une telle
innocente félicité, ils reprendront confiance et se
consoleront. D'autres sont plus virils et plus déli-
bérés, d'autres ont plus de puissance, je le sais.
Florence et la Toscane, Venise et la Vénétie sont
pleines d'œuvres où matière et pensée s'unissent
dans la plus consciente et mâle grandeur. Personne pourtant n'a réalisé le prodige corrégien, je
veux dire n'a possédé cette allégresse d'une âme
jeune, qui se livre à son génie et communique, à
qui regarde, sa flamme nouvelle. Un seul peut-
être, un seul maître a joui du bonheur dont Corrège étincelle. Et c'est justement celui qui, comme
Corrège, découvrit la peinture et s'y livra, comme

lui, **en** enfant plein de délire. A travers les siècles, malgré toute la distance qui peut séparer deux hommes dont l'un ignorait tous les secrets de son art puisqu'il était le premier qui regardât la vie, et dont l'autre les connaissait tous bien qu'il ne les eût appris à aucune école, Corrège rejoint le peintre de Santa Croce, d'Assise et de Padoue ; c'est à Giotto seul, si on lui veut une analogie, que Corrège fait penser. La différence est profonde entre l'artiste gauche qui peignit l'Arena et l'artiste adroit qui fit tournoyer l'*Assomption*. Il y a entre eux presque toute la distance qu'il peut y avoir entre un xoanon et l'Hermès de Praxitèle. Mais il est une flamme qui incendie ces deux cœurs d'un même feu, et c'est la ferveur innocente. On ne connaît même pas à Corrège de Cimabue. Antonio Allegri da Corregio naquit et vécut solitaire. Il se forma seul et puisa dans son propre génie les magnificences dont il prodiguait le vertige. « Et moi aussi, je suis peintre ! » s'écria-t-il. Que d'humilité dans cet orgueil ! Où il ne voyait qu'une vocation, nous voyons une ambition. Le tempérament éclate enfin. Peintre, personne ne le fut jamais plus que lui, c'est-à-dire plus apte à fixer une forme fugitive dans l'espace et dans la lumière. Phénomène prodigieux, fleur naturelle et parfaite, il poussa sur la terre des peintres sans semence et sans terreau. Il ne ressemble à personne et personne ne lui ressemble. Il est Corrège, soit la peinture elle-même, avec toute sa volupté et avec son ivresse de peindre. Bien plus encore, et rien, pourtant, n'est plus exaltant, que la beauté intrinsèque de l'œuvre, admirons l'âme même du créateur. Cet homme vivait dans une perpétuelle ivresse des contours et des ombres. Il avait, comme Giotto, découvert la vie et les hommes qui la vivent. Le miracle qui nous a tant charmé et nous charmera toujours chez Giotto et ses enfants, le miracle des Angelico, des Benozzo, des Filippo, des Masaccio et des Pollajuolo, le miracle du génie vainqueur de toutes les ignorances, nous ravissant, en dépit de toutes les défaillances et malgré toutes les imperfections, par sa vertu propre, son ardeur et sa foi, ce miracle le voici renouvelé, mais cent fois plus prodigieux encore, puisqu'il est impeccable aujourd'hui et que, seule, la passion de l'art l'a accompli.

Corrège voyait toute chose comme les vit le premier homme, avec une tendresse chaque jour rajeunie. Il se grisait de soleil et de chairs, à chaque aurore, comme s'il les contemplait à son premier jour. Frénétiquement, alors, il se ruait et rien ne paraissait impossible à sa virginité, et ne l'était, des expressions infinies de la vie. « Je suis peintre ! » Cette confiance le sublimait. Car, pour cette âme sincère et fraîche, être peintre c'est avoir reçu mission non seulement de fixer les formes dans l'espace et dans la lumière, mais encore d'en saisir les plus imprévus et rapides états et d'en traduire toutes les audaces. Si aucun corps ne se refuse aux plus hardies postures, quel scrupule légitime pouvait retenir le peintre ? Il n'est pas de secret pour la lumière, qui pénètre et se joue parmi toutes les ombres. Le peintre ne doit rien ignorer des mille attitudes humaines ni de leurs reflets. Appuyé sur le titre dont il s'était

couronné, Corrège allait à travers les hommse,
s'emparant de leurs gestes, de tous leurs gestes,
pour les magnifier. Ses yeux s'ouvraient, son âme.
se dilatait ; il ne connaissait aucune crainte. Joie
de vivre et de regarder vivre ! Il y eut une fois,
depuis Giotto, un homme qui, en présence de ce
bonheur, même après en avoir compris la surhu-
maine splendeur, ne recula pas. Cet homme, ce
fut Allegri.

Déjà, dans *La gloire du Christ*, à San Giovanni,
apparaissent cette merveilleuse ivresse et ce défi
relevé. Les rudes lombards, barbus et trapus, dont
Corrège a prêté les traits aux apôtres Philippe et
Jean, sont, au plus juste, la réalisation scrupu-
leuse de visions humaines. Et ce Christ, rude
Lombard, barbu et trapu lui aussi, dont Burckhardt
dit qu'il a l'air d'une grenouille, ce qui est vrai,
que nous apporte-il si ce n'est le témoignage de
cette audace naïve qui poussait irrésistiblement
Corrège à rendre les plus rares réalités ? Lorsque
le Christ monta au ciel, les hommes attachés à la
terre ne purent l'y voir monter qu'ainsi, les
quatre membres gigotant autour d'un corps ratatiné. On a dit un jour que Corrège « n'avait que
le charme naturel ». Heureuse exclusion ! Cons-
cient de son art, de sa mission stricte, il s'efforçait,
de toute sa bravoure innocente, à se rendre esclave
de la multiple vie.

Exclusion plus favorable encore qui lui inspira
l'Assomption. « ...!vre de son vol, elle monte dans
la solitude de l'éther et l'air bleu du matin s'en-
gouffre dans ses ailes. Elle monte toujours, vers
la région que ne hantent plus les oiseaux qui

pourraient troubler le mystère. Elle s'éleve encore et déjà la troupe inégale qui la suit diminue et s'égrène sous elle. Il ne reste plus en suspens, dans l'opale infinie, qu'un petit groupe infatigable. Elle demande un dernier effort à ses ailes... » Lorsque Maurice Maeterlinck écrivit cette page de *La Vie des abeilles* que je cite de mémoire, revenait-il donc de Parme? C'est elle qui me semble résonner sous la coupole et je ne trouve rien qui rende mieux l'élan tempétueux de l'*Assomption*, l'ivresse de la Vierge ravie, le tourbillon des anges, leur essaim mêlant ses nus dans un frénétique et amoureux enlacement, l'éperdu frémissement de ces jambes radieuses, cet envol de la reine des cieux qui entraîne derrière elle, et les lasse, tous ceux que son supplice et sa gloire ont enivrés et qui veulent entrer avec elle dans l'éternelle béatitude.

Mais comment, maintenant, rendre le dernier miracle de Corrège, le virginal enfant? Marie atteint enfin au trône terrible et voici que, vers elle, du sein des splendeurs paradisiaques accourt le fils de Dieu; Jésus de Bethléem a senti frémir toute sa jeunesse. Il se précipite, le corps projeté, il ouvre les deux bras pour recevoir sur son cœur d'homme palpitant sa mère enfin rendue !

Voilà du sublime, si le sublime réside dans la plus audacieuse, mais toujours humaine humanité. N'en est-ce point encore, dans la douceur et la grâce, que les deux merveilles que l'on voit à la Pilotta, la *Madone a l'écuelle* et la *Madone de saint Jérôme*? La Madeleine de celle-ci est célèbre dans tout l'univers et je n'en dirai point,

après cent autres, le charme et l'abandon d'amour.
Il est un moment, lorsqu'on parvient près de la
beauté achevée, où les mots blessent les moins vul-
nérables. Il existe une pudeur de l'exaltation, non
pas tant de la sienne propre que de celle dont on
sait les autres devoir devenir ou avoir été, comme
vous, la proie. Il est des émotions auxquelles
il ne faut pas toucher même pour les caresser. Le
plus pieux des contacts est encore une flétrissure.
Et si j'ai pu, tout à l'heure, parler du Corrège
des coupoles, je m'arrête maintenant que je puis
m'approcher. Le vol nuptial de l'*Assomption* nous
entraîne loin du monde et son envolée permet à
un homme infirme d'y tendre sans crainte : on n'y
accèdera jamais. La *Madone à l'écuelle* est d'une
trop humaine tendresse, elle éveille trop nos plus
secrètes fibres pour que les mots ne la profanent
pas. D'autres diront, ont dit, l'art consommé de
cette fresque et ce jeu de lumière, où le clair
obscur est le seul effet, d'une variation infinie.
D'autres admireront la souplesse de ce jeune
garçon, la douceur de cette mère pleine d'une
protection attendrie. D'autres enfin verront, comme
je l'ai vu, ce bras d'homme qu'est le bras de Jésus
et s'arrêteront à la pose de danseur de Joseph.
Même de ceux-ci, personne ne pourra, pourtant,
n'être pas remué dans ses intimités les plus cachées.
Vous tous qui croyez, à Paris, à Dresde, à Londres et
même à Vienne, où cependant rayonne Io, avoir
communié par Corrège avec la lumière, la forme,
la chair, la beauté et la bravoure, toute la vie qui
vaut qu'on soit un homme et qu'on vive, venez à
Parme ! Alors seulement vous saurez le prix de

ces trésors-là, alors seulement vous connaîtrez Allegri.

Un jour encore, j'ai promené mon enthousiasme dans une Parme magnifiée. Comment, l'âme si pleine de délire, ne pas tout admirer ? Corrège prête sa splendeur à tout ce qui l'entoure et les yeux, éblouis de lui, encadrent d'une gloire tout ce qu'ils regardent. A la Pilotta, Parmegianino renouvelle, dans son *Mariage de sainte Catherine*, l'exquise fraîcheur de son maître, et, déjà, l'idéalise ; c'est faire injure à Francesco Mazzola, que de le réduire à n'être que le Parmesan des portraits. La Pilotta ne permettrait-elle que cette réparation, elle vaudrait encore nos pas. Immense, infinie, elle abrite d'autres trésors dans ses murs glacés : deux cent mille volumes, des antiques, les Marie-Louise, un théâtre qui me reporte à mes plus frais souvenirs vicentins, les débris du *Couronnement de la Vierge*, des Cima aussi caressants que ceux de Venise, les copies certainement fidèles, par les Carrache, du *Couronnement*, brûlé avec le chœur de San Giovanni, en 1584, une série de portraits farnésiens et bourboniens d'une éloquence féconde -- et des soldats. La Pilotta, c'est le même palais qu'à Plaisance, saccagé, démembré, dépecé, utilisé.

Le Dôme, où *l'Assomption* nous élève vers l'inaccessible avec elle, a-t-il donc, lui aussi, profité de mon exaltation ? Non, peut-être, puisque son aspect m'a ramené sur terre, à Vérone, au milieu de la prairie où San Zeno dresse sa majesté. Deux frères que l'on distingue, mais dont le plus indifférent des passants peut affirmer la commune origine. Ainsi que le Dôme de Plaisance, le Dôme de Parme est l'enfant lombard du style roman. Et, rétif à cet art, si j'en reconnais les mérites, ma complaisance d'aujourd'hui n'est décidément que corrégienne. Très pure cependant, sans influence étrangère, me semble mon admiration pour le Baptistère, du même style, mais aussi de ce style que l'on pourrait dire, n'était la tautologie, baptistéral. Sauf les opulents baptistères de Pise et de Florence, je n'en ai vu aucun qui se présentât avec autant de beauté, plus sévère ici, dans sa courbe et son élévation. C'est qu'il est, déjà, un effort pour rompre les chaînes romanes. La pureté, la sveltesse toscanes peuvent s'y deviner. Octogone, il lance cinq étages de colonnades que couronnent sept clochetons. A l'intérieur, seize pans, treize niches, et deux galeries à entablements droits. Une lumière avare mais pure vient y réveiller les ombres de la pierre et animer le Baptiste qui nous verse du haut de la coupole sa vivifiante rosée.

Vers le soir, j'ai franchi le ponte verde sous lequel la Parma égare, parmi les cailloux, les quelques gouttes de ses eaux et j'ai erré entre les bosquets et les parterres au milieu desquels le palazzo del Giardino déploie sa façade jaune et ses courtes ailes. Des soldats l'occupent, lui aussi, comme tous les restes émiliens, toscans ou ombriens des factices royautés nées de l'avide orgueil seigneurial, à rebours de la nécessité sociale et des aspirations populaires. Mais, en venant ici, n'est-ce pas terminer, par un dernier hommage à Corrège, mon pèlerinage allégrien — si nourri d'allégresse ! — que j'ai voulu ? Malgré une rigoureuse consi-

gne, j'ai pu gagner la chambre où Agostino Carrache se hausse jusqu'aux pieds du divin peintre.
Regardons pieusement ce Pélée et cette Thétis,
cette Vénus et ce jeune Hercule si radieux, heureux de leur force et de leur beauté. Outre l'un
des derniers rajeunissements de la fresque délaissée, de ces grandes décorations où les âges étri-
qués qui vont suivre ne pourront plus atteindre,
nous y verrons, par le Bolonais même qui s'y
grandit au delà de tout espoir, nous y verrons ce
que peut, sur un pinceau facile, l'émotion renou-
velée chaque jour des plus nobles spectacles. Plus
près de notre esprit, si ce n'est de notre cœur, que
le tourbillon des célestes abeilles, l'œuvre parmesane d'Agostino Carrache, ne fût-ce que par le
vain et méritoire effort d'en approcher, nous fera
une dernière fois rêver au maître enivrant, nous
le fera mieux comprendre et plus aimer encore,
tout vertige disparu.

*
* *

Lorsque Paul III Farnèse, sous l'œil bienveil-
lant de Charles-Quint, et faute de Milan que cet
empereur entendait se réserver, promut son fils,
Pierre-Louis, duc de Parme et Plaisance, il pouvait invoquer, si tant est qu'il songeât à se chercher une excuse, la tradition et la nécessité. Il
agissait comme ses prédécesseurs Jules II, Léon X
et Clément VII; il agissait selon la loi du développement pontifical. Un homme, un héros, s'était
trouvé qui avait senti le danger, pour l'Italie, de
tous ces princes parasitaires, issus des condottieri

ou des podestats, et dont je vis à Padoue et à Mantoue l'éclosion et la chute. La papauté ne pouvait se dérober à ce mouvement familial et le népotisme présidait à ses conseils. César Borgia ne pensait guère, sans doute, et je le verrai à Pesaro, à libérer l'Italie de ces tyrannies. Il pensait exclusivement à la sienne. Nous n'avons pas à nous demander les petites raisons, mais à peser les grands résultats. La grandeur, a dit Guizot, est dans les questions qui s'agitent et dans les destinées qui se préparent. César rêvait de sa monarchie ; mais cette monarchie borgienne eût été la délivrance de l'Italie. La mort d'Alexandre VI recula de trois cent cinquante ans l'unité nationale. Les princes avaient bien compris où les menaient Alexandre et son fils. Lorsque Jules II fut élu pape, son premier soin fut d'étrangler l'ambitieux unitaire. Jules II de la Rovere procurait à son neveu François-Marie le duché d'Urbin que Guidobaldo de Montefeltro abandonnait au fils, ce François-Marie, de sa sœur Jeanne.

A toutes voiles, la papauté entrait dans le mouvement seigneurial que César avait failli arrêter et qui marquera, avant peu, la fin de l'Italie. La papauté redevenait une affaire de famille, comme autrefois, lorsqu'elle était la proie des ducs de Spolète, de Marozzia. Avec cette différence que le Saint-Siège, au lieu de s'obstiner sur Rome, regardait alentour et choisissait. Napoléon Ier, distribuant à ses frères les pays qu'il avait conquis, était, sans le savoir, l'héritier moral des papes. La conception est la même, profiter de la fortune de l'un de ses membres pour nantir le clan. La papauté héréditaire, César Borgia, cinq cents ans après Benoît IX, en avait révélé le danger. Plus prudent et plus lucratif il était d'essaimer la race papale sur les terres en friche. On s'entend avec l'empereur ou entre soi, entre princes — le pape n'est qu'un prince — et on s'installe. Sixte IV et Jules II prirent Urbin. Les Médici mariaient partout. Paul III s'adjugeait Parme. Les papes, ayant renoncé à conduire le mouvement démocratique qui, contre les Lombards et contre les empereurs, les avait portés au premier rang, suivaient la même voie que les podestats. Ils étaient des podestats. Ils aspiraient à devenir seigneurs et le devenaient, selon les mœurs adoucies, par des alliances ou par la grâce impériale.

Ce fut de celle-ci que Pierre-Louis Farnèse obtint Parme. Non pas absolument, mais en fait. Paul III, son père, n'eut garde en effet de demander directement la duché à Charles-Quint. Il fut plus habile. Les Farnèse étaient d'origine lombarde. Ils étaient condottieri. Quelle lumière ! Leur patrie était Farneto, sur le territoire d'Orvieto, terre pontificale. On sait que la fortune de la famille, sa fortune princière, commença sous Alexandre VI. Paul III fut nommé cardinal — le cardinal « della gonella (cotillon) », disait-on couramment — par la protection de sa sœur Julie, maîtresse de ce Borgia. Pape à son tour, le frère de Julie continue la tradition si lourdement commencée par Alexandre VI lorsqu'il pourvoyait tous ses fils, et si énergiquement rompue, afin de la parfaire, par l'un de ceux-ci, César. Paul III commence, en 1537, par ériger en duché, au bénéfice de Pierre-Louis, les villes de Népi et de Castro et nomme celui-ci gonfalonier de l'Église. Pierre-Louis n'ignore rien de ses privilèges seigneuriaux ni de son prestige. Il en use jusqu'à violer le jeune et bel évêque de Fano, qui en meurt de honte. Bagatelles ! Paul III poursuit sa trame. Mais comment, en 1537, cinq ans après la chute de l'Italie entre les mains de l'empereur, édifier sans la permission de celui-ci ? D'autre part la France peut prendre sa revanche ; il faut ménager le roi. Deux mariages fourniront la double garantie. Le fils aîné de Pierre-Louis, Octave, épouse la fille de Charles ; le fils cadet, Horace, épouse la fille de Henri II. Et voilà les Farnèse tranquilles. Paul III demande aussitôt le paiement de la grâce qu'il a consentie en donnant ses petits enfants à des bâtardes. Il lui faut la plus grosse part, la plus belle de l'Italie : Milan. Charles fait la sourde oreille. Paul III n'insiste pas et prend Parme et Plaisance. Un bref du Sacré Collège qui ordonne l'échange de ces deux places contre Népi et Camérino, légitime le troc.

Tout serait sauvé, si le bénéficiaire n'était pas Pierre-Louis, l'immonde agresseur de l'évêque de Fano. Au bout de deux années, Plaisance, qui succombe sous les cruautés, les débauches et l'avarice de son maître, l'égorge. Et Ferdinand de Gonzague, gouverneur de Milan, au nom de l'empereur s'empare de la ville, que les placentins lui remettent avec délivrance.

En vain Octave implore à la fois son grand-père et son beau-père. Car Paul, pour soustraire Parme à l'empereur, l'a reprise. Octave veut même y rentrer de force et c'est le lieutenant de Charles qui l'en empêche ! Le coup est trop rude pour le vieux Farnèse, qui en meurt, le 10 novembre 1549, âgé de quatre-vingt-deux ans. Moins sénile, il se fût moins ému. En quatorze ans de pontificat il avait eu le temps de préparer l'avenir. Tous les cardinaux étaient des créatures des Farnèse. Le successeur de Paul III, Jules III, ordonna aussitôt la restitution de Parme à Octave et maintint généralement tous les Farnèse dans leurs dignités ; Jules III, par hasard, n'avait pas d'ambition. Ses seules amours étaient pour un jeune homme de quinze ans, qu'il nomma cardinal. Cet enfant ne désirait que s'enrichir. Jules le gorgea d'or. Les Farnèse laissaient faire, préférant les trônes. Charles-Quint ne se décidait pas à les leur laisser. Cela engagea Octave à suivre son frère Horace, le gendre de Henri II, dans le parti français. Horace fut tué à Hesdin. Auparavant Octave, grâce aux Français, était rentré à Parme et Philippe II lui restituait bientôt Plaisance, en reconnaissance des services que son fils Alexandre rendait à l'Espagne, dont il était un des généraux — contre la France bien entendu. Le fils de cet Alexandre, Ranuce, succéda à son oncle Octave. Pendant un siècle les descendants de Paul III vont opprimer Parme, tyranniques, stupides ou odieux, presque toujours dévergondés et toujours infirmes, invraisemblablement obèses, de sang gâté, bègues, idiots même, courant après des mariages qui assureraient à leurs neveux ou même aux enfants de leurs femmes, car ils ne pouvaient en faire, l'héritage si péniblement acquis. Le dernier, Antoine, se résigna à en pas se survivre et son faste entassa à Parme les trésors que Don Carlos, fils de Philippe V et d'Élisabeth Farnèse, emmena à Naples en 1734, laissant le duché fondé par Paul III contre l'Autriche, à celle-ci.

L'œuvre de Paul III ne prospéra guère, on le voit. La papauté ne succombe pas à cette folie népotique, pourtant. Les événements de l'Allemagne religieuse la sauvèrent. La Réforme galvanisa le trône pontifical qui se perdait dans les petites ambitions et se corrompait dans les intérêts les plus particuliers et les plus mesquins. Paul III avait vu le danger, et, avec autant d'ardeur qu'à engraisser les siens, il travailla à ramener dans l'église ordre et discipline. Mais l'exemple donné par le père fanatique annihilait les efforts du pontife clairvoyant. Celui-ci rendit au clergé sa vigueur dès longtemps affaiblie, mais celui-là élargit la brèche entre les catholiques et les protestants. Supprimer l'hérésie ! Il aurait fallu d'abord supprimer les causes de l'hérésie. Ni Paul, ni Jules son successeur, n'étaient disposés à le faire. Mais le danger grandit. Il ne peut plus être question, dans l'Église, de jouissance ni de népotisme. « Il faut administrer sévèrement ce grand corps qu'est l'Église, dit Ranke, si l'on veut garder saines et fidèles ses parties. » Sixte-Quint est proche, qui reprendra l'œuvre de Grégoire VII et, comme celui-ci, sauvera la papauté de la déliquescence, lui imprimera un essor nouveau.

La Pilotta conserve pour l'édification des siècles les portraits de ces Farnèse, qui nous disent par leurs faces bestiales, hagardes ou honteusement sarcastiques, l'aberration de l'ancêtre simoniaque et concubinaire — comme au temps d'Hildebrand. La vie se répète plus qu'on ne croit. A travers les changements que les mœurs apportent dans les apparences et les nécessités présentes dans les gestes, ce sont toujours les mêmes âmes que l'on retrouve. Les papes se sont développés comme les antres hommes et lorsque les peuples parviendront à une moralité plus pure, ils y atteindront avec eux.

V

DE MA BARQUE LÉGÈRE

Modène.

Entre deux rangées de maisons, un dur pavé, large à tenir un régiment de front, part de la barrière pour aboutir à une haute bâtisse, aussi longue que haute. Ainsi fermée, cette rue a l'air d'une cour, à Versailles. Il est midi passé. Je suis seul. Ces grands murs à pic, façade postérieure du palais ducal, aujourd'hui école militaire, m'écrasent. Modène déjeune. On ne m'a pas attendu pour se mettre à table. Il me semble que je n'ai plus faim. Cette ville manque de cordialité. Peut-être va-t-on m'y refuser un lit? Et les églises n'abritent plus les vagabonds. Je me sens indiscret. Je file le long des maisons, rasant les murs, tête basse; le plan de mon guide est mon seul soutien. Une lettre sur un carré bistre, voilà mon étoile. Je me sens prêt à la plus abondante mancia pour une attention, un demi-sourire. J'avance pourtant. Quelques pas encore et, au tournant, la via Œmilia déjà familière va se découvrir à mes yeux rassurés.

La voici. Je m'arrête, bouche bée. Suis-je stupéfait, suis-je ébloui? Personne devant moi, der-

rière, autour. Si je toussais, j'entendrais un écho
infini et je réveillerais des morts sans doute. Le
prince Charmant entrant dans le palais de la Belle
devait jouir d'un semblable ahurissement. Cependant, je me sens revivre peu à peu. Mes yeux s'écarquillent. Mes lèvres s'entr'ouvrent. Mon buste se
redresse et cette solitude, je le sens, assure mes
jambes au lieu de les ébranler. Serait-ce la peur qui
va me jeter en arrière ? Serait-ce la joie qui va me
faire danser ? Suis-je endormi enfin ?

Oh ! alors et décidément, le rêve est délicieux, ne
me réveillez pas ! Seul, ici ? Quelle ivresse ! Non,
ce n'est pas moi qui suis ivre, c'est la ville ellemême, c'est au moins cette rue qui frétille devant
moi. Des arcades, rien que des arcades, à gauche,
à droite, au fond, en angle, en enfilade, partout,
et des arcades qui ont l'air de jouer à « embrassez
qui vous voudrez ». Vêtues de jaune ou de rouge,
elles se tortillent, lancent leurs jupes, mais si chastement que je ne puis voir leurs dessous. Elles
tournent, virevoltent et s'arrondissent sans qu'on
puisse en deviner la fin. Plus on avance, plus elles
s'allongent en volutes, en anneaux de serpent. A
chaque flexion, un nouveau tournant se présente.
C'est un déroulement de chapelet, et un chapelet
de nonne à douze dizains. Je regarde à droite, à
gauche, là où de nouvelles arcades s'embranchent.
Toutes les mêmes. Toujours des tournants, des
maisons qui, au lieu de s'aligner, semblent, en
quadrille, balancer les dames. Portes, boutiques
se cachent sous leur ombre, et ce qui accuserait
un peu de vie dans ces rues désertes reste invisible. Et cela, tout cela, aveuglant de tous les tons

de l'ocre et du cramoisi, va, vient, repart, revient,
n'offrant à l'œil que des rondeurs, des fléchisse-
ments de taille fine vêtue de soie abricot, fraise ou
pomme d'api. Pas une ligne droite, pas un linge
blanc. On a beau fouiller, on ne rencontre que
des profils fuyants et des profils incarnats, roses,
pourpres, écarlates ou œuf à la coque. Peut-être
a-t-on célébré hier quelque anniversaire glorieux ?
Les habitants sont ivres-morts et les maisons, à respirer les vapeurs de l'alcool, ont fini par se griser
un peu.

A moins que rien de tout cela ne soit vrai ? C'est
la faim qui me trouble l'esprit. Je ne suis pas dans
une ville. Il n'y a pas de rue large à contenir un régiment de front. Il n'y a pas de palais. Et ce que je
prends pour de la pierre n'est que de la toile peinte. Je
suis au théâtre, dans l'un de ces théâtres construits
par un prince dément qui voyait toutes choses
considérables pour se persuader qu'il était puissant.
Les rues qui s'enfoncent devant moi ne sont pas des
rues. Ce sont des portants. On ne vit pas ici, on y
joue la comédie. Et quelle comédie ! Celle des
Fanchettes et des Rosidors. Cette scène a été édi-
fiée pour être l'asile de l'opéra-comique. Favart
et Grétry y régnaient en maîtres. Monsigny l'ali-
mentait, et Philidor et Dalayrac. Voilà vraiment
la ville la plus comique qu'on puisse rêver. Celui
qui la brossa possédait un joyeux génie. Quel décor pour *Acajou* ou pour *Ninette à la cour*, pour
Zémir et Azor ou pour *Aucassin et Nicolette* !
Dans un instant la représentation va commencer et
déjà s'apprête ce bon André, ce cher André et son
avantageux rival, monsieur de la France. J'entends

leurs rires étouffés dans les coulisses ; ils se rient de mon hébétude. Mais est-ce bien moi qui suis ici ? C'est mon aïeul qui fait les cent pas, avant le lever du rideau et fredonne, pour amuser son impatience : « *De ma barque légère, agréez le secours* ». Si j'allais déjeuner ?

J'ai déjeuné. La ville aussi. A part cela, rien n'est changé. Il y a du monde dans les rues, mais elles restent les mêmes. Telles je les ai laissées, telles je les retrouve, tournoyantes et bigarrées, mais ce sont bien des rues ; un tramway paisible circule, des enfants courent, des soldats se promènent et j'ai acheté un cigare qui brûle normalement. L'amusante petite ville et si imprévue ! J'en ai vues d'imposantes, de mortes, d'indifférentes même. Je n'en ai jamais vues de « rigolottes ». Il n'y a pas d'autre mot pour celle-ci. Que peut-elle bien faire, à nos âges ? Et pourtant, elle vit encore ; on y vend des cartes postales. Malgré ce signe irrécusable, je n'arrive pas à la prendre au sérieux. Elle zigzague trop. Elle est trop peinte. Le prodige est qu'elle n'a pas l'air d'être vieille ; à près de deux mille ans, elle paraît jeunette. Toute enduite de graisse multicolore, comme un visage de vieille coquette, qu'elle soit, elle n'arrive pas à avoir plus de cent ans. Pas plus ridicule que la Belle au bois dormant lorsqu'elle se réveilla, elle n'est que follement drôlichonne. Ses révérences sont souples ; on les croirait appuyées sur des jambes de quinze ans. Mélange troublant et savoureux. J'ai connu une grand'mère qui valsait comme la Taglioni. Modène me rappelle cette grand'mère. On ne voit plus que les petits pieds qui volent, volent, dans leurs escarpins.

Cette jolie vieille doit être difficile à habiller. De quelles parures s'orne-t-elle ? Versailles a construit le Hameau, Chantilly Sylvie, Potsdam Sans-Souci. Comment Modène se coiffe-t-elle ? Elle a des airs bien qu'elle soit sémillante ; elle a un passé, très ancien et non sans gloire : Antoine, les Este, la comtesse Mathilde. Cela ne va guère à ses fossettes. Que d'exigences contradictoires ! Modène est fine personne. Et sans reléguer au fond d'un placard les bijoux de famille, le Dôme par exemple, elle s'est arrangée pour se meubler de façon seyante à son espièglerie. Dans cette ville fin de bal, l'art du xviie et du xviiie siècles, le baroque, s'implante et triomphe aussitôt.

Benvenuto raconte dans ses Mémoires qu'un de ses concurrents lui montrait avec fierté un coffret si bien conçu qu'on ne pouvait en voir la serrure. À quoi Cellini répondit : « Moi, je la montre et je la cisèle ! » L'art baroque est l'art de l'orfèvre concurrent de Benvenuto. Son but est de cacher ce qu'il faudrait voir. Il sacrifie tout à l'ornementation, au décor et son plus grand souci est de dissimuler les membres, l'élément même de l'œuvre. Son idéal est de faire exprimer aux choses ce qu'elles ne peuvent exprimer sans qu'on les torture. Palladio se plaisait à accuser son œuvre — à montrer la serrure. Ses façades disaient l'intérieur, ses murailles la destination. Une église était grave, un palais riche, une villa accueillante. Le baroque donne aux églises une allure de théâtre, aux palais l'aspect d'une ferme, aux villas la forme d'un château fort.

La pierre n'est plus traitée en pierre, elle est

tordue en filigrane, taillée en facettes, cabossée, ballonnée, pomponnée comme un coussin, empanachée comme un corbillard. On accumule les formes les unes sur les autres, on les mêle, on les coupe, on les fond, on les superpose. Les entablements sont arrêtés à mi-chemin et projetés, les pinacles sont tronqués, les flèches sont arrondies, les pilastres se cachent sous des colonnes ; celles-ci, roulées en ficelle, se collent aux murailles ; les fenêtres sont toutes différentes, lorsqu'on ne les dissimule pas derrière des frontons, fleuris de pots, de flammes ou de statues. Cela oscille, se brise, se cabre, se chevauche, s'enchevêtre ; les feuillages enjambent sur les voûtes, les peintures débordent sur les corniches ou les corniches sur les peintures. On ne sait plus où est l'architecture, où est la sculpture, où est la peinture. Plus de fonctions, plus de formes indépendantes, mais des fonctions et des formes amalgamées, luttant entre elles et se disputant la place. On en arrive à poser les arcs sur leur courbe, à l'envers. Si on avait pu faire tenir l'ogive sur son arête, nous aurions des campaniles les jambes en l'air. C'est l'exaspération de l'illusionisme et de l'ornement.

Hier, à Parme, j'ai éclaté de rire au milieu de la rue, en apercevant le campanile de San Sepolcro. Ce n'est plus un clocher, c'est une réclame pour macaroni. A côté, San Antonio est bien plus stupéfiant encore, mais à l'intérieur cette fois. Deux voûtes sont superposées. La voûte intérieure est percée d'une dizaine de trous aux bords tout fouillés d'arabesques. On dirait huit ou dix cadres reliés ensemble. Ce sont, d'ailleurs et réellement, des cadres et qui entourent, chacun, un tableau, vierges, saints, anges et jolis démons. Seulement ces tableaux sont peints sur la seconde voûte, sur la voûte extérieure, distante de plusieurs mètres de la première. Il faut bien amuser les petits enfants.

Ces deux églises, à Parme, m'avaient indigné, même lorsque j'en riais. Et j'avais négligé de les noter. Négligé ? J'avais honte d'elles, plutôt. Elles me reviennent tout à coup à la mémoire lorsque je passe devant San Vincenzo et lorsque j'entre dans San Agostino, le Panthéon estense. Bibbiena a fait de celui-ci le prolongement du palais ducal. Ce n'est pas un temple, c'est une salle de bal. Elle est magnifique et possède toutes les qualités. Comme la jument de Roland, qui n'avait qu'un défaut, d'être morte, cette église n'a qu'un défaut : elle est tout ce qu'on veut, sauf une église. Le plafond droit repose en arrière de colonnes à chapiteaux, d'un corinthien écœurant. Sur ces colonnes s'appuient des statues qui se passent des chaînes de l'une à l'autre, des chaînes de plâtre ou de stuc, ou de pierre, de tout, sauf de fer, comme si elles jouaient à cache-mitoulas. Et ce qui confond, c'est que des princes qui traversaient vingt fois par jour la cour de leur palais, cette cour imitée de la basilique de Vicence, d'une noblesse et d'une mesure incomparables, aient pu concevoir qu'ils dormiraient un jour, et pour longtemps, sous ces fioritures.

Cette architecture a trouvé sa peinture ; Bologne est près d'ici. Elle a trouvé aussi sa sculpture, et

la seule excuse que l'on puisse invoquer en faveur
de Begarelli, c'est qu'il fut un précurseur. Im-
pressionnée par une exclamation de Michel-Ange,
qui vit les groupes de Begarelli, la postérité a
gardé un certain respect pour celui-ci et pour son
maître Mazzoni. Avec conscience et bonne volonté,
j'ai regardé, à San Giovanni Battista, à San Francesco, à San Pietro et au musée, les œuvres dont
Modène s'enorgueillit encore. Et je ne puis voir
dans l'exclamation de Michel-Ange : « Si cette
terre devenait marbre, malheur aux statues antiques ! » que le sursaut du génie qui recule devant
les conséquences de ses propres hardiesses. Le palais
du Té, à Mantoue, nous montre jusqu'où l'art du
maître de la Sixtine est tombé, entre les mains des
élèves de Jules Romain. Voici jusqu'où il s'écroule
entre les mains des élèves de Bernin prédits par
Begarelli. A force de tendre les corps on les dé-
forme. A force de vouloir les rendre expressifs,
on les rend infirmes. La sculpture ne synthétise
plus, elle raconte. On la fait parler au lieu de la
laisser s'exprimer par sa seule force. Le *Jour* et
l'*Aurore* sont des états. Ce ne sont pas des récits.
La ligne seule émeut en eux. Chez Begarelli, tout
est parfait sauf la ligne, sauf l'état, sauf la synthèse, qui sont absents, sauf tout ce qui constitue
la sculpture, c'est-à-dire l'expression simple, nue,
et forte par cette nudité même. Ce n'est pas de la
sculpture, c'est de l'art sulpicien. Begarelli pré-
cède Bernin, mais, du coup, il le dépasse. Il est
bien plus près de la boutique de M. Poussielgue
que de la place Navone. Il a créé l'art des tombeaux du Vendredi Saint, des Crèches de Noël,

des Immaculées Conceptions **et des** Cœurs de Jésus.

Attendez, cependant. Pour une âme palladienne et un cœur donatellesque, cette église et ces tableaux en terre cuite sont les plus déplaisants qu'on puisse rencontrer. Il semble qu'on reçoit un soufflet. Et voilà pourtant que je me surprends à leur devenir indulgent. Tout à l'heure, en évoquant San Sepolcro et San Antonio, j'ai traduit l'impression qu'ils m'avaient produite à Parme, non pas l'impression sous laquelle je les évoquais en cet instant. Je sens que, ces Begarelli, si, au lieu de se contorsionner dans le gothique San Francesco, ou dans le ravissant San Pietro qui possède la plus délicate façade de briques et de terre cuite monumentale, ils se trouvaient au Panthéon estense ou à San Vincenzo, je leur deviendrais bientôt favorable. Ce que je verrais alors, c'est leur mouvement dramatique, la beauté particulière à chacun, diverse et multiple, leur pittoresque incontestable, leur effet combiné magistralement, leur disposition particulière, spéciale, prévue pour telle lumière, pour telle chapelle, sous tel angle, dans tel cadre. La sculpture n'est pas cela, je le sais. La *Nuit* et le *Crépuscule* ne perdraient pas beaucoup à être déplacés ; ils font encore très bien, réduits par Colas, sur une cheminée. Et c'est peu, pour un chef-d'œuvre, de ne valoir qu'à la condition de rester là où il est, de ne pas pouvoir se démembrer. Vénus a laissé Mars, et ses bras, à Milo. Tout de même, malgré tout, c'est surtout par comparaison que Begarelli me heurte si fortement, de même que les églises baroques me froissent aussi rudement parce que je songe à la Renaissance : si San Moïse et les Gesuiti, à Venise, m'ont tant choqué, c'est parce que je venais de voir Santa Maria dei Miracoli. Et San Agostino m'a déplu parce que je me disais : ceux qui avaient sous les yeux le modèle si discret et pur du Dôme de Modène avec, pour les architectes, ses arcades à colonnettes, ses nefs à pilastres et colonnes alternées, sa crypte soulevant le chœur, et, pour les sculpteurs, le bas-relief d'Agostino di Duccio, ceux-là ont conçu un art tapageur, trompeur, déclamatoire, ils ont souillé l'élégance et la noblesse qui leur avait été enseignée.

Voilà ce que nous ne pardonnons pas au baroque. Il nous déplaît, sans doute, par sa fausseté. Il ment à tout, à son élément, à ses membres, à sa destination. En un point, du moins, le baroque ne trompe pas : il ne nous cache pas qu'il nous trompe ! Au fond, ce qu'il a cherché, il l'a obtenu : créer, selon la belle définition d'un maître, « d'une seule pièce, les plus grands espaces possibles ». Il a visé aux proportions vastes et à la richesse, à la somptuosité. Begarelli, lui aussi, a poursuivi l'effet. Ses Descentes de Croix, ses Pieta à douze personnages grandeur nature, y atteignent, et au delà de toute attente. Non, ce qui nous rend sévère, c'est le parallèle et, surtout, le regret. Le baroque s'est rarement développé librement, solitaire. Partout où il a fleuri c'est à la place d'un art qu'il ne valait pas, tout en valant quelque chose. De 1600 à 1800 il a accumulé les ruines du gothique et de la Renaissance, afin de s'installer. Il a démoli des œuvres simples pour y substituer des œuvres compliquées, qui ont leur mérite, mais inférieur au mérite des autres. De quel droit a-t-il détruit ? Comme un fils de famille qui épouse, ruiné, une héritière, il a liquidé tout le vieux mobilier des ancêtres et a acheté du neuf. Ce fauteuil de Beauvais est magnifique, mais quel dommage ! Le baroque, en soi, a son prix ; sans trop de peine on peut distinguer ses qualités et s'y plaire. Malheureusement, il ne s'est pas contenté d'exister. Et lorsqu'il n'a pas détruit, il s'est superposé. Innombrables sont, en Italie, les églises anciennes qu'il est venu défigurer. Les débris qu'il a semés nous hantent, les restes qu'il a maquillés nous navrent. Nous pleurons sur ses victimes plus que sur sa propre vie. Avant de l'admettre, il nous faut lui pardonner ses meurtres. Alors, nous l'agonisons d'injures. Et, dans cette Modène de Favart et de Grétry, j'édifie ce rêve : au pied du clocher de San Sepolcro, je dresse la façade de San Moïse ; derrière celle-ci, je place les murs des Gesuiti contre lesquels j'appuie les Begarelli ; sur le tout je lance les deux voûtes superposées de San Antonio et, par les trous du plafond, ce qu'on voit, ce sont les jambes en l'air, sous des robes jaunes, de Tiepolo.

*
* *

Vais-je faire du baroque à mon tour et obliger Modène à proférer ce qu'elle ne peut pas dire ? Ce matin, dans le train qui m'amenait, je pensais à François de Modène, à Grégoire XVI, à Pie IX et je me disais que Modène serait la plus favora-

ble pour l'évocation des événements de 1830 et
de 1848, qui annoncèrent et préparèrent 1859 et
1870. Je pensais, afin de me faire mieux comprendre par l'invocation du chef-d'œuvre populaire,
à substituer au Ranuce-Ernest de *La Chartreuse
de Parme,* François III duc de Modène, puisque
c'est ce dernier que, manifestement, Stendhal a
voulu peindre. Mis à part quelques rudiments de
moralité et de bien-être matériel, François était
bien le plus sinistre des tyrans. Son premier adversaire, il le voyait dans l'enseignement. Les conséquences politiques de l'instruction lui paraissaient
dangereuses au dernier chef. Le plus sage était de
supprimer l'école, ou à peu près. Le libéralisme
est si insinuant! Le premier devoir d'un prince,
quoi qu'il puisse en coûter à lui-même et à ses sujets, est de protéger la société contre le libéralisme
et la dissolution. « Pour ces raisons, dit Bulton
King, il donna son appui aux nobles et aux prêtres, restaura les monastères abolis, répandit les
distinctions à pleines mains, car, disait-il, les riches
propriétaires sont toujours reconnaissants envers
celui qui leur donne des titres. » Et plus encore
que sur l'appui des barons et l'enseignement des
prêtres, il se reposait sur l'épée de la magistrature :
« Dans ce temps d'épidémie de dénigrement et
d'insubordination, qui conduisent à la perte du
salut éternel et de la tranquillité ici-bas », il était
d'une fausse philanthropie de punir légèrement.
Les lois étaient arbitraires et mystérieuses ; des décrets pouvaient les transgresser. « Les suspects politiques, contre lesquels il n'y avait aucune preuve,
pouvaient être maintenus en prison jusqu'à ce que

la vérité se manifestât. La censure interdisait l'œuvre de Dante... » Ranuce-Ernest, c'est François.

Et j'aurais alors, ayant traité de ce gouvernement, de ce prince vraiment abject qui, un beau matin, parce qu'il rêve tout à coup de s'agrandir aux dépens de l'Autriche, son berceau, se met à conspirer avec les San Fédistes, ces « Don Quichotte du catholicisme militant », ces purs guelfes, demande l'appui de Louis-Philippe et, au dernier moment, prend peur, trahit ses alliés, fait arrêter et fusiller Menotti, j'aurais alors essayé de dégager la moralité de ce mouvement républicain qui conduisit Louis Bonaparte, le futur Napoléon III, jusqu'aux portes de Rome avec l'armée républicaine ; j'aurais raconté l'abominable répression exercée à Modène par François au nom de ce principe, émis par la *Voce della Verita* : « Le prince le plus pieux est celui qui a pour premier ministre le bourreau », répression non pas tant sanguinaire que policière, où tous les murs ont des oreilles, où l'on vit dans une atmosphère d'espionnage et de délation, où chaque minute est empoisonnée d'inquisition et de dénonciation ; j'aurais tenté le portrait du ministre Canosa qui, ayant exercé à Naples, après le départ de Murat, la plus effroyable réaction, fut engagé à Modène parce qu'il avait des idées libérales et j'aurais puisé les éléments de ce Canosa dans le Mosca de *La Chartreuse* dont il est le modèle certain ; j'aurais montré, François IV mort en 1848, François V obligé de s'enfuir devant la révolte qui entraînait toute l'Italie contre ses gouvernements dont on pouvait dire ce que Gladstone disait de Naples :

« C'est la négation de Dieu ! » ; j'aurais remonté la vallée du Pô, gagné Milan, Turin et je serais allé retrouver cet illuminé de Charles-Albert galvanisant, pour le confisquer, le guelfisme réviviscent ; je me serais mis en marche pour Custozza afin de parvenir à Solférino ; j'aurais recherché pourquoi Rome jusqu'alors si favorable à l'indépendance, pourquoi Pie IX, de cette maison Mastai dont on disait : « Tout y est libéral jusqu'au chat ! » après être parti des corbonari, arriva à Gaëte, d'où il revint pour être le bastonneur que Vaillant et Oudinot eurent la honte de ramener à Rome ; j'aurais démontré l'implacable nécessité historique qui, du jour où la papauté devint une puissance séculière, en dépit des services qu'elle rendit en cette qualité à l'Italie assoiffée de nationalité, entraîna le Saint-Siège à subir la loi du plus fort, tout comme les autres ; j'aurais rappelé le cri de Dante : « Il vous a vus, pasteurs, l'Évangéliste, lorsqu'il aperçut celle qui est assise sur les eaux se prostituant aux rois. Ah ! Constantin, de quels maux fut la source, non ta conversion, mais la dot qui reçut de toi le premier pape opulent ! » — Qu'aurait dit Dante s'il avait su que la donation de Constantin était un faux ? — ; j'aurais évoqué le geste de Léon mettant, par surprise, la couronne sur la tête de Charlemagne, geste interprété impudemment au xiiiᵉ siècle, par Innocent III : « Cette couronne que j'ai prise à l'Orient pour la donner à l'Occident ! », pour être définitivement traduit par le cardinal Berhetti, ministre de Grégoire XVI, en 1830 : « Dieu a confié un trône à son vicaire sur la terre, pour faciliter l'exercice de la suprématie pontificale

dans le monde entier », — et j'aurais conclu sur
l'élan italien pour chasser les Goths, les Lombards,
les empereurs et les tyrans, aboutissant enfin à
l'unité ; j'aurais rejoint mes premiers voyages et
ma route fédérative...

Tout cela ! Que de larmes, de supplices, d'infa-
mies, de cadavres et de désolante sottise ! Jamais
le baroque n'en a fait autant que je n'en aurais
fait. En cette Modène d'opéra-comique, petite ville
de carton et de placages, les idées graves apparaî-
traient, quoique inversement, comme le revêtement berninesque d'un ordre antique, un fronton
de Carlo Fontana sur un portique de Palladio.
Quand bien même je concevrais cette abomination,
je ne pourrais, ici, l'exécuter. Je suis enveloppé de
musique légère et de festons carnavalesques. Modène est toute en sourires ; François fait rire aussi,
mais du plus désolant des rires, à base d'amertume.
Je conçois bien un François, gagné par sa ville comique, n'arrivant plus à se prendre soi-même au
sérieux et traitant le gouvernement en bonne comédie, nourrie de péripéties et dont le dénoû-
ment doit assurer, comme dans les opérettes, le
despotisme alimentaire du prince galant. Mais la
comédie est devenue drame, et l'opérette, opéra.
Les Huguenots commencent si bien ! A Modène
comme chez Meyerbeer, ça finit trop mal pour que
l'on puisse badiner. Ne forçons point les villes à
dire plus qu'elles ne peuvent dire. Elles ont
suffisamment de grâces pour plaire par elles-mêmes.
Et si l'on a assez de sentir, il est un refuge où, sans
violence, on peut toujours trouver quelque raison
de penser.

Lorsque César d'Este, cédant Ferrare au Pape Clément VIII, vint régner à Modène, il amena avec lui tous les trésors artistiques et littéraires amassés par ses ancêtres. J'ai passé de longues heures au musée, encore riche d'œuvres ferraraises qu'un heureux mépris fit dédaigner lors de l'achat, en 1746, par la ville de Dresde, des plus célèbres tableaux que le duc Renaud tenait des Alphonse et des Hercule ; j'ai longuement rêvé, dans les galeries du musée et de la bibliothèque, à Ferrare, aux Este -- et à la France. Ferrare, les Este, je les retrouverai bientôt et c'est, tout de même, à Ferrare que je pourrai le mieux connaître de l'école ferraraise, lorsque j'aurai réuni dans mes souvenirs les galeries des deux villes et lorsque j'aurai vu les fresques de Cossa, le palais des diamants et le Castello. Mais, de la France, il est un souvenir que Modène m'apporte dès maintenant, dans toute sa mélancolie, le plus chaud et le plus touchant souvenir, parfumé, à tant de lieues, de Louvre et de Touraine.

Un pauvre petit livre, dont le parchemin jauni se fend par endroits et s'émiette un peu, un petit livre couvert de miniatures s'ouvre, devant moi, sous les doigts respectueux d'un pieux savant, le conservateur des archives ferraraises, des manuscrits de Muratori et de tant d'autres délicats trésors. J'admire ce décor si riche et si fin, si élégant et si naïf. J'écoute le doux gardien de ces pages enluminées me donner les raisons qui lui font attribuer à Jehan Fouquet plutôt qu'à Bourdichon, ces scènes et ces guirlandes et je songe à celle dont elles furent, un temps, la consolation,

à ceux qui, venus à Ferrare en fugitifs, les reçurent en confiance des mains de leur protectrice. Dans sa prison, celle-ci dut les emporter
lorsqu'elle repartit pour la France, laissant Fer
rare à son fils Alfonso, à Léonora et à Torquato
Tasso, elle les dédaigna. Calvin avait accompli
son œuvre dans le cœur obstiné de Renée de
France, duchesse de Ferrare, Calvin et le doux
Marot. Renée abandonna à ses enfants, restés
catholiques, son Livre d'Heures. Le chef-d'œuvre
de Jehan Fouquet doit peut-être la vie à cette
ingratitude. Il nous est parvenu et voici que mon
soir modénais s'achève avec une mélancolie que
mon jovial matin n'aurait pu prévoir, mais sans
le contredire. Tous deux se rejoignent par le chemin de ce petit livre. La comédie se termine sur
un attendrissement : les amants sont réunis et
Modène, je le sens à mes doigts qui pressent les
Heures de Renée, devient une réalité toute em-
bellie, comme il convient à ses grâces retenues,
d'une discrète et ferme mémoire.

VI

LES MUSCLES D'HERCULE

Bologne.

Lᴀ tentation est grande, après une journée passée à parcourir Bologne, de dessiner le portrait de cette ville surchargée, en caricature. Il est
facile, d'une répugnante facilité, de la représenter
sous l'aspect de sa charcuterie renommée, ronde,
boudinée, faite pour les forts appétits, pour les
goûts blasés. Certaines villes demandent à être
longuement dégustées. Celle-ci, dès le premier
contact, accuse fortement les éléments qui la
composent. Des traits gros et saillants, tout en sillons profonds, le système pileux envahissant ; un
vêtement tapageur et d'une ampleur excessive ;
des bijoux accumulés comme sur le dos d'une
idole ; un chapeau de maréchal du Premier Empire ; des attributs sans nombre ; des sabres et des
sabretaches étincelant de rubis. On obtiendrait
ainsi une image, fidèle comme une charge, mais à
laquelle il manquerait, comme à celle-ci, les dessous que l'âme seule, devinée et exprimée, peut
fournir.

Cette forte personne n'a pas beaucoup de goût,
elle ne sait pas s'arranger. Mais les étoffes sont

riches et belles. Ses bijoux, elle les met tous en même temps sur sa gorge, sur ses mains, dans ses cheveux, mais ils sont royaux. Si elle rencontre une amie qui porte un rang de perles, vite elle achète un collier de chien, tout en diamants. Si elle entend parler du Dôme de Florence, elle s'offre San Petronio qui doit le surpasser. Lorsqu'elle aperçoit le campanile de Pise, elle se hâte d'en construire deux, encore plus penchés. Et lorsqu'elle rêve d'une église originale, elle ne croit pas pouvoir mieux faire que d'en enchevêtrer sept les unes dans les autres. Après avoir bien travaillé et acquis une fortune considérable, elle a voulu tout avoir de ce qui coûte cher et vous pose dans la société. Elle l'a eu. Ça se mêle un peu trop, ça s'encombre mutuellement, ça se mange, se bat et hurle souvent, mais c'est solide, de métal franc, et cela repose sur un corps de vieille travailleuse, au cœur intrépide. Bologne est énorme, considérable. Mais Hercule aussi paraît adipeux ; des muscles cependant se cachent sous la graisse ; lorsqu'on tâte, les doigts n'enfoncent pas, ils rebondissent. Et si l'on voulait tracer un crayon de Bologne, ce n'est pas la belle charcutière, mais le fort de la halle qu'il faudrait prendre pour modèle.

On arrive au cœur de la ville par la via dell'Independanza, large rue, longue et droite, toute bordée de hautes maisons à arcades et de couleur orange. Un peuple animé, presque autant qu'à Milan, y circule. De beaux cafés sont ouverts et débordent. Lorsqu'on parvient à la place de Neptune, le grouillement est intense, la hâte fébrile.

Les tramways sortent des plus invraisemblables ruelles, des arcades mêmes des maisons dont on a dû éventrer une boutique pour livrer passage au trolley. La sensation est nettement d'une grande ville moderne, craquant dans ses vieux murs, en pleine prospérité.

Du centre, les rayons fusent en volutes tortueuses ; les arcades s'allongent, rouges pour la plupart, d'un rouge bistre, brique bien grattée et peinte d'un peu d'ocre. Les étages s'enlèvent, ornés de fenêtres vertes ou rouges, de balcons et de corniches saillants. Mais tout cela, sauf en quelque nouveau quartier, si pressé, étroit, que le contraste est flagrant entre cet habitat et son peuple débordant. Tenons compte, si nous voulons, des trottoirs et des boutiques qui se cachent sous les arcades. L'impression reste, de ces trolleys rasant les murs, frôlant les monuments lorsqu'ils ne s'y accrochent pas, contournant des places encombrées de statues ou même de tombeaux, ou encore occupées par un jardin. Le tramway a l'air, tous les cent mètres, de s'enfoncer dans des trous noirs encadrés de rouge. Les maisons semblent avoir été creusées en dessous, pour faire de la place. Des villes, comme Munich, paraissent désertées, construites pour six cent mille âmes, alors qu'elles n'en contiennent que deux cent mille. Bologne, au contraire, est une ville accrue en un jour et qui éclate de partout. Jamais on ne croirait l'homme aussi compressible.

Les palais ont-ils deviné, lorsqu'ils s'édifièrent, qu'ils participeraient à ce trop-plein ? Leur ligne est toute horizontale, leur décoration prévue pour la fuite en longueur, jamais en hauteur. Des surfaces qui s'étirent, des bandeaux surtout et, lorsqu'il y a décor, des parallélogrammes. A Gênes, l'architecture est ascendante ; la rue étroite impose la ligne montante. Ici le profil est allongé, malgré la même condition. Aucun rapport entre les deux dimensions. Dès lors, pas de centre décoratif, tout étant disposé pour la seule impression de l'œil qui ne voit que des fuites. Les détails sont charmants, chapiteaux, acrotères des fenêtres, lucarnes, courbe des arcs, corniches, galeries supérieures. Mais tout est sacrifié au seul effet longitudinal ; c'est un corps qui s'étend, ne pouvant grossir. Fava, Bevilacqua, les palais de la place San Stefano, Bolignini, Malvezzi et jusque Pepoli et municipal, ce n'est que longueur. Trois fois, j'ai passé devant l'entrée de la pinacothèque et devant l'entrée du musée civique, sans les découvrir. La porte, sous les arcades, n'est pas plus grande que l'une de celles-ci ; sa disposition n'est pas centrale et son développement reste mesquin. On ne voit rien, on ne peut rien voir, qu'un déroulement de pleins cintres reposant sur des chapiteaux. On a construit, dirait-on, pour des yeux louches. Bologne joue perpétuellement des coudes. On se tasse mais on s'entasse.

Les espaces eux-mêmes partagent cette fureur d'encombrement. Une place ? Il en faut deux pour en faire une, qui n'en font qu'une et pourtant deux en même temps, réunies à angle droit, débordant l'une sur l'autre, avec, chacune, leur centre. Le palais communal s'étend tout le long de la place de Neptune, mais il borne la place Victor-Emmanuel. Sur sa droite il regarde la fontaine de Jean de Bologne, en face il regarde le monument du roi de Piémont et San Petronio. Comptons. Au milieu, Neptune et le roi ; autour, le Municipe, le palais du Podestat, l'église, le portico dei Banchi, une autre maison à allure de palais. Cela fait sept monuments considérables, réunis en un seul endroit, où je ne compte pas ce que les mœurs modernes ont accumulé d'édicules.

Plus loin, la place di Porta Ravegnana. Deux tours penchées, Asinelli et Garisenda. Celle-ci inachevée, à l'état brut, d'une inutilité qui n'a même pas l'excuse d'être belle. Celle-là terminée, entourée à la base d'un joli portique. Cinq mètres à peine les séparent. Elles ont l'air de vouloir s'embrasser, mâle et femelle, ou encore de deux ivrognes rentrant chez eux, bras dessus bras dessous et titubant. Derrière Asinelli, une église, San Bartolomeo, délicat et gracieux fragment de la première Renaissance avec sa galerie sur piliers. En face, la casa Malaguti, du plus riche décor, renaissance aussi. A deux pas, la Mercanzia, construction gothique, en brique, bâtie sous l'influence évidente, quoique contestée, des Lanzi. Les piliers sont formés de colonnes en faisceaux et le baldaquin du centre a reculé les fenêtres dont le milieu — merveilleuse hardiesse comparable à celle qui planta en avant la tour du Palais Vieux, à Florence — ne tombe pas sur la pointe ogivale des deux arcades. Tout cela, sur cent mètres carrés à peine ; si l'on songe que les deux tours ont été édifiées en même temps, Aniselli un an seulement avant Garisenda, on se demande de quelle orgueilleuse folie ces Bolonais étaient la proie. Deux tours, pourquoi? Pour rien, pour en avoir une de plus que les autres et plus penchées encore : Garisenda l'était tant qu'on fut obligé de l'arrêter à mi-hauteur.

Et voici, enfin, San Stefano, cet assemblage extraordinaire de sept églises soudées ensemble. On va de l'une à l'autre en poussant une porte, en contournant un cloître ou même en passant... Le dédale est vertigineux. Après avoir hésité, sur la place, par lequel des trois porches qui s'offrent on entrera, on se décide : le plus grand s'impose au choix. C'est San Stefano proprement dit. A gauche, on pénètre, comme un voleur par une porte basse, dans San Sepolcro, rotonde angoissante, sorte de citerne dodécagonne, toute chargée d'ornements en terre cuite polychrome et dont le centre est occupé par un autel haut perché où le prêtre doit atteindre en grimpant à l'échelle. De là, on passe à San Pietro e Paolo, vieille basilique, mystérieuse et sombre, pleine d'une ombre profonde. Le cloître où l'on parvient ensuite conduit à une petite chapelle, d'où l'on arrive à la cinquième église, puis à une autre chapelle et enfin à la crypte. Un autre cloître encore, et l'on sort de là la tête perdue, les yeux cuisants, heureux de revoir le ciel libre, Thésée revenant à la lumière.

Il y eut, chez ce peuple, un besoin d'étonner, d'écraser le prochain qui éclate ainsi à chaque pas. Il apparaîtra encore bien davantage, si, après les vues d'ensemble, nous détaillons enfin.

Sur la place, sur les places, on ne sait comment dire, bref là où Neptune et Victor-Emmanuel fra-

ternisent, sur cette place grandiose, deux monuments absorbent l'attention, le Municipio et San
Petronio. Un jour, Jules II eut l'idée d'offrir à
Bologne, qu'il venait de conquérir enfin, sa statue,
par Michel Ange et de la planter au-dessus de la
porte de San Petronio. Peu de temps après, les
Bolonais se révoltèrent, jetèrent Jules II par terre
et Alphonse d'Este en fit un canon. Tout de même,
le souvenir de cette statue surplombant une porte,
restait dans le souvenir des Bolonais comme une
chose véritablement enviable. En 1580, ils pro-
fitèrent d'une occasion inespérée. Leur compatriote, Ugo Buoncompagno ayant été élu pape, vite
ils perchèrent son image au-dessus de l'entrée du
Municipio ; on l'y voit encore aujourd'hui. Quant
à San Petronio, il avait fait comme Garisenda, il
en était resté à son premier étage. Les Bolonais
voyaient tout considérable, sans se demander
jamais s'ils pourraient achever. Ils avaient, selon
l'expression populaire, les yeux plus gros que le
ventre. San Petronio n'offre encore à nos regards
qu'une façade arrêtée à son rez-de-chaussée. Parti
pour rivaliser avec Santa Maria del Fiore, il dé-
passa celle-ci en quelque manière, puisque sa
façade fut commencée — par Jacopo della Quercia,
Bologne pouvait s'offrir les meilleurs -- et puisque
ses nefs, quoique sans abside et de transepts
interrompus, ont une majesté de proportions que
le dôme de Florence ne possède pas.

L'effort, soyons juste, est touchant. C'est cent
soixante ans après les premiers travaux que
Quercia fut appelé à décorer la façade et il le fit
avec une mesure dans le mouvement et dans

l'action, dont Michel Ange se souviendra, si ses élèves s'obstinent à la méconnaître. Et c'est à l'un de ceux-ci, resté sain, aussi sain que Quercia, que Bologne demanda le remaniement du Portico dei Banchi, à Vignola. Auparavant le Municipio et le palais du podestat avaient été, aussi, remaniés dans le style de la Renaissance. Bologne voulait tout avoir, elle le voulait du moins avec suite et cette exagération ostentatoire perd dès lors son caractère enfantin. La persévérance, lorsqu'elle ne peut réaliser toute son ambition, parvient du moins à une sorte de grandeur.

Ce zèle, d'ailleurs, fut récompensé. Par deux fois, Bologne atteignit à la perfection. Un chef-d'œuvre de la sculpture et un grand peintre couronnèrent son obstination.

Le chef-d'œuvre, c'est le tombeau de saint Dominique et le prodige est double. Cinq artistes y collaborèrent, à des intervalles considérables. Niccola Pisano et Fra Guglielmo dressent le sarcophage sur des colonnes et sculptent les scènes des panneaux et les statues d'angles : ceci en 1267. Deux cents ans plus tard, Niccolo, qui en reçut le surnom de del Arca, remplace le couvercle de bois par de fines guirlandes de fruits que des enfants soutiennent et que flanquent huit figures de toute beauté : variété, richesse, réalité, vie et cette distinction que la Toscane enseigne à tous ses enfants. En 1532, Lombardi supprime les colonnes et dresse un socle dans lequel il creuse les plus pittoresques et exquis bas-reliefs qui soient jamais sortis de son ciseau. Enfin trente ans plus tard, Michel Ange apporte son tribut, la statue de San Petronio et l'ange porte-flambeau, au coin droit du socle et auquel on donne alors comme pendant un ange semblable, par Niccolo. Et voilà un chef-d'œuvre en cinq parties, d'une harmonie incomparable, d'une entière unité. Rien ne peut rendre le charme et la douceur de cette œuvre composite et sans disparate. Je sais bien que la patine du marbre, ce ton ivoirin que les ans ont donné, adoucissant les clartés et réveillant les ombres, nous attendrit un peu. Mais la matière et ses états successifs n'entrent-ils donc pas légitimement dans la composition d'une œuvre? Les fonds reluisants, les plaques de marbre poli, l'architecture somptueuse de la chapelle au milieu de laquelle l'arca se dresse et où sa délicatesse se précise, sont d'une loyale recherche. Chaque artiste s'est dévoué, s'est immolé, s'est efforcé avant tout de respecter ses prédécesseurs et de ménager ses successeurs. Personne ne déborde; c'est le chef-d'œuvre de la collaboration et du dévouement à une conception idéale, à une foi, à un saint. Commencée par le haut, l'Arca s'étage pourtant en pyramide ordonnée, sans qu'aucune partie n'écrase ou n'alourdisse l'autre. Tout est excellent, simplement réuni, sans joints accusateurs des ciseaux différents et que des siècles séparent. Du treizième au seizième on a travaillé et, les uns devançant les âges, les autres les retenant, on s'est rejoint pour exécuter le plus délicat et le plus harmonieux des tombeaux.

Voilà pour le chef-d'œuvre et voici pour le grand peintre. Le grand peintre? Comme pour la place, deux grands peintres faudrait-il dire. Peut-on, en effet, séparer Francia de Costa ou Costa de Francia? Ils travaillèrent côte à côte et lorsque Costa dut quitter Bologne avec les Bentivogli, Francia ne tarda pas à décliner. Ce sont deux frères, presque jumeaux, de caractère différent mais d'une parité frappante. Toute une journée, je leur ai porté, à travers les églises, ma piété et je leur ai demandé leur secret. Ils restent étroitement unis dans ma méditation, comme ils le furent dans l'idéal et le labeur. A San Giacomo Maggiore, à Santa Cecilia, à San Giovanni in Monte, à San Martino Maggiore, à San Petronio, partout ils se tendent la main et je n'ai jamais éprouvé davantage le sentiment de l'injustice. Si le titre de bolonais devait se perpétuer, c'est le front de ces deux-là qu'il aurait dû couronner. Carrache, Albane, Guerchin, Reni n'ont aucun droit à cet accaparement, puisque la dénomination citoyenne se donne à ceux qui sont la gloire de la cité. L'usurpation est manifeste; Bologne, la surchargée et volontiers excessive Bologne, en excuse du moins la postérité. Déclamatoire et gesticulante, il était fatale qu'elle prêtât son nom à cette école mouvementée, qui exprimait trop bien son propre berceau pour ne pas s'imposer à nos synthèses. Sachons du moins, délivrés des engouements contemporains, rendre aux maîtres leur rang.

Lorsque Costa arriva de Ferrare apportant la tradition que Cossa avait reçue de Mantegna et que celui-ci avait sucée à l'école de Squarcione, il rencontra un jeune homme, de dix ans plus jeune que lui et qui, déjà, se distinguait dans les arts de l'orfèvre, du graveur et du médailleur. Ce jeune homme s'était acquis, par ses nielles et ses ors repoussés, une gloire légitime, ainsi que nous pouvons en juger encore au musée civique. L'amitié de Costa encouragea Francia à persévérer dans les essais du seul art que celui-ci ne cultivât pas, car il était aussi sculpteur et architecte. Les deux compères travaillèrent dès lors, côte à côte, s'inspirant mutuellement, se prêtant leurs qualités que chacun s'assimilait et passait à son propre crible. Il faut les étudier ensemble, dans les fresques de Santa Cecilia. Le spectacle d'une telle fusion et d'une telle abnégation personnelle est le plus édifiant qui se puisse voir. Ils restent eux-mêmes et pourtant se pénètrent, au point que le passant ne peut guère distinguer l'un de l'autre. Et si l'on veut nettement prendre de chacun une idée particulière, c'est aux tableaux d'autels qu'il faut aller demander celle-ci.

Tout de suite, au premier contact, Francia triomphe. Nul ne possède un plus profond sentiment de la beauté et n'atteint à une expression plus pure. Je ne sais si Francia connut et étudia les peintres toscans. Il me semble cependant qu'il leur doit quelque chose, ne fut-ce que par le canal de Mantegna, qui se frotta à eux. Du grand Padouan, en tout cas, il hérita ce modelé chaleureux dont le saint Sébastien de la *Madone trônant*, à San Giacomo, restera le type le plus achevé et le plus émouvant, d'une forme si grave et ample. Qui dira jamais enfin la fermeté obéissante et la soumission consentie de l'*Annonciation,* au musée? Francia est parmi les plus grands et les hommes ont fait à Pérugin des faveurs qui étaient dues, aussi, à celui-là.

Pourquoi nommer ici Pietro Vannucci ? Ah ! c'est
que, à côté de Francia, j'ai vu Costa. Et maintenant que je suis loin de Francesco Raibolini, dit
Francia, loin de son éblouissement direct, Costa
s'impose davantage à mon jugement. Déjà je vois
percer dans Francia les caractéristiques d'une école
tout entière où la grâce va tourner en fadeur, où
toute virilité se perdra. Laissez venir Timoteo della
Vite, l'élève de Francia et le maître de Raphaël,
et l'école ombrienne traduira bientôt les langueurs,
nobles encore de Francia et peut-être aussi de Pérugin, en des alanguissements d'excessif abandon.
Pourquoi n'avoir pas demandé, à Costa, le modèle !
Celui-là n'eut pas permis à l'Ombrie de s'affadir
ainsi. Quel robuste et mâle génie ! Non pas grandiose, mais ferme et sain. Le peintre, l'assembleur
de couleurs, est supérieur, chez lui, à Francia,
s'il a moins de grâce, de cette grâce qui va mal
tourner. Les tons sont francs, hardis et nets, d'un
fresquiste émérite. Vallées profondes, pleines
d'ombre ou de soleil, la richesse et l'éclat en sont
incomparables. Cima da Conegliano, à Venise, à
Modène et à Parme, ne m'a jamais offert de fonds
plus étincelants, d'horizons plus limpides. Quelle
fière et digne beauté dans les personnages ! Francia
s'efforça d'y atteindre ; mais s'il prit, à son ami,
le coloris parfois, la science toujours, il ne put lui
emprunter son âme rude, ses yeux qui s'ouvrirent
dans leur tendresse devant les antiques de Squarcione ; Costa avait reçu une éducation qui ne se
remplace pas. Costa est vivant, fermement vivant,
d'un réalisme châtié et mesuré auquel Francia,
plus poétique, plus idéal, n'essaiera jamais d'at-

teindre. Francia flatte peut-être davantage le regard. Costa caresse bientôt la raison. Francia émeut les plus doux sentiments, Costa suscite les plus vivantes impressions, les plus profondes et les plus réelles. Francia eut un père, Costa, et un émule, Pérugin. Peu à peu, après la mort de son ami, c'est de celui-ci qu'il se rapprochera. Nous regretterons toujours que, sous l'influence du premier son génie ne se soit pas plus virilement soutenu.

*
* *

Il est, à Bologne, un lieu où l'on prend de cette ville agitée et souvent excessive, un sentiment équitable : le musée civique. Tout ce qu'ici l'on rassembla, provient de la cité, de ses habitants, ou en proclame la gloire. A promener parmi ces mille objets divers sa rêverie, on se sent peu à peu gagné par le respect. Bologne apparaît bientôt ce qu'elle est en réalité, non pas une parvenue mais une matrone, noblement assise, malgré certaines vulgaires allures, sur une réelle et héroïque renommée ; grandie dans un long effort et qui apporta en toutes choses cette ténacité que nous lui avons vu déployer pour l'Arca et pour San Petronio, cette ténacité et, dans ses choix artistiques, cet extrême goût. Quelques instants passés dans les galeries où les antiquités trouvées dans le sol de Bologne sont réunies, en disent long sur sa destinée et sa force ; quelques instants aussi passés à regarder les médailles, dont certaines, comme celle d'Isotta, sont illustres dans l'univers, à contempler tous les vieux et magnifiques livres des corporations et tous ces restes, vases de faïence, sculptures de marbre et de bois, verres, étoffes dont la richesse diverse et abondante est le signe le plus éclatant d'une prospérité suivie. C'est là, parmi ces reliques, que j'ai pris le juste jugement d'une Bologne herculéenne et non soufflée. Elle régna, longtemps et de fait, sur le pays d'alentour. Les Bentivogli tinrent tête, longtemps aussi, à Rome et l'histoire de leurs luttes afin d'échapper au joug fatal est des plus honorables pour la ville sur laquelle ils s'appuyaient. L'université de Bologne est célèbre dans le monde entier. Ceux enfin qui aiment l'histoire et se plaisent à lui demander des signes précis, de ces faits qui résument tout un temps, une évolution ou une vie, n'oublieront jamais que ce fut à Bologne, le 24 mars 1530, sous le baldaquin, que l'on voit encore, de San Petronio, que Charles-Quint fut couronné empereur. La papauté et l'empire tombaient d'accord pour se partager l'Italie. C'est à ce maigre résultat, qui laissait au plus fort, l'empereur, tout le plus beau du domaine, c'est à ce résultat que la politique papale, sortie du sentiment guelfe, national et démocratique, aboutissait.

Ne pouvant tout avoir, le pape se taillait du moins sa part de dépouilles. Quelle était cette part ? « Nous voyagions, disaient les ambassadeurs de Venise, à travers les plus admirables campagnes. Coteaux et plaines, tout est surchargé de grains ; pendant plus de trente milles on n'aurait pu trouver un pied de terrain inculte. » La Romagne, en effet, produisait annuellement 40 000 stères de grains. Rome qui, autrefois, ne subsistait que par les grains étrangers, en exportait maintenant pour 500 000 scudi. Le chanvre de Pérouse, le lin de Faenza, le vin de Cesena, l'huile de Rimini, les chevaux de la Campanie, Ancône, Parme, Pise autrefois pleine de Grecs et de Libyens et « autres monstres de la mer », lacs, salines, carrières, telles étaient les richesses qui tombèrent, par la grâce de Charles-Quint, aux mains des papes, richesses d'un domaine fait, engraissé de tout leur sang, par les cités, par les républiques aujourd'hui anéanties, partagées. Comment les papes vont-ils gouverner ce domaine, l'administrer ? C'est ce gouvernement et cette administration que Grégoire XIII, Ugo Buocompagno, de Bologne, et Sixte-Quint auront la gloire d'organiser.

Mais d'abord où sont les ressources de l'État ? Non pas, comme on pourrait le croire, dans les dons des fidèles. Depuis longtemps, les collecteurs avaient pris l'habitude de tout garder. L'histoire des souscriptions pour les croisades, dont pas un ducat n'arrivait à Rome, se répétait maintenant chaque jour. Les ressources venaient presque exclusivement de la vente des charges et des fonctions. En 1471, d'après un registre des Chigi, il y eut un mouvement sur six cent cinquante emplois vénaux, dont le revenu fut évalué à cent mille scudi. Mais comment les titulaires de ces charges y trouvaient-ils leur compte ? C'est qu'à ces charges étaient attribuées des revenus sur la douane, sur les bulles, sur les annates, sur les fabriques, sur le sel, sur tout ce qui rapportait. On donnait au pape le capital et on touchait, à sa place, les intérêts à mille pour cent. Les charges se multiplièrent. Léon X fonda plus de deux cents charges ; il fit monter du coup celles-ci au nombre de deux mille cent cinquante dont il tirait, par année, trois cent vingt mille scudi.

Ces opérations, dont on devine les conséquences si rarement conformes aux nécessités de la religion, ne suffisent bientôt plus. En 1526, Clément VII trouve un nouveau moyen d'augmenter ses revenus. Ces charges engagées, il emprunte dessus, indépendamment de la vente faite au titulaire. Celui-ci et le prêteur s'arrangent entre eux. Cette opération s'appelle « un monte ». Le premier fut gagé sur les douanes. C'était supprimer en fait la vente de la charge, donc tarir une source ? Oui, s'il n'était pas resté l'expédient de créer de nouvelles charges ou d'accumuler les monti les uns sur les autres. Exemple : le monte della farina, fondé par Jules III, avait entraîné un impôt sur les farines. Déduction faite des sommes à payer pour le monte, le pape découvre qu'il lui reste trente mille scudi sur cet impôt ; aussitôt d'emprunter le capital de cette somme et d'aliéner ces trente mille scudi.

Voilà, en gros, à quels expédients en était réduite l'Église lorsque, quarante ans après que la papauté eut reçu son magnifique domaine des mains de l'empereur, Ugo Buoncompagno monta sur le trône pontifical. La postérité a surtout retenu de lui sa réforme du calendrier, dit grégorien, et la France, particulièrement, son rôle dans la Ligue, qu'il favorisa de sa complicité avec les Guise. Nous ne devons pas oublier, toutefois, qu'il prépara les voies à son successeur,

Sixte-Quint, qu'il fut le premier à se rendre compte de la nécessité qu'il y avait à réformer le système financier d'aliénations et de créations d'impôts. Il songea à recupérer les biens seigneuriaux autrefois concédés, maintenant en déshérence. Il revendiqua le droit de suzeraineté, selon les mœurs de son temps qui maintenaient la papauté temporelle au niveau des autres suzerainetés laïques. Fertile en résultats que Grégoire n'avait pas prévus, cette revendication suscita des révoltes dont la répression s'imposa à Sixte V et dont l'écrasement permit d'organiser le gouvernement du domaine pontifical. Grégoire XIII mourant s'était écrié : « Tu t'éveilleras, Seigneur, et tu auras pitié de Sion ! » Sixte-Quint fut l'agent de ce réveil de la Providence.

Lorsque Félice Peretti est élu, il se trouve en face de deux problèmes : délivrer les villes et les campagnes des bandes pillardes — celles de Piccolomini et de Robert Malatesta principalement — qui s'étaient posées en défendresses du petit peuple contre l'avidité pontificale et qui, en réalité, l'opprimaient ; libérer la papauté de toute entrave en lui donnant la pleine disposition de ses ressources. Tout le génie de Sixte, enfant du peuple, fut de concilier ces deux termes, servir la monarchie théocratique en affranchissant les cités et les villages. Au point de vue pontifical, il n'est pas de plus grand pape que celui-là, il n'en est pas qui sut aussi bien tourner à la suprématie de l'État l'affranchissement des citoyens, leur affranchissement non pas de tout monarque, mais de tout hasard, de tout arbitraire. Son premier soin est d'ordonner aux communes et aux barons de purger les châteaux et les villes des bandits qui les détiennent. Les têtes sont mises à prix et, ce prix, c'est la famille du pillard, ou la commune originaire, qui le paient. Prime à la trahison ! Trahison nécessaire, l'Italie se trouvant étranglée par ces vieux restes féodaux qui s'appuyaient sur les intérêts les plus immédiats et les plus bas. En une année, tous les brigands disparurent, quelquefois par des moyens un peu vifs, empoisonnés, comme ils le furent aux environs d'Urbin, par des vivres que portaient des mulets providentiellement égarés dans le voisinage ; en une année le domaine fut purgé de ses brigands.

La place nette, Sixte reprend la besogne entamée par Grégoire. Et son premier soin est d'attirer dans son rayon tous ces seigneurs dont les brigands étaient plus ou moins cousins, frères, pères ou fils les uns des autres. Sa prolifique sœur, donna Camilla, se trouve bientôt couronnée de gendres et de belles-filles issus des plus illustres maisons. Il comble les villes et les provinces de faveurs et d'institutions qui arrêtent l'accroissement des dettes, les aliénations et les exactions. Il entreprend des travaux d'assainissement, générateurs de travail, il favorise l'industrie. Il organise l'administration. Les congrégations cardinalices, ces ministères, lui doivent, non pas la vie, mais l'essor. Organisateur admirable, s'il est un homme que l'on puisse lui comparer, c'est Napoléon. Il avait, comme celui-ci, trouvé un prodigieux domaine, tombé à l'anarchie. Il le releva par des moyens aussi hardis et efficaces. Comme Napoléon il manqua du suprême équilibre. En quatre ans, Sixte avait amassé quatre millions de scudi d'économies ; mais d'où venaient ces millions ?

Là est la fissure. Le revenu net du Saint-Siège se chiffrait par deux cent mille scudi ; les économies montaient à cent cinquante mille. Etait-ce avec cela que la cour papale pouvait vivre et faire face aux guerres contre les Turcs et contre les protestants ? Et Sixte, tout en rétablissant l'ordre, persévère, par besoin immédiat, dans les vieux errements. Tout comme les autres, il vend les charges. Sa seule réforme, de ce côté, est de hausser les prix. La trésorerie de sa chambre avait été aliénée pour quinze mille scudi. Il la vendit à Justiniani pour cinquante mille. Puis, ayant nommé Justiniani cardinal, il vend la charge à Pepoli pour soixante-deux mille scudi. Le tour de Pepoli d'être nommé cardinal étant venu, il divise la charge, en affecte la moitié à un monte et revend l'autre moitié cinquante mille scudi. Peu à peu les charges augmentent, les monti s'accumulent, la monnaie s'altère. Mais le trésor du château Saint-Ange grossit à vue d'œil ; vienne l'heure où la lutte contre le protestantisme s'accentuera, la papauté y trouvera ses plus fortes armes.

La papauté devient, en réalité, la proie d'une antinomie irréductible. Etat temporel, elle est soumise à toutes les vicissitudes de tous les Etats et elle est obligée de se contenter d'un domaine factice, ni ethnique, ni géographique, en aucun point national : son royaume est fait de ce que les autres ont intérêt à lui laisser, donc faible et restreint ; Etat catholique, c'est-à-dire universel, elle doit

faire face dans le monde entier à tout ce qui menace sa domination, sa royauté : pour alimenter
un pouvoir mondial, elle n'a que des moyens
provinciaux. C'est sous Sixte que Bellarmin formule
la théorie politique de la papauté : « le pape a été
immédiatement préposé par Dieu comme gardien
et chef de toute l'Eglise ; il possède donc la plénitude du pouvoir spirituel ; il est infaillible ; il juge
tout le monde et personne ne le juge. » D'où la
conséquence de l'autorité pontificale sur les
royaumes où le pontife a le droit d'intervenir au nom
de sa domination spirituelle, ainsi que l'âme commande au corps, sans que le corps puisse s'insur-
ger ni juger l'âme. Le pouvoir temporel devient-il
nuisible aux intérêts de la religion ? « Le pape a
le droit d'intervenir pour le salut des âmes et de
déposer le prince malfaisant. »

C'est très bien, mais cette prétention, même
légitime, il faut la soutenir contre des princes qui.
déjà révoltés, ne sont pas disposés à s'effacer d'a-
vantage. La lutte de notre Henri IV contre la
Ligue synthétise à la perfection cette révolte de
l'indépendance laïque contre ce « droit divin ».
Sixte-Quint se heurte au problème insoluble de sa
suprématie universelle catholique, alors qu'il ne
possède que des moyens temporels inférieurs.
Son habileté, l'habileté de la papauté, le résoudra
souvent, grâce au prestige qui émanait de la religion, dont le pape savait si bien utiliser le besoin. Mais la solution ne sera que provisoire.
Sixte, déjà, se heurte aux misérables expédients
sous lesquels ses successeurs succomberont, lorsque Sismondi pourra en dire : « Tous les Romains

portent la tonsure, la livrée ou la guenille ». Le grand rêve des Léon, des Grégoire et des Innocent aboutira à 1848 et à 1859. La papauté temporelle, fatalement inférieure aux grands États qui se partagent l'Europe, devra céder la place à une papauté purement spirituelle. Pie IX marque le passage de l'une à autre. Cela explique sa fureur révoltée, enivrée d'infaillibilité, folle de rigueurs qui doivent compenser les pertes subies, et cela explique l'obstination et l'aveuglement d'aujourd'hui. Ugo Buoncompagno et Sixte-Quint ne pouvaient prévoir si loin. Ils eurent la gloire, les premiers, de comprendre la nécessité de l'ordre. Ils auraient été les fondateurs d'une indestructible monarchie si la papauté avait jamais pu résoudre le plus insoluble des problèmes.

VII

UNE VILLE FRANÇAISE

Ferrare.

LE reproche que je faisais à Bologne de l'entassement, j'avais tort de paraître le réserver à la vieille Felsina. Les Italiens, qui eurent le goût inné, et dans toutes ses expressions, ont presque toujours manqué du sens des espaces. Ils ignorent généralement de cette beauté qui est l'attrait de Paris, par exemple, et qui sauvera de l'horreur universelle l'art baroque : la majesté du vide. Les larges places que des monuments n'encombrent pas, que des palais entassés les uns sur les autres ne resserrent pas, leur sont à peu près inconnues. Sauf à Venise, à Vérone et à Pise peut-être, seuls les temps modernes ont « dégagé » les villes. Est-ce au baroque qu'on doit ce sentiment-là ? Qu'il en soit donc béni ! Il a fallu tout le génie de Gabriel pour n'être pas écrasé par la majesté de la place de la Concorde.

Déraisonnable, sans doute, il est de demander à de petites villes, dont quelques-unes tiendraient, à peu près, autour de l'obélisque de Louqsor, d'aussi grandioses proportions. Souvent néanmoins, trop souvent, l'oppression bolonaise vous étreint et lorsque, par hasard, on rencontre quelque cité où l'on peut jouer des coudes sans se blesser, notre éducation française et parisienne nous les fait trouver instantanément aimables. Ferrare compte parmi celles-ci et mon premier étonnement est pour m'écrier : Lorsque la fille de Louis XII, Renée de France, vint épouser Ercole d'Este, elle ne dut pas se sentir dépaysée !

La porte franchie, une large avenue bordée d'arbres conduit à la ville. Sur la gauche s'étendent les quartiers neufs — neufs au xvie siècle — où Arioste habita et que les Este se plurent à développer, y élevant églises et palais. Les rues en sont larges, trop larges aujourd'hui que la population se chiffre par trente mille âmes, alors qu'elle en compta cent mille. Il n'est guère de maison qui n'ait son jardin, dont les arbres se balancent au-dessus des murs et ombrent le trottoir — car il y a des trottoirs. Si on néglige ces quartiers, où l'on s'amuse à imaginer l'influence de l'amitié estienne à l'égard des Français, et si on gagne directement le cœur même de la ville, la hantise française est bien plus grande encore. Les jardins publics ne sont pas très rares en Italie, mais il faut aller les chercher en dehors des murs ou jusque sur ceux-ci. A Ferrare, c'est au centre même qu'un beau square se prélasse, formé de bosquets, de charmilles et tout balancé de platanes. Au milieu, un bassin avec eau jaillisante, un beau jet d'eau évasé, comme aux Tuileries. Et, à travers le prisme, que voit-on ? Un château fort à mâchicoulis et à barbacanes qui se dresse sur la place même de la cité, d'une allure bien féodale. Ferrare, ainsi appro-

chée, est une charmante ville de Touraine, fraîche,
ombragée, bien à son aise, son château au mitan
des bourgeois.

Le castello contourné, c'est encore une large
rue qui conduit à la cathédrale, isolée, et dont le
style romano-lombard, très fleuri, malgré sa pureté
et toutes les différences, ne surprend pas nos yeux
septentrionaux. D'autres églises encore s'élèvent
sur des places ouvertes largement, des maisons
basses et de larges murs qui rappellent quelque
rue des Béguines à Romorantin ou à Meaux, une
place d'armes, un jardin encore ; ville où l'on ne
craint pas le soleil, où la brume des marais du Pô,
tout proche, a imposé aux hommes de rechercher
la chaleur et la lumière, un pays enfin à qui Marot
dut trouver un air maternel.

Mais pourquoi me livrer ici à un jeu qui ne
peut avoir de valeur que s'il reste un jeu ? A pousser plus loin cette assimilation et à poursuivre la
France dans Ferrare, ne vais-je pas risquer de
m'égarer doublement ? Ce n'est pas, cependant,
par espièglerie que la cathédrale porte des traces
évidentes de gothique. Il semble que les architectes du portail, de la façade latérale et du campanile, aient séjourné chez nous et, lorsqu'ils établi-
rent leurs plans selon l'idéal lombard, aient trahi
leur propre conception, au cours de l'exécution. Le
porche, en saillie, du milieu, possède les lions clas-
siques, mais son premier étage et son couronnement à tympan sont tout fouillés d'ogives aiguës
et de sujets bibliques. Les deux portails aveugles
qui flanquent ce porche sont à trois rangs d'arcades, dont la première est purement ogivale, toutes

trois différentes, mais de même ordre ; la galerie
supérieure nous ramène seule à la forme lombarde.
Si l'on passe sur le côté droit où des baraques s'appuient, c'est encore une sensation très gothique que
l'on éprouve — et que nous éprouverions chez nous
à chaque pas, si notre goût des dégagements et des
espaces ne nous avait fait, pour une fois, manquer
de goût, lorsque nous avons supprimé ces masures
tassées à l'abri de nos cathédrales et qui les effi-
laient vers le ciel. Cette façade latérale est d'une Renaissance italienne très nette ; prenons garde pourtant que, dans le traitement des détails, la même
influence se trahit dans les trois portails de
l'entrée. Enfin, le campanile, à trois étages égaux
d'arcades semblables, il n'y aurait qu'à le trans-
porter à l'autre coin et à le coiffer d'un bonnet
d'ardoise pour en faire la plus belle tour d'une de
nos églises. Il faut, au voyageur venu du Nord, un
assez long temps, pour qu'il s'habitue aux églises
italiennes et y prenne goût, — et c'est surtout en
Toscane que cette acclimatation est difficile ; Ruskin
y a perdu lui-même presque toute sa clairvoyance.
A Ferrare, devant San Giorgio, nul effort n'est nécessaire. On est en pays ami, tout de suite, chez
le grand « bombardier », ainsi qu'Alfonso s'appelait lui-même, des Français, au pays où Marot fut
accueilli et caché, à peu près comme Théophile à
Sylvie, où Torquato Tasso acheva sa *Jérusalem*
commencée, dit-on, chez nous, au cœur d'une de
nos forêts, dans notre Valois ombreux et mouillé.

Non, vraiment, ce n'est pas un jeu et le castello
me le dit nettement. Qu'une influence ou qu'un
génie purement ferrarais, né du climat, si l'on

veut, aient seul inspiré les constructeurs de
Ferrare, l'aspect de la forteresse élevée par Ercole
Ier, à côté du vieux palais si purement italien, ne
fait que confirmer mon impression familiale. Quatre tours aux quatre angles, accompagnées chacune
de deux autres tours plus basses, contre lesquelles
s'emmanchent des poternes couvertes, qui franchissent les fossés où baigne ce château fort. Lorsqu'on en fait le tour, l'œil est quelque peu troublé
par ces tours toutes semblables, projetant, par-dessus les eaux, les mêmes ponts, pareils à des moulins. On ne sait plus où l'on est, de quel côté on se
trouve, au Nord ou au Sud. Il faut tourner le dos
au château pour s'y reconnaître. Petites fenêtres,
mâchicoulis, chemins de ronde, tout se dispose
comme dans un Coucy ou dans un Pierrefonds.

Il est cependant un aspect qui rend cette construction originale, et c'est la Renaissance qui
le lui donna. Des tours et des poternes comme
chez nous ; un dessin général de château fort ;
mais, tout de suite, la différence, pleine de
charme et d'élégance ; c'est en vain que l'on
chercherait ces belles rondeurs trapues et renflées,
qui semblent assouplies par mille caresses, de nos
œuvres moyenâgeuses. Les bases du castello tombent pour ainsi dire à pic dans l'eau et les grandes
tours se joignent aux petites par des angles absolument droits. Cela a l'air tiré avec une règle et
non pas dessiné par une libre main. Tout est précis, net, découpé au ciseau. La ligne des ombres
est aussi droite qu'un cordeau. Puis, sur chaque
tour, si sévère et solennelle, le génie de Bramante
inspira la plus rieuse et la plus rassurante des coif-

fes, quatre lanternes, carrées toujours, surmontées d'une lanterne plus petite, sortes de loggias et
qui, au-dessus des mâchicoulis, ont l'air de vous
inviter à ne rien prendre au sérieux de tant de féroce appareil. L'un pendant trente-quatre ans,
l'autre pendant cinquante-trois, les deux frères
d'Alfonso Ier pourrirent, dit-on, au bas de ces
tours, les pieds dans l'eau. La longueur même du
temps qu'ils mirent à pourrir — et encore le second fut-il délivré ! — n'est pas pour affaiblir le
scepticisme que ces belvédères nous inspirent, pour
contredire nos aimables souvenirs d'une cour où
Lucrezia Borgia et Léonora apportèrent tant de
galanterie. Ce ne fut point ici, d'ailleurs, que Lucrezia habita. Les Este semblent avoir préféré ré-
sider dans le vieux palais, aujourd'hui municipal,
construction de briques unies que décorent seuls
quelques pilastres et dont la cour nous donne le
spectacle presque intact des anciennes basiliques,
alors que l'art chrétien ne les avait pas transfor-
mées. La demeure des Este était considérable. Ils
occupaient aussi le palazzo della Ragione, monument lombard rappelant Plaisance et Pavie ; les
trois châteaux étaient reliés et l'assemblage disparate convenait à l'essaim. Ils occupaient enfin
la Schifanoja, le palazzo dei Diamanti, la Palazzina
et d'autres demeures dispersées ; ils allaient, de
Versailles, à Trianon et à Marly...

Ces derniers palais et tous ceux de la ville nous
ramènent enfin en Italie. Ils sont brillants. Le palazzo dei Diamanti, tout à facettes, aux pilastres
sculptés un peu trop finement pour les murs, aux
fenêtres d'un style sobre ; le Scrofa, dont les ga-

leries sur la cour sont d'une grâce légère rarement
vue ailleurs ; le Roverella, dont les frises sont
couvertes d'arabesques et dont les fenêtres de guin-
gois sont amusantes au possible ; la porte solennelle, avec les enfants juchés sur la corniche, du
Prosperi ; le Bentivoglio tout chamarré de pano-
plies et de blasons ; le Bevilacqua avec ses arcades ; le Crispo couvert de devises et de sentences,
où s'accuse si bien la littérature de cette cour précieuse, tout cela gai, chatoyant, heureux de vivre
autour des Isabella, des Elisabetta, des Lucrezia,
des Léonora, au milieu d'une cour férue de théâtre et de vers, de danses moresques et de galan-
teries.

A ces magnificences, si aimables qu'elles soient,
j'ai pourtant préféré une maison, en face de San
Francesco, toute simple et toute nue, la casa Romei. Une petite porte livre passage dans une cour,
le cortile classique entouré d'un portique, comme
un cloître. Tout autour, les pièces qui composent
la demeure d'un important seigneur d'autrefois.
La ruine est lamentable. On a peine à se figurer
que des dames brillantes et amoureuses vécurent
dans ces salles délabrées. Mais levez les yeux,
voyez ces plafonds ouvragés, ces traces de fresques ; aussitôt tapisseries de se dérouler, cabinets
de se dresser et lits profonds de s'étendre. Les
pages circulent, les amants papillonnent et voici
que le cortile se peuple de poètes légers et de
dames narquoises. Une telle ruine est tout de
même plus près de nous, tandis que nous la resti-
tuons avec facilité, que les majestés conservées
d'un Diamante. Pourquoi ai-je mieux vu la cour

d'Este à Schifanoja que dans le castello ? C'est que
la première ne peut plus abriter, comme le second, monsieur le Préfet, et cette mort est plus
abordable à nos efforts sentimentaux que le recul
nécessaire si l'on veut replacer dans le temps cette
conservation. La casa Romei, nous y voyons des
hommes, nous nous affligeons de leur luxe qui serait aujourd'hui une pauvre médiocrité, nous nous
attendrissons, et voilà que naît la communion. Les
ronces envahissent, les plafonds s'écroulent, les
fresques s'effacent ! Tout à l'heure, au séminaire,
j'ai vu dans une chapelle croûlante des fresques
agonisantes de Garofalo ; elles m'ont plus touché
que le tableau des Diamanti. La mort rapproche
des vivants bien plus que la perpétuité. Nous l'or-
nons de nos rêves, de nos tendresses et de nos
admirations :,elle est à nous, nous en faisons notre vie, nous la ressuscitons de nos sourires et de
notre passion.

J'ai franchi la porte surmontée de la licorne
estienne et Schifanoja s'est montrée dans tout son
abandon. Cette ancienne maison de plaisance des
Este est aujourd'hui le musée de la ville et on n'y
entretient que les trois salles nécessaires à l'enseignement des passants. C'est dans la plus grande,
devant l'ancêtre, que j'ai donné rendez-vous à
tous les enfants. Ils viennent à moi, de Parme, de
Modène, de Bologne, du Diamanti, du Castello,
de l'évêché, du Dôme, de San Francesco, de San
Benedetto. Devant les fresques de Francesco Cossa
qui créa l'école, depuis Tura jusqu'à Fontana, ils
se pressent, s'agenouillent et colloquent bientôt
avec moi.

« Pourquoi, ai-je demandé, si bien partis pour une gloire durable et longue, avez-vous sitôt disparu? Comme les Vénitiens, vous avez été élevés à l'école de Squarcione, aux côtés des Mantegna et des Bellini. Piero della Francesca vint chez vous, dans cette salle même, veuve de son œuvre aujourd'hui, corriger ce que Padoue vous avait peut-être trop donné de rudesse. Vous avez envoyé, à Bologne, Costa qui révéla Francia à lui-même. Pourquoi ne l'avez-vous pas retenu? Pourquoi le meilleur de votre gloire est-il bolonais et non ferrarais? Il me semble pourtant que vous aviez toutes les qualités qui rendent immortel. »

Et Cossa me répondit, au nom de tous :

« Ton inquiétude, ami, je la ressens avec douleur. Père de tous ces enfants, j'ai mis entre leurs mains le plus magnifique et le plus fécond des instruments que peintre puisse tenir : la vérité. Les Padouans me la montrèrent, Piero me l'enseigna. Je ne connus jamais qu'elle, je fus son serviteur le plus fidèle. C'est, encore, devant mes fresques que les générations s'instruisent du temps où je vivais et ce n'est pas ma moindre fierté que mon œuvre dise une telle vérité, que personne n'ose douter de moi et que personne ne puisse me confronter avec les textes sans penser à moi avec tendresse. Mes amants qui s'embrassent à pleins bras, mes seigneurs assemblés sous le portique resteront comme des modèles de vie, rendue avec la plus sainte naïveté. Ce n'est pas sans orgueil que je songe aux fresques de Mantegna, à Mantoue, plus hautes peut-être que les miennes, mais si figées auprès! Je n'ai jamais cherché à embellir, à idéaliser. Je me suis maintenu dans l'exacte copie des hommes et de leurs gestes, avec une conscience extrême, sans trahison ni fantaisie. J'ai été un homme sincère et j'ai préféré à cet éloge toutes les adulations. Costa, qui travailla avec moi, ici, emporta à Bologne cette haute leçon que je lui donnais chaque jour. Tu sais ce qu'il en fit et ce qu'il advint. À Ferrare, pourtant, mes élèves directs restèrent. Tura et Stefano, à côté de mon grand Costa, qu'ils annoncent, prêtent à leurs formes plus de solidité et de précision que je n'en donnai moi-même aux miennes. Ils ont profité des années écoulées pour perfectionner la doctrine. Ce sont de bons élèves qui ont creusé un peu plus le sillon tracé déjà. — Mazzolino est le premier qui ajoute quelque chose, un coloris plus étudié, plus profond, où Venise se devine. Son *Adoration,* que tu as vu au Diamanti, a un éclat sans pareil. On a dit de lui qu'il avait l'imagination pauvre. Il n'est pas de plus bel éloge pour un Ferrarais, pour un de mes élèves. De ce jour, mon école est formée, c'est-à-dire qu'il y a, à Ferrare, un idéal particulier, une façon particulière de comprendre l'art. Réalité et couleur, voilà toute mon école. La peinture est bien autre chose encore. Elle est cela à la base ; qui a cela est peintre, qui a le reste sans cela ne l'est pas. Notre manière est limitée mais inattaquable. — Aussi serai-je presque tenté d'adresser des reproches à Garofalo ; s'il ne me plaisait pas tant ! Pourquoi Benvenuto Tisi a-t-il voulu se procurer d'autres ressources, alors que nous possédions les fondamentales ? Au lieu de cultiver son propre fonds, il a préféré le nourrir artificiellement. Il est

allé à Rome et Raphaël l'a tué sous ses caresses. Vois-
le à Modène et au Diamanti, vois ses fresques de
Ferrare et dis s'il est quelque chose de plus plaisant
à regarder que cette réalité ferraraise traduite par
un Vénitien élève de Raphaël ? On le quitte honteux,
pourtant, le souhait jaillissant des lèvres : quel
génie personnel viendra jamais vivifier cet incomparable mélange ! — La rudesse de Dosso Dossi te
ramène du moins au cœur de Ferrare, sa rudesse
et son coloris. Celui-là sait tous les secrets et, ce que
je fus naïvement, il l'est adroitement. Toutes les
règles et tous mes artifices, il les connaît et il eut la
gloire, ainsi que tu as pu en juger au castello, de
se donner une marque propre à lui-même, qu'il
n'emprunte à personne : la fantaisie. Il n'y réussit
point tout à fait, sans doute. C'est parce que j'étais
là, trop près de lui. Une échappée définitive hors
de la réalité ne peut se produire à Ferrare. Vois,
en revanche, comme il est magnifique dans le portrait ! Ici, c'est la vie à surprendre et à rendre
avec sublimité. Ses images sont les plus aisées
qu'on ait jamais vues. Il se joue avec elles, le
fidèle réaliste ! Rappelle-toi Ercole et Alfonso au
musée de Modène, Ercole surtout, si beau de
sévérité picturale et de fidélité humaine ! C'est
sous cet Ercole que Ferrare accomplit la course
poétique dont Borso, mon Borso, donna le signal.
Vas revoir à Modène son doux et ferme sourire,
les longues mèches indulgentes de ses cheveux,
cet œil malin et bon à la fois, et tu ne sauras plus
qu'admirer, du modèle dont le visage respire ce
qu'un siècle plus tard on appellera dans ta patrie
de l'honnêteté, ou du peintre si habile et en même

temps si respectueux de la vie et de la vérité. —
Après lui, c'est la fin. Ortolano exagère la triple
copie de Garofalo ; Girolamo da Carpi, Pagano et
Fontana ne figurent plus que les soubresauts d'une
agonie. En cent ans, j'ai tout produit de mes fruits,
et mon bel arbre meurt. Pourquoi, n'est-ce pas ?

— Tu viens, Cossa, de m'ouvrir les yeux. En
m'énumérant les qualités de ton art ferrarais, tu
m'as révélé son défaut même. Tu as loué Mazzolino d'avoir donné à ton école ce qui lui manquait,
un peu, de couleur et d'avoir, dès lors, atteint la
perfection. Non, Cossa, la peinture n'est pas que la
réalité et la couleur. Elle est aussi l'idéal, la force, la
grandeur, la chair, la joie, le mouvement. Elle est
une âme d'homme surtout, venant interpréter cette
réalité dont tu te fis l'esclave. Vous avez manqué, à
Ferrare, d'inspiration, de génie. Vous avez cru
que rendre impeccablement ce que vous voyiez
suffisait, sans comprendre qu'il faut vivifier et
faire sien ce qu'on voit. Votre originalité, c'est le
manque de personnalité. Asservis à la réalité, vous
avez oublié trop souvent de regarder au fond des
cœurs, de vous regarder vous même à travers les
hommes. Sauf Dosso Dossi dans ses portraits, vous
êtes de scrupuleux copistes de la nature, vous n'en
êtes pas les traducteurs intelligents. Vos qualités
nous émeuvent aujourd'hui parce qu'elles sont
devenues essentielles pour l'histoire. La science
s'abreuve chez vous ; l'art s'y plaît encore, il ne
s'y nourrit plus. Vivre ! le principe est louable.
A condition de le comprendre. Les formes extérieures vous éblouissent trop. Michel-Ange,
Titien vécurent aussi. Ils le firent sans servilité.

Vous avez piétiné, au lieu d'élargir le sentier tracé par votre père. Vous avez bientôt fini de dire ce que vous aviez à dire, à ce jeu. Vous resterez dans nos mémoires comme des peintres excellents, sans magnificence, sauf Costa qui s'enfuit à temps, mais pleins de scrupules et de dignité. Vous fûtes une petite phalange vouée au culte des dieux primitifs de votre art. Pour cette fidélité vous serez à jamais bénis parmi les hommes. »

*
* *

Les Este étaient des féodaux lombards, devenus podestats de Ferrare au xiie siècle. Dès le commencement du xiiie ils se font seigneurs. Ferrare avait été comprise dans le legs de Mathilde ; les papes la considéreront toujours comme fief pontifical. Les Este s'appuient donc sur l'empereur, selon le jeu éternel, sur l'empereur qui leur donnera un jour Modène et Reggio. Ils tiennent de deux mains, pape et empereur. Ils tiendront, un jour, d'une autre main encore, lorsque, gênés de leurs deux maîtres, ils se feront les défenseurs des Français, qui les protègent. Leurs armes seront alors l'aigle noir de l'empire, donné par Frédéric III, à côté du lis donné par Charles VII, des armes à deux fins.

C'est en 1317 que le pape, Jean XXII, leur attribue officiellement Ferrare en fief. En 1393 Niccolo III d'Este succède à Aldobrandino. Il a quatre fils, deux bâtards, Leonello et Borso, deux légitimes, Ercole et Sigismondo. La bâtardise semble, d'ailleurs, la grande coquetterie de cette maison.

Lorsque Pie II se rendit au Congrès de Mantoue en 1459, huit bâtards d'Este vinrent à sa rencontre. En tête marchaient Borso et deux fils illégitimes de son frère, illégitime aussi et dont la femme était la fille illégitime d'Alfonso de Naples et d'une Africaine.

A Borso, successeur de Leonello, succéda Ercole, légitime celui-ci, mais qui se souviendra de son origine lorsqu'il obligera son fils à épouser Lucrezia Borgia, Ercole, le tranquille Ercole de Dosso Dossi, qui se vit contraint, un beau jour, d'empoisonner sa femme Eleonora d'Aragon, pour n'être pas empoisonné par elle. Voilà donc cette cour aimable que Costa a célébrée? Écoutez Arioste pleurant sur Eleonora : « Cette mort a porté à Ferrare un coup dont elle ne se relèvera pas de si tôt... La mort ne s'est pas approchée d'elle avec cette faux sanglante dont elle menace les vulgaires humains, elle est venue aimable (onesta) et souriant de manière à n'avoir plus rien de terrible. » Les grâces de cour et la culture humaniste, très développée à Ferrare où l'on compose une *Borséide,* où Guarino de Vérone adopte des façons païennes, prises aux manuscrits grecs et latins et qui « empoisonnent » jusqu'à Rome, ces grâces et cette culture s'allient très bien avec la sévérité politique. Il n'y avait pas si longtemps que les ducs, au lieu d'exiger l'impôt, se promenaient dans Ferrare, *andar per ventura,* en tendant la main, récoltant chapons et saucisses. Borso arrêta lui-même deux de ses conseillers. Ercole, pendant les derniers jours de Borso, occupe les forteresses avec une armée de brigands, fait sillonner les cours d'eau par des barques remplies d'hommes d'armes et, Borso mort, envahit Ferrare l'épée à la main. Il se voit, plus tard, obligé d'exécuter son neveu Niccolo, d'empoisonner sa femme en douceur. Les auberges de Ferrare sont pleines d'espions. Les capitaines de justice torturent, au moindre délit. Pour sa sûreté, Ercole se fait condottiere; son fils Alfonso est élevé en chef d'armée; Alfonso sera le plus grand artilleur de son temps. Pendant ce temps Cieco, dit l'aveugle de Ferrare, compose en leur honneur, dans le goût de Pulci, son poème héroï-comique du *Mambriano*. Boiardo, seigneur de Candiano, est plus pathétique dans son *Orlando innamorato*. Ni l'un ni l'autre de ces poèmes ne correspondent aux mœurs politiques; tous deux traduisent merveilleusement les mœurs privées d'une cour où grandit Arioste, où va régner Torquato Tasso.

Alfonso, le doux et philosophe mari de Lucrezia, est terrible dans ses colères dynastiques. Il a trois frères, Ippolito le cardinal, Giulio et Ferdinando. Giulio et Ippolito courtisent la même femme, qui dit un jour à Ippolito que Giulio a de beaux yeux. Le lendemain Giulio est saisi par deux écuyers qui tentent de lui arracher ces yeux séducteurs. Guéri, Giulio essaie de se venger, mais sur Alfonso. Il complote avec Ferdinando. Ippolito les dénonce. Giulio s'enfuit à Mantoue auprès du marquis Francesco II, qui le livre. Ce sont ces deux frères d'Alfonso qui pourrirent, trente-quatre et cinquante-trois ans durant, dans les cachots du castello. Au milieu de toutes ces violences naissait la cour la plus policée, où Lucrezia Borgia va venir déployer toutes les grâces et favoriser les arts,

que ses enfants et petits-enfants cultiveront exclusivement. Le jour du mariage d'Alfonso, on ne
jouera pas moins de cinq pièces de Plaute, entre-
coupées de danses. Ferrare possède une imprimerie,
une université qui compte quarante-cinq profes--
seurs. Quant aux poètes, ils y sont innombrables,
entre autres les deux Strozzi, Antonio Tebaldeo,
Francesco Cieco, Boiardo, Calcagnini, Giraldi. Ce
n'est qu'encens aux pieds de Lucrezia qui est comparée à Junon pour les œuvres, à Pallas pour les
mœurs et à Vénus pour la beauté. Arioste enfin
imagine, au quarante-deuxième chant, que l'image
de Lucrezia est portée au temple de l'honneur
par Tebaldeo et Ercole Strozzi. Celui-ci fut-il
l'amant de Lucrezia ? Treize jours après son mariage, il fut trouvé mort à l'angle du palais d'Este.
On soupçonna Lucrezia, sans preuves. Son passé
à Rome, son présent à Ferrare ne l'empêchaient
pas d'être une « reine » cultivée et vigilante. Pendant la guerre de la ligue de Cambrai, elle renonce
au luxe et engage ses bijoux. Le danger passé, les
arts reprennent la première place. Bembo passe dans
l'ombre amoureuse de Lucrezia, comme Strozzi,
mais il ne se marie pas. En 1519 la fille des Borgia
meurt, en couches d'un enfant mort-né. Elle por-
tait un silice depuis dix ans et se confessait tous
les jours.

Alfonso lui survécut quinze ans, jouant merveilleusement son double jeu entre les maîtres de
ses deux fiefs, le pape et l'empereur, fidèle en plus
au parti français qui le protégera contre les deux
avidités. Il est à Ravenne où sa conduite chevale-
resque envers Colonna lui vaut de sauver son do-

maine des mains du pape. Il vit assez longtemps
pour tenir le gonfalon de l'Église à la cérémonie
du couronnement de Charles-Quint. Et non sans
avoir marié, pour l'avenir, son fils Ercole à Renée
de France, il obtient de Clément VII la confirmation de Ferrare, de Charles-Quint la confirmation
de Modène. Il meurt en recommandant à son fils
l'alliance française. Le féodal Lombard n'a plus
qu'une pensée, comme tous ses congénères, lombards ou francs, seigneurs issus des podestats ou
des condottieri : garder le domaine et s'affranchir
quand il le pourra.

Sous Ercole II, mari de Renée, la cour est moins
brillante. Elle se ressent de la présence de cette
petite femme sèche et triste, préoccupée d'abord de
réforme religieuse et persécutée ensuite pour son lu-
théranisme. La politique, elle, reste la même, française. Sous Alfonso II l'éclat renaît. C'est l'époque
que Tasso a chantée. La façade est magnifique et
les hommes s'attendriront toujours sur la sœur
d'Alfonso, Lucrezia, qui quitta son mari, le duc
d'Urbin, pour venir consoler Tasso dans sa prison.
Guarini, l'auteur du *Pastor Fido,* est ambassadeur
de Ferrare à Venise. Le théâtre, comme au temps
d'Ercole Iᵉʳ, reste la grande affaire. Lucrezia y crée,
pour ainsi dire, l'opéra. Ce ne sont que tournois
allégoriques, le *Temple d'amour, l'Ile fortunée.* Il
est temps vraiment de partir pour Modène...

C'est après la mort d'Alfonso II que les Este se
mettent en route. Malgré trois mariages successifs,
Alfonso II n'a pas d'enfants. Il veut négocier sa
succession avec Sixte V, par l'entremise de donna
Camilla, lorsque Sixte meurt. Il entame la con-

versation avec Grégoire XIV et, enfin, avec Clément VIII, qui ne veut rien entendre. L'heure est venue, et c'est la bonne occasion, de faire rentrer dans le domaine pontifical un fief qui, prospère, est, depuis longtemps et en réalité, indépendant.

A tout hasard, Alfonso désigne comme son successeur, un petit-fils illégitime de son grand-père, César. Clément n'en tient compte. A la mort d'Alfonso, il déclare tous les fiefs ecclésiastiques d'Este dévolus au Saint-Siège et il envoie son neveu, le cardinal Aldobrandino, en prendre possession. L'empereur reconnaît bien César, la Toscane et Venise aussi, mais platoniquement ou à peu près. César implore la France, qui avait tant d'obligations à la maison d'Este, son alliée fidèle. Clément n'était pas pris de court. Il avait suivi la vieille politique de son maître Sixte V, qui était mort sous les malédictions des jésuites parce qu'il composait avec Henri IV. Clément négociait depuis longtemps avec le roi de France ; l'abandon de César d'Este est l'une des conditions de la reconnaissance, par la papauté, du huguenot pour qui Paris valait bien une messe, une messe et la trahison d'un ami.

César est condamné. Il le comprend et il charge sa cousine, Lucrezia, de négocier l'affaire au mieux avec le pape.

Pour avoir été la cour féminine par excellence, Ferrare va périr de la main d'une femme. Lucrezia tombe à Rome sur un jeune et spirituel cardinal, chargé de la conquérir. Elle livre Ferrare au Saint-Siège et, à son lit de mort, confie au jeune et spirituel cardinal, Aldobrandino, le soin d'ache-

ver sa besogne funéraire, d'enterrer à sa place sa
propre maison. Le 8 mai 1598, Clément entra à
Ferrare, par la porta Romana. Par la porta Pô sortit César, qui emportait à Modène, les archives, le
musée et la bibliothèque ; ils y sont encore aujour-
d'hui. Deux cents ans plus tard, la maison d'Este
s'éteindra avec Béatrice, mariée à Ferdinand d'Autriche. Le fief impérial retournera à l'empire,
comme le fief ecclésiastique est retourné au pape.
Il reviendra à l'Italie aux grands jours de 1859.
Jusque-là, les papes régneront sur Ferrare dé-
sertée, dont il ne reste plus que le joli décor
d'autrefois. Les papes augmentent leur domaine,
mais c'est la mort qui y règne avec eux.

VIII

DANS UN BURON, SOUS LA BURE

Ravenne.

Avec Rome et Venise, Ravenne est de toutes les villes d'Italie celle qui hante le voyageur du plus émouvant prestige. Penser que l'on va voir Ravenne, cela vous met au cœur une angoisse. Des légendes de fièvre d'abord ; on se sent héros à braver, pour l'amour du beau, les marais sournois... Puis Byzance, le rêve d'orient approché, touché ; la fin d'un monde, Rome agonisante ; le souffle gothique, les hordes barbares conquises en quelques années à la splendeur italienne ; une ville prospère, maritime et impériale, qui n'est plus qu'un reliquaire : Bruges ressuscite, Ravenne reste étendue dans son cercueil ; des paysages squelettiques, des canaux pauvres, des fleurs tristes, des pins déjetés, des terres flottantes, des murailles effritées, des églises vides, la mort enfin ; les os de Dante, qui reposent parmi ces misères, ajoutent à la sensation d'enfer. Alors, à côté du poète du Paradis, apparaissent tous ceux qui chantèrent le prodige ravennat, Boccace, Byron, Musset lui-même et le flot de tous les voyageurs, de tous ceux qui cherchent à meubler les paysages de leurs souvenirs. Ravenne est la ville où l'on aborde avec le plus lourd bagage, et le plus nombreux.

Je porte avec moi une malle immense. Elle écrase mes épaules. Tandis que le train, pris à Ferrare, me conduit vers la ville fantôme, je me sens oppressé de tout ce poids. Comment me délivrer ? Il est tard ; à mesure que j'avance, le soleil fuit, sans tracer aucune ombre sur la campagne rase. Sur ma gauche, je cherche à l'horizon la ligne de la mer. Il me semble que je découvrirai jusqu'aux côtes dalmates, tant ce sol dénudé se confond avec le ciel. Des parfums humides entrent par les fenêtres que je viens d'ouvrir avec intrépidité, avec défi...

Cette terre molle doit être traîtresse. Ce n'est pas une lagune, c'est un bourbier. Les rares arbres qui se dressent, sont pour mieux nous abuser : une main astucieuse les a fichés et les renouvelle incessamment. A droite, je regarde les toits qui grandissent peu à peu, d'abord les tours, puis les églises, puis les maisons. Avec quelle peine elles semblent sortir de terre ! Ailleurs la mer submerge les côtes. Ici c'est la mer qui est absorbée. Les œuvres des hommes ont à lutter non pas contre le flot, mais contre la boue. Et les murs qui subsistent ne sont pas des rochers intrépides, mais de la pierre vaincue. Pour l'honneur, Ravenne résiste jusqu'au bout. Sa force pourtant décroît ; elle enfonce jusqu'aux genoux déjà. Demain elle cédera et, dans des milliers d'années, lorsque l'eau ne liquéfiera plus cet humus, on pourra fouiller, on retrouvera des monuments entiers qui auront disparu, un beau matin, comme un décor dans un plancher de théâtre.

Non, ce n'est pas ce soir que je pourrai me délivrer de toute ma littérature ! Ce n'est pas cette nuit que je pourrai m'offrir une Ravenne sans poètes. Car je n'ai plus qu'un désir, arriver ici, comme un petit enfant, ignorant et béat. Je voudrais courir Ravenne sans aucune fièvre, intéressé et non d'avance subjugué. Je voudrais contrôler mes maîtres, pour ainsi dire et savoir par moi-même si Byron n'a pas embelli Ravenne de la Guiccioli, si Dante ne l'a pas magnifiée de l'hospitalité qu'il y reçut, si les écrivains d'art et les historiens ne l'ont pas trop vantée. Moi qui, jusqu'ici, me plaisait à n'aborder les êtres qu'avec ma valise pleine, je m'efforce d'entrer à Ravenne après avoir laissé mon sac à la consigne. Tandis que la voiture de l'hôtel m'emporte vers la chambre de Byron, je jure que, demain, je verrai Ravenne « sans me monter le coup »; que pour une fois, du moins, une ville soit regardée sans prévention ! Peut-être ne risquerais-je pas cette expérience avec toute autre ; je me promets du moins ce raffinement : demander à Ravenne de me parler toute seule et de me dire tout ce qu'elle a à me dire sans qu'elle emprunte aucun truchement. Je la veux nue. C'est que je la sais belle ? Je l'aimerai du moins en directe connaissance, je l'aimerai pour le grain de sa peau et pour sa ligne, et non pour sa renommée.

Au petit matin, le soleil frappe à ma fenêtre et me réveille. Il me sourit de ses jeunes rayons et je comprends aussitôt ce qu'il veut me signifier : il est bon de vivre, de se promener parmi les hommes affairés, de regarder les fleurs, d'entendre les

feuilles frémir sous la rosée qui s'évapore. Il chante
la naissance et l'épanouissement. Il défie la décré-
pitude et la mort. Il va m'être une aide précieuse
dans mon dessein. Je vais voir Ravenne sans ombres, à cru. Ah ! comme il lui faudra se bien tenir,
cambrer les reins et, par ses bras relevés et joints
derrière la tête, relever ses seins ! Tout est contre
elle, ce matin. Mon cœur et la nature, qui se tiennent étroitement. Si Ravenne est une tombe,
combien elle empoisonnera !

La première manche est pour le soleil. Victoire
facile, par surcroît. Ravenne est une ville large,
aux rues bien ouvertes, aux places déployées avec
beaucoup d'aise. La place du municipe elle-même
a peu de caractère. Les colonnes de Lombardi et
le portique à chapiteaux portant l'initiale de Théodoric, n'ont rien qui retienne. Les maisons sont
plates, basses, bien crépies, dénuées de tout décor
et leur lassitude semble grande de guetter en vain,
depuis tant d'années, des passants. Quant aux monuments, c'est le pire désastre. Des granges, des
bâtiments de ferme, des étables, aux murs lisses
et tout droits, percés de fenêtres toutes sèches,
avec un petit porche, quelquefois, mais si pauvre
qu'il a l'air honteux de sa détresse. Santa Maria
in porta fuori, c'est la grange à foin. Le mausolée
de Galla Placidia, c'est la remise pour la pompe à
feu. San Vitale, c'est l'aire où les machines bat-
tent. San Apollinare Nuovo c'est l'étable flanquée
du réservoir, à moins qu'ils ne soient une usine
et sa cheminée. Quant au tombeau de Théodoric,
c'est le four à pain. Ce parti pris est tel, il est si
bien entré dans les mœurs de cette ville que lors

des remaniements gothiques ou Renaissance de
certaines églises, on n'a pas cherché à parer celles-
ci selon les règles de ces styles. Sous ce ciel si accueillant d'Italie, où les hommes vivent sur les places publiques, dorment à l'ombre d'une colonne
lorsqu'ils ont fini de circuler sous les portiques,
on s'est attaché à réjouir des cœurs qui ignorent l'intimité du foyer ; les façades, les dômes, les campaniles ont fleuri, taillés à facettes, ouvragés, mul-
ticolores et amoureusement tournés. Ravenne, au
contraire et dès le premier jour, semble s'être résolue à ne jamais rien accorder au plein air. A-t-elle
des trésors ? Elle les cache donc avec une fureur har-
gneuse. Nos grand'mères, autrefois, gardaient au
fond des placards tout ce qu'elles possédaient de précieux — et nous devons à cette jalousie précaution-
neuse de pouvoir embellir aujourd'hui nos demeures. Ravenne est une de ces grand'mères. Elle ne
veut rien offrir aux superficielles convoitises. Quelle
farouche vertu ! Et je me prends en pitié, moi qui
craignais qu'elle me violentât ! Ravenne colle sur
son corps un manteau presque sordide, un manteau de mendiante. Dans toutes ces villes d'Émilie que je viens de quitter, les femmes du peuple
couvrent leurs épaules d'un grand châle de bure
qui coiffe leur tête et descend battre leurs talons.
Ravenne s'habille comme ces femmes. Ainsi Messaline devait se vêtir pour courir Subure et, lorsqu'elle se dévêtait, le belluaire trouvait à pétrir
la plus admirable chair. Ravenne, si tu es Messaline, jette ton manteau, resplendis donc enfin !

Messaline ! Je ne la croyais pas si généreuse de
baisers aussi profonds. Je suis ivre, éperdu, les

membres brisés, la tête vide, à la fois exalté et
morne, titubant et volant à ras de terre. Je ne
sais plus rien, je n'entends plus ; les yeux me
cuisent et, lorsque je les ferme, je vois les cent
mille feux d'un kaléidoscope qui tournent en rond
sous mes paupières. Est-ce possible ? Une telle
magnificence fut-elle réalisée ? Exista-t-il des hommes susceptibles de concevoir ces mirages-là et de
les fixer enfin ? Il n'y a pas de mots pour les rendre. Si je sens quelque chose, c'est l'impuissance
de notre art littéraire à traduire une telle magnificence. Théophile Gautier lui-même, le grand
peintre par le verbe, y renoncerait. Lorsqu'on a
sorti les mots : éblouissement, rutilement, incendie, or, nacre, étoiles scintillantes, rubis, topaze,
richesse, profusion, vertige, lorsqu'on a mêlé tout
cela, lorsqu'on l'a répété cent fois, retourné, pris
les adjectifs substantivement, et les substantifs
adjectivement, lorsqu'on a fait d'un nom un verbe
et d'un verbe un adverbe, lorsqu'on s'est livré à
tous les exercices les plus hardis du style le plus
coloré, de quelle indigence on se sent la victime !
La belle revanche que Ravenne prend de mon
soupçon, de ma crainte et de ma résistance ! Les
mots se pressent sans suite sur mes lèvres et sous
ma plume, je ne peux que balbutier, pousser des
petits cris intérieurs, agité d'une flamme qui menace de me consumer ; et mes veines charient un
embrasement qui me dévore. Reprendrai-je mes
sens bouleversés ? Mais pourquoi comprendre ? Il
est si doux de sentir !

Tout à coup, un souvenir me revient. Telle une
goutte d'acide précipitant les sels, une vision mila-

naise rassemble mes idées dispersées et chavirées. A
San Ambrogio, dans une sombre chapelle, par hasard
j'ai levé les yeux. Une toute petite coupole s'enfonce, invisible presque. Je devine, plus que je ne le
vois, un trou profond, conique, un bonnet par en
dessous. Mes yeux habitués aux fresques cherchent
où se raccrocher. Peu à peu je distingue une petite lueur. Un scintillement léger me parvient, un
scintillement bleu, d'un bleu presque noir, mais
bizarre dans sa diffusion. La lumière ne tombe
pas en nappe. Ce n'est pas un flot, ce sont de petits ruisseaux juxtaposés. Des rayons se succè-
dent sans se mêler. Ils sont séparés, encadrés chacun, délimités par une raie légère, sans clarté. On
dirait que cette coupole est percée de trous par
où filtre le jour. Peu à peu, tandis que je le fixe,
ce bleu s'éclaircit. Il prend des tons divers, selon
la position qu'occupent les petits cubes sous l'angle visuel. Il chatoie, agité d'une légère houle.
Enfin il s'enflamme. Une main invisible a allumé
mille lampes et voici la voûte qui recule, monte,
fuse jusque dans le ciel. Des étoiles ont paru tout
à coup dans cet azur de minuit. De tous côtés,
elles ont jailli, une par une. Elles montent, prises de vertige, abeilles ivres. Tout entre dans la
ronde avec elles, papillons venus en trombe se
poser sur un champ de bleuets qu'ils agitent du
vent de leurs ailes. L'un d'eux, à la pointe suprême, reste fixe ; il s'ouvre large, immense et
c'est lui qui paraît illuminer la troupe entière,
dont les reflets, ce frémissement d'or que je ne
voyais pas tout à l'heure, dans la nuit, m'obligent
maintenant à fermer les yeux.

Cette petite mosaïque de Milan, je viens de la retrouver, décuplée, centuplée, exaspérée. Lorsque je suis entrée dans le mausolée de Galla Placidia, d'abord je n'ai rien distingué. De vagues éclairs, un pan de robe, une forme blanche, des trous sans fond, une pauvre lumière avare que de maigres fenêtres dispensent avec parcimonie. Au bout de cinq minutes, j'étais dans une fournaise. De toutes parts tombent sur moi des rayons embrasés et une illumination incendiaire me menace. Sur le fond bleu chatoyant, toutes les formes flamboyantes se détachent. Les manteaux blancs, les robes pourpres, les visages bruns, les couronnes dorées, les croix rouges, les cerfs, les colombes et les brebis, prennent feu tout à coup et vibrent. Les coins les plus obscurs s'allument, les voussures et les nervures les plus insignifiantes s'éclairent. Des palmes, des feuilles d'acanthe, de simples lignes nues même, mais partout la petite pierre découpée et chargée de rayons. Je suis sorti de ce tombeau en courant comme si venait d'éclater au-dessus de ma tête toute la gerbe d'une fusée pyrotechnique.

Je n'ai évité la fusée que pour tomber au centre même du bouquet. Lorsque j'entre à San Vitale, une clarté de foyer incandescent baigne l'église tout entière. Elle part de ma droite où le soleil frappe les fenêtres. Mais sur quels prismes se multiplie-t-elle ? Je ne me hâte pas d'y courir. Que pourrais-je regarder ou voir, après ? Posément, je m'avance sous les colonnes et les piliers, je m'efforce d'arrêter mes regards sur ce premier exemple du style oriental circulaire,

sur ces chapiteaux à coussinets si riches et si fins,
sur la coupole, baroque, exagérément respectée
par les habiles restaurateurs de ces dernières années. Mais j'ai beau me forcer, je ne pense qu'à
« ça ». Et lorsque mon ombre sur les dalles m'indique que le moment est venu, brusquement,
droit au soleil, je me retourne. Comment exprimer
jamais ce dont mon cerveau, alors, vibra ? Je com
prends, pour la première fois, ce qu'est la musique, ce qu'on veut dire lorsqu'on la nomme le
langage des sensations trop vives, des émotions
trop fortes pour que la parole puisse les rendre.
Qu'on me donne une lyre ! N'eût-elle plus qu'une
corde, j'en tirerais des accents !

De cette minute lyrique, il ne me reste qu'un
souvenir, celui de mon geste. Les deux bras en
avant, le corps projeté, ainsi que Lazare lorsqu'il
ressuscita, j'ai marché vers la lumière. Un brasier d'or en fusion est devant moi. Sur ce métal
liquide se débattent, avec la plus extrême des violences, les plus exaspérées des couleurs. La ruée
en est portée à un tel paroxysme qu'on croit assister à la plus enragée des batailles, rêve d'agonisant qui voit les choses s'animer, se mêler et se
déchirer. Les rouges se jettent sur les jaunes et,
un moment, les étouffent. Mais ceux-ci reparais-
sent tout à coup et l'emportent bientôt. Les bleus
alors se précipitent, les bleus que les verts assaillent par derrière, tandis que les blancs courent à
la curée. L'armée des mauves, des violets, des
roses et des azurs s'avance en bon ordre pour
achever la victoire. Au bout de quelques secondes
elle est débordée. On la voit fondre en un instant,

disparaître dans le brasier d'or, submergée par les rouges, les bleus, les verts, qui tombent les uns par-dessus les autres et ne font plus qu'une nappe à remous rapides pour se perdre dans la fournaise à leur tour. Tout cela flamboie, rutile et incendie, terrifiant d'éclat et de puissance ; on serait tout à coup éclaboussé d'étincelles, qu'on ne s'étonnerait pas. Il paraît que dans ces tourbillons il faut reconnaître Justinien, Théodora, Abraham, Sarah, Abel, saint Vital... J'y reconnaîtrais bien d'autres choses encore et tout ce qu'on voudrait m'y faire voir. Des formes fixes ? Je les accepte comme le prétexte à disposer pour la plus splendide fête les petits carrés à qui je dois une indicible joie. Théodora ou la Vierge Marie ! pourvu qu'elles brillent, scintillent et s'enflamment. Il n'est pas possible que ceux qui inventèrent cet art-là et le pratiquèrent, aient pu être séduits par un autre attrait que la trituration et la fusion des couleurs. Penser à Jérémie en disposant cette robe rubescente, ce bonnet de diamant, cette barbe d'argent ? Penser à Moïse en dessinant avec des charbons poussés au blanc ce buisson ardent ? Non, non, rien de cela n'était rien que prétexte, motif à symphonie, noyé bientôt dans la polyphonie totale et sous les tempêtes déchaînées de l'orchestre. Pas plus que les mosaïstes, je ne puis m'attacher à ces représentations en elles-mêmes. Je me souviens qu'avant de placer leurs pierres, ces artisans peignaient à fresque la muraille à décorer. Cette fresque était le dessin de leur peinture. Le sujet des mosaïques, c'est pour moi cette fresque, une indication de contours, rien qu'un programme fertile en variations et dont le jeu seul m'occupe. Pour la première fois devant une œuvre humaine, je m'abîme dans la volupté de jouir uniquement par les yeux, comme je l'ai fait tant de fois devant un couchant, en mer. Je saisis pleinement l'art d'un Turner qui, sur la fin de ses jours, ne peignait plus que des levers de soleil dans le brouillard et sur l'eau, c'est-à-dire sans un trait ni une ligne, un simple remous de rayons transperçant la brume, une vraie boîte de pastels chavirée — comme ce mur-là.

Tout un jour j'ai circulé parmi ces incendies. Après le mausolée, après San Vitale, je me suis plongé dans les flammes de San Apollinare nuovo, de San Apollinare in Classe, des deux Baptistères, de l'archevêché. Je m'y suis englouti. Jamais je n'aurais cru que la couleur pût procurer une telle exaltation. Les peintres sont les plus heureux des hommes, qui vivent dans ce délire-là. Quel désenchantement si, maintenant, il me fallait préciser ! Que la chapelle de l'archevêché appartienne à la période chrétienne de Ravenne, le baptistère des ariens à la période gothique et Classe à la période byzantine, elles ne luiront jamais dans ma mémoire que d'un seul éclat. Que les mosaïques des v⁰ et vi⁰ siècles soient d'un art plus libre, plus plein de vie et de réalité, que les mosaïques byzantines où s'annonce déjà la raideur qui persistera jusqu'à Cimabue, nulle plus que l'autre ne se détachera en souvenir éblouissant. Je viens à peine de m'arracher à leur vertige et déjà disparaissent toutes les particularités. Dans mon cerveau il n'y a plus qu'incendie et rayonnement. Je pourrais, tout

comme un autre, distinguer le Christ imberbe du
mausolée et le Christ barbu du baptistère des orthodoxes. Je pourrais suivre la légende du Bon
Pasteur depuis le mausolée jusqu'à Classe, remar-
quer la différence qu'il y a entre l'art chrétien et
l'art byzantin et prévoir le triomphe prochain de
celui-ci. J'aurais aimé, passionné comme je le suis
d'art architectural, m'arrêter à San Spirito, cette pure
basilique antique transformée en église chrétienne;
j'aurais alors noté le haut mur sur colonne, ce
mur plein qu'on a tant, avec une si naïve ignorance, reproché au Palais des Doges et qui n'est à
proprement parler que ce mur hardiment replié à
l'extérieur. J'aurais enfin demandé pardon à Ravenne de mes résistances premières et je me serais
efforcé de comprendre sa farouche pudeur qui
loge sous la bure, dans un buron, les plus vertigineuses splendeurs.

A quoi bon ! Il est, de M. Charles Diehl,
une *Ravenne* excellente et qui contient toutes les
précisions désirables et désirées. Pour le passant
que je suis, pour l'artiste qui vient à Ravenne
chercher une émotion, rien ne vaut la fête
lumineuse, une dans sa diversité, que les petits
cubes de pierre déversent avec une telle indicible
profusion. Elle emporte tout, commande tout, domine tout. Travaillez à bien voir ! Cherchez à distinguer, appliquez-vous à différencier ! Un éclair
fulgure, en un instant tout s'efface de la mémoire
pour n'y laisser que l'éblouissement, le vertige.
Ravenne morte ? Quel blasphème ! La plus radieuse
jeunesse se cache sous ses cheveux décolorés. La
plus chaude ardeur bouillonne sous ses sordides

vêtements. Comme dans les féeries, touchez-la d'une légère baguette et vous verrez quelle souveraine, et fraîche et généreuse créature vous ouvrira les bras !

*
* *

Sur les verdures de la Pineta, je suis allé reposer mes pauvres yeux meurtris. Aucune Béatrice ne s'y est dressée devant moi ; aucune ombre funèbre n'a troublé ma solitude. Parmi les parasols, entre les canaux vaseux, au milieu des taillis renaissants, j'ai laissé s'apaiser les splendeurs où j'ai puisé de quoi peupler ma nuit de lumière, si demain je devenais aveugle. J'ai rêvé à ceux qui accomplirent, dans un effort de trois cents ans, un pareil prodige. La mâle figure d'une femme m'est apparue, l'image de Galla Placidia, fille, sœur, femme et mère d'empereurs, véritable héritière d'Auguste et qui commença cette prospérité ravennate dont elle reste la créatrice immortelle. Du fond de son mausolée, elle commande encore aujourd'hui à cette terre inféconde, et si fertile pourtant. Je suis le cours des âges, je revois Odoacre chassant les Romains de la terre paternelle et renvoyant Augustule en Orient pour tenter, le premier, et le premier des condottieri, d'instaurer son pouvoir sur les ruines de la grande patrie.

Le fils de Théodomir, Théodoric, a été élevé à Constantinople, à la cour de Léon l'Isaurien. Il y a pris une éducation intellectuelle assez forte, s'il s'est toujours refusé à s'initier aux éléments du savoir. Théodoric ne sut jamais écrire. Byzance est toujours inquiète des barbares installés à ses portes et qui menacent chaque jour de l'envahir. Théodoric ne demande qu'à contenir son peuple. Mais le pourra-t-il toujours? Ouvrez-moi l'Italie! s'écrie-t-il. Byzance est trop heureuse de cette proposition qui détourne l'orage sur une terre dont elle ne se soucie plus et elle lâche les Goths sur Odoacre. Un peuple de deux cent mille soldats, escortés d'autant de femmes et d'enfants, ivre de voir du soleil et de piller des trésors, se rue sur l'Italie. La radieuse Lombardie est occupée en quelques semaines. Odoacre résiste dans Ravenne. Théodoric lui tend la main, lui promet le partage. Huit jours après, Odoacre est assasiné au milieu d'un banquet. Théodoric et les Goths sont maîtres du tiers de l'Italie. Ce qu'était ce peuple, ce qu'était ce roi, il faut le demander à Cassiodore ou à Jornandès. Rien n'est plus touchant que l'effort de ces bandes septentrionales pour s'adapter à la brûlante terre où elles s'intallent, à moins qu'on ne veuille voir, dans leur rapide civilisation, l'admirable et si logique influence, sur les plus sauvages, de la patrie des Tarquins, de César et d'Auguste. Théodoric organise son peuple à l'image de la vieille république. Il institue des castes, distribue les terres selon le grade dans l'armée, selon la famille, le nombre d'esclave. Voici un peuple de soldats-laboureurs, comme fut la vieille colonie romaine, avec la condition qu'ils seront prêts à accourir au premier appel, afin de défendre non seulement leurs biens, mais aussi ceux des indigènes, qu'ils doivent respecter dans leurs propriétés et leurs coutumes. Pendant trente-trois ans de règne, Théodoric s'employa non à conquérir d'autres contrées, mais à faire revivre la vieille prospérité. Le mirage oriental avait perdu Rome ; un barbare du Nord essaya de ressusciter l'empire romain. Il succomba sous le génie de Bélisaire et de Narsès. Les Lombards reprendront la besogne ; ils échoueront aussi. On en sait les causes purement nationales, italiennes. Théodoric accomplit une œuvre magnifique, dont on ne peut pas ne pas être profondément touché. Gibbon l'appelle « le dernier des Romains que Caton ou Cicéron eussent reconnu pour leur compatriote ». Sa puissance s'étend en Gaule et jusqu'en Espagne. Il impose ses lois de la Sicile au Danube, de Belgrade à l'Atlantique. Malgré cela, il reste plein de déférence envers Byzance dont il reconnaît la suprématie, nominalement tout au moins. Son palais de Ravenne est ordonné à l'image de la cour byzantine. Il réserve aux Italiens l'administration civile et leur laisse les deux tiers du pays. Il est respectueux du sénat et de la noblesse romaine et c'est lui qui distribue le blé de Sicile à la populace, comme aux plus beaux jours. Venu à Rome, il y resta six mois et les monuments que le moyen âge renversa et dépeça, Théodoric et ses soldats les respectèrent et, mieux, en relevèrent certains.

Heureuse sous sa main paternelle, prudente et pacifique, l'Italie se remet au travail. Le rachat des captifs multiplie les ouvriers de la terre. Les mines d'or et de fer sont exploitées, les marais desséchés. Lors des mauvaises récoltes, Théodoric ouvre des magasins de blé, fixe les prix, défend l'exportation. Les échanges se font en pleine sécu-

rité ; jour et nuit les portes de Ravenne restent
ouvertes et Baronius prétend qu'on pouvait laisser
sans risque une bourse remplie d'or au milieu des
campagnes. Arien, comme Odoacre, Théodoric
respecte le culte catholique. On ne peut voir sans
émotion son petit baptistère, si modeste, si humble,
auprès du magnifique baptistère des orthodoxes ;
il faut prendre garde de blesser le vieil Italien, de
lui faire sentir la main étrangère. Sa complaisance
va jusqu'à déposer une offrande sur le tombeau de
saint Pierre. Il se fait même l'arbitre sagace entre
les compétitions qui s'élèvent autour du trône
papal. Un jour, il intervient dans la nomination de
l'évêque de Rome et c'est pour faire disparaître
de l'élection la vénalité. Il s'entoure de latins, de
philosophes et de lettrés. Et lorsqu'il aura sacrifié
à son ressentiment Symmaque et Boëce, il n'aura
pas assez de larmes pour pleurer sa colère. Dans
la fièvre de l'agonie, ses deux amis hantent son
délire. C'est leurs noms sur ses lèvres désespérées
qu'il mourra, à l'aurore du vi siècle.

Cassiodore, ministre d'Amalasunthe et d'Atha-
laric, la femme et le fils du grand Théodoric, nous
a laissé des témoignages irrécusables de ces temps
où l'Italie se fût régénérée si elle avait jamais pu
l'être par un autre que par soi-même. Les enfants
de Théodoric ne surent maintenir une puissance
qui n'existait que par un prodige quotidien de
sagesse et de génie. Le Roi clairvoyant et habile
disparu, les passions barbares reprirent leur cours
et l'Italie ne tarda pas à rejeter de son sein ceux
qu'elle avait acceptés lorsqu'ils se fondaient en
elle, dont elle se délivra lorsqu'ils ne furent plus

que des exploiteurs de sa richesse, des parasites
comme le seront plus tard les Lombards, les
Francs, les Germains, les évêques, les podestats,
les seigneurs et l'Autrichien maudit.

Le réveil que Justinien, d'ailleurs, attendait,
vint enfin. Bélisaire débarqua à Rhegium. Procope
raconte les campagnes immortelles, cette magnifique carrière à laquelle un jour celle de Napoléon
sera comparée, jusque dans la résistance suprême.
Narsès succéda à Bélisaire et, en 561, l'exarque
arrivait à Ravenne.

Du passage des exarques nous voyons, à San
Apollinare in Classe et à San Vitale, les traces
aveuglantes. Je ne puis oublier pourtant que San
Vitale lui-même fut commencé par Théodoric,
dont l'éducation byzantine influençait si fortement
le goût que c'est une église orientale qu'il conçut.
N'est-ce pas lui qui éleva aussi San Apollinare
nuovo, cette basilique où l'art italo-chrétien se
plie si heureusement à l'art byzantin, où la basilique païenne reçoit les mosaïques et les fait porter
par ces colonnes aux chapiteaux trapézoïdes qui
sont un tel ravissement à nos yeux gréco-latins ?
N'est-ce pas lui qui, imitant les empereurs romains,
logea dans de vieux thermes le baptistère des ariens
et, encore une fois, maria sa civilisation fruste de
barbare élevé à Byzance, avec la vieille civilisation
romaine ? San Spirito, aujourd'hui dépouillé de
tout ce qui le rendait éclatant, est aussi de sa main.

A la nuit close, sous une lune toute blanche, je
suis allé, sur la tombe de Dante, faire mes dévo-
tions. Celui qui fut mon inséparable compagnon,
depuis tant d'années, sur les routes italiennes,

repose dans la paix majestueuse du reliquaire ravennat. Son image dressée au-dessus du sarcophage
où sa dépouille fut placée par Guido da Polenta ne
peut être qu'indulgente, comme je le suis, à l'é-
tranger venu pour galvaniser la vieille terre de la
patrie. Le guelfisme de Dante, son guelfisme
blanc, presque gibelin, se serait accommodé de cette
domination, parce qu'elle se faisait respectueuse
des libertés italiennes, des privilèges du peuple
romain, parce qu'elle protégeait la philosophie, les
lettres, l'art, parce qu'elle s'assimilait enfin. Ce
que Théodoric tenta, c'est ce que le farouche
pamphlétaire avait toujours réclamé, une monarchie civile et fédérale.

Là-bas, sur la place Anita Garibaldi, le héros
de Mentana, parmi ses frères d'indépendance,
doit sourire, lui aussi, à ma prédilection. Le vieux
républicain romain, fédéraliste comme les poètes
Dante et Pétrarque, avait « obéi »; il avait con-
senti à cet à peu près : le saxon de Savoie refor-
mant l'Italie. Tous deux, sous les parasols de la
Pineta, rencontrent chaque nuit le Goth « que
Caton n'eût pas désavoué » et ils lui tendent la
main comme au premier artisan de leur idéal, le
premier artisan de la résurrection nationale, celui
qui, sur les ruines de l'empire, tenta, et il eût
réussi si ses enfants avaient été dignes de lui et
de leur mère Amalasunthe, de récréer le vieux
royaume originaire que le mirage oriental avait
laissé, et laissa, s'émietter et mourir.

IX

L'ÉLÉPHANT A LA ROSE

Rimini.

J'AI passé le Rubicon ; tout arrive, même de singer César. Au collège, après un orage, nous jouions au Rubicon et les ruisseaux de la cour nous paraissaient considérables. Le Rubicon ne pouvait être qu'un fleuve impétueux, escarpé et large de plusieurs lieues. C'est à peine, aujourd'hui, si je me suis aperçu que je venais d'accomplir un acte non pas mémorable, mais suggestif. Au roulement de ferraille que le train fait entendre, je me précipite vers la fenêtre et déjà le Rubicon a disparu. César, sans doute, mit un peu plus de temps à le franchir. Tout de même, il n'en mit pas beaucoup et cet enjambement méritait-il l'immortalité ? Traverser le Rubicon est trop facile pour qu'on ait jamais pu le faire héroïquement. En vérité, d'aussi grandes choses réclament d'autres théâtres. Les générations le savent bien qui, en changeant le nom du fleuve, devenu aujourd'hui Piasciatello, lui ont donné une signification purement idéale. Le geste de César n'est plus qu'un effet de style, une chute admirable. Il s'est régénéré dans l'esprit des hommes, il y puise chaque jour une fraîcheur à laquelle, réduit à sa valeur géographique, il ne saurait prétendre ; signe intellectuel, il garde une auréole que lui refuse la réalité. Il reste impressionnant parce qu'il n'est que ce qu'il fut toujours, un symbole.

La mer, ce grand professeur d'internationalisme, qui favorise ou engloutit indifféremment César ou Pompée, Venise ou les Turcs, accentue cet enseignement. Je l'entends qui clapote, je la vois qui scintille sous le crépuscule. Les hommes pacifiques du xxe siècle sont seuls à sillonner aujourd'hui cette Adriatique que les flottes sanguinaires traversaient incessamment. Ancône n'est pas loin d'où partaient les croisés, Brindes non plus où les cohortes montaient dans les galères qui devaient les conduire à Pharsale. Rimini est un bain de mer où la tragédie ne trouve plus asile que dans la villa du comédien Novelli.

Parmi toutes les villes qui figurent sur mon itinéraire, Rimini, pourtant, se place presque au premier rang. Non pas pour le drame de famille que Dante nous transmit. Le meurtre de Sciancato, égorgeant sa femme Francesca da Polenta et son frère Paolo, qu'il avait surpris aux bras l'un de l'autre, n'a pas d'autre valeur que poétique, purement idéale, tout comme le Rubicon ; le génie humain est seul à le perpétuer, à le sauver d'une indifférence légitime. Rimini m'appelle d'une voix puissante, et c'est le cri d'une race sanguinaire, amoureuse et artiste tout à la fois que j'entends, le cri des Malatesta, de Pandolfo, de Sigismondo, de Pandolfaccio, ce cri à côté duquel se distingue la voix fraîche d'Isotta. La Rocca et le Tempio que je viens voir sont les témoignages, l'un farouche, l'autre somptueux, d'une famille qui poussa la scélératesse et la magnificence jusqu'à leurs extrêmes limites, d'une famille où Sigismondo, entre deux trahisons, égorgements ou enlèvements suivis de viols, composait des petits vers en l'honneur d'Isotta, appelait Alberti et Agostino et rapportait de Grèce, pour les inhumer à ses côtés, les cendres de Gemistus Pletho.

Les deux monuments reçurent de Sigismondo les mêmes soins. Ils furent aussi amoureusement caressés, l'un devant assurer la fortune temporelle de la famille, l'autre sa fortune spirituelle, sa gloire et son immortalité. La postérité a fait comme ces fortunes. La première s'étant écroulée, la Rocca a été démantelée. La seconde vivant toujours, le Tempio reste debout, intact. Pauvre Rocca ! J'ai sous les yeux une vieille estampe qui la représente telle qu'elle fut, noble, superbe, menaçante et imprenable. Au milieu d'un large fossó, un mur, tout haché de petits bastions, délimite une première enceinte reliée à la terre ferme par un pont de bois. Cette muraille soutient les terres qui forment le terre-plein de la citadelle, seconde enceinte composée de cinq tours reliés par des murs crénelés et au milieu de laquelle un donjon carré se dresse. Tournée vers les montagnes, méprisant la mer, la Rocca, rien que par cette position qui étonne en ce pays côtier, nous renseigne déjà sur la famille de condottieri qu'était la famille Malatesta.

Lorsque Sigismondo l'éleva, il croyait bien faire œuvre éternelle. De la vieille image à l'objet lui-même, mes yeux vont et viennent. Quelle désolation ! Il n'y a plus de fossé. Il n'y a plus de pont. Il n'y a plus de première enceinte. Là où était la porte de celle-ci, si bien crénelée, un théâtre s'élève. C'est la seconde enceinte que j'ai devant moi. Je la reconnais à la porte surmontée de l'écusson des Malatesta. Quant aux tours qui la flanquent, je les reconnais aussi, l'une en avant, l'autre en retrait, mais toutes deux découronnées de leurs créneaux qu'un toit de tuiles remplace. Les chemins de ronde ont été couverts, comme le reste ; dans les murailles on a creusé des logements ; le donjon a été abaissé. La Rocca, aujourd'hui, est une prison. C'est à peu près tout ce qui ressemble à autrefois, l'habitant. L'habitant et l'admirable paysage ouvert sur une vallée plantureuse que ferment au loin les Apennins. La ruine est venue pour la Rocca, non point de la mer qu'elle ne redoutait pas, non point des voisins de terre qu'elle craignait, mais d'elle-même, de sa monstrueuse et inique puissance, faite d'exaction, de violence et d'oppression.

Tel que Sigismondo le laissa inachevé, tel le Tempio est resté. Derrière une large place, l'ancien forum, où un petit temple rappelle le passage de saint Antoine de Padoue, le panthéon des Malatesta se présente trapu, ainsi qu'il convient aux Malatesta dont les armes sont un éléphant. Monument capital, pourtant, le premier en date et le modèle de l'art italien à l'époque de la Renaissance. Sigismondo ne barguignait jamais. Voulant, tout comme le faisait Visconti à Pavie, à la même époque, édifier un tombeau qui perpétuerait la grandeur de sa lignée, il chargea Leo Battista Alberti de ce soin. Celui-ci, selon ses principes, se contenta d'établir les plans de l'œuvre dont il confia l'exécution architecturale à Matteo dei Pasti, l'illustre médailleur, et le décor sculptural à Agostino di Duccio, le maître de San Bernardino, à Pérouse. Voyons ce qui sortit de cette collaboration ; l'œuvre est importante socialement, historiquement et artistiquement, par les Malatesta, brigands parvenus, par Alberti, le théoricien et directeur de l'art nouveau, par Matteo et Agostino, les premiers praticiens de leur temps.

Le Tempio n'est pas complètement original. Alberti ne fut pas maître absolu de ses plans et il dut utiliser une église gothique qu'il revêtit tout entière dans le style qu'il venait d'inventer. On ne voit, cependant, à l'extérieur, aucune trace de l'ancienne église, sauf à l'étage supérieur, inachevé, de la façade, là où devait être placé un fronton circulaire, là où un grand vide laisse à nu la carcasse. Sous cet étage, la façade étend ses trois porches, dont deux aveugles et surélevés franchement sur un mur bas, le long duquel court une guirlande. Quatre colonnes, canelées et à chapiteaux corinthiens, séparent les arcades des trois porches et vont supporter une frise enguirlandée, elle aussi, comme la base. Chaque arcade est accompagnée de deux lunettes ; les arcs de l'arcade centrale reposent sur des colonnes engagées, ceux des autres arcades sur le mur même. Et voilà, dans sa simplicité, l'harmonieux modèle que toute la Renaissance va suivre, une inspiration antique rajeunie et fleurie.

Pour qui n'a pu faire de confrontation à Rome même, Rimini offre un point de comparaison inestimable avec le type qu'est le Tempio : l'arc d'Auguste, l'une des portes de la ville, celle qui commandait à la voie flaminienne. Ce sont les mêmes colonnes dressées sur un mur bas, flanquant un même arc, avec, à la jonction, le même bourrelet, et accompagné des mêmes lunettes. La ressemblance est saisissante. Dans l'œuvre d'Alberti il y a, seulement, un peu plus de légèreté, de finesse et d'art, si l'on veut entendre par ce dernier mot une certaine recherche qui ne laisse pas tout à faire au goût instinctif, si impeccable qu'il soit. Les deux monuments sont, en tous cas, si on les regarde de près, d'un enseignement fécond. Qui les étudiera saura en quoi consista le mouvement de la Renaissance, dans son souci de renouer les vieilles et pures traditions, tout en y ajoutant sa propre conception, tout en restant original.

Les façades latérales du Tempio avaient une destination spéciale, qui était de recevoir, dans une succession de niches, les restes des illustres écrivains et savants à qui Sigismondo entendait faire l'honneur de son panthéon, tout en se glorifiant de leur compagnie. Pletho, Valturio, Conti, d'autres encore reposent en plein vent sous les arcades, à portée de la main. Cette familiarité de la mort avec les vivants est d'autant plus surprenante que Sigismondo, pour ses tombeaux des chapelles, adopta le système, qui va prévaloir jusqu'au xviiie siècle, de percher les tombes à dix mètres au-dessus du sol. Venise, en dehors du tombeau de Canova, ne possède pas beaucoup de monu-

ments posés à terre. Sigismondo, lui aussi, a accroché ses ancêtres et Isotta doit interrompre de temps
en temps son doux sommeil pour regarder par la
fenêtre à côté de laquelle elle repose.

Il n'y a pas unité parfaite entre l'extérieur et
l'intérieur du Tempio. Tandis que les membres
externes de l'église gothique ont été entièrement
recouverts et cachés, dès qu'on entre dans la nef
on aperçoit le dessin primitif que rien ne dissimule. Quatre chapelles de chaque côté, et dont les
ogives gardent toute leur franchise. Mais de quel
vêtement on a tout habillé ! La richesse en est
savoureuse, élégante, pleine d'allégresse et d'orgueil. Ce ne sont que colonnes engagées, piliers
divisés en petits tableaux de marbre, tombeaux
ouvragés, et corniches, et chapiteaux, et lunettes,
et statues. Une balustrade de marbre à colonnettes,
piquée de statuettes, court le long des chapelles
et les sépare de la nef. L'ensemble est éblouissant
et Sigismondo fut bien servi dans son goût somptueux. Il serait fastidieux d'inventorier chaque
chapelle et de la détailler. Tout autant de faire la
part de chaque artiste. La joyeuse et fine main
d'Agostino est partout. Ciuffagni, le florentin contemporain de Ghiberti, a parfois trahi celui qui le
dirigeait. La statue de saint Sigismond assis sur un
trône, porté par les éléphants des Malatesta, les
Vertus, les Prophètes, les Sybilles sur les pilastres
de la première chapelle de droite, la statue de
saint Michel, portrait d'Isotta et le sarcophage de
celle-ci ont une allure gothique qui jure avec l'art
achevé d'Agostino ; mais ils ont bientôt fait de se
perdre dans l'harmonie de l'ensemble. De cha-

pelle en chapelle, la rencontre d'Agostino entraîne un enthousiasme général. Le tombeau de Sigismondo, les Vertus sur les pilastres de la troisième chapelle de gauche, les pilastres mythologiques de la troisième à droite et les reliefs d'enfants si fins, si gais et si tendrement modelés, effacent les imperfections de Ciuffagni.

Là aussi, à l'intérieur, la mort de Sigismondo arrêta les travaux ; le dôme central ne fut jamais élevé. Il n'importe, le Tempio malatestiano mérite, par sa conception générale, son exécution partielle et ses détails merveilleux, la place qu'il occupe dans les soucis artistiques de la postérité. Il est d'une fraîcheur qui a bravé les siècles. Il est d'une profusion qui sait respecter la mesure. Il est d'une richesse qui défie les comparaisons. Vous avez vu à Venise, dans le chœur de San Giovanni e Paolo, les tombeaux de Morosini et de Vendramini. Vous avez été ébloui par leur éclat. En transportant leur effet gothique à la Renaissance du Tempio, vous serez la proie heureuse du même ravissement.

La Renaissance a prodigué ici ce que le baroque prodiguera, un jour, d'ornements. Il suffit de regarder l'une et de se souvenir de l'autre pour comprendre la distance qui les sépare. Alberti, lui aussi, a visé à « créer d'une seule pièce un grand espace ». Mais il l'a fait avec un goût suprême, sans surcharge, s'arrêtant au point juste où il tomberait dans la grandiloquence. Le baroque a patoisé le langage de la Renaissance. Lorsque celle-ci a revêtu les membres gothiques, elle s'est gardée de les transformer ; elle s'est contentée de les orner sans les défigurer. Le Tempio est une chapelle de

palais, mais il reste chapelle et ne devient pas une
salle de bal. Alberti, secondé par Matteo et Agostino,
a fondé un monument où les générations curieuses
de splendeur et de goût viendront éternellement
s'instruire.

** * **

Quels étaient donc ces Malatesta, ce Sigismondo
surtout, dont le souvenir est resté plein d'horreur
et de beauté? En principe, nous les connaissons.
Des condottieri devenus podestats, puis seigneurs.
Mais des condottieri ayant leur physionomie
propre, qui ont gardé dans la souveraineté toute
la sauvagerie professionnelle. Alors que tous les
autres, ou à peu près, se policaient et n'avaient
plus de commun que la licence et le faste, les Malatesta sont restés très purs, franc amalgame de violence, de tendresse et de culture. D'où étaient-
ils issus? Des débris lombards, sans doute, bien
qu'ils pussent être autochtones. Car ils étaient
guelfes, c'est-à-dire attachés à la fortune pontificale
dont ils sont les soutiens fidèles, à charge de revanche.

Le premier dont on se souvienne est Hugo qui,
en 1150, reçut droit de cité à Rimini. Il venait
du Montefeltro, dans la marche d'Ancône, voisin
par conséquent. Son fils est engagé comme condottiere par le podestat de Rimini, qu'il remplace, en
1239. Le fils de ce Giovanni, nommmé Malatesta
le Centenaire, succède à son père dans ses fonctions et se fait seigneur en chassant les Gibelins de
la ville. Il eut quatre fils, condottieri tous les

quatre. Deux moururent avant lui, le beau Paolo
et le Sciancato. Des deux autres, l'un est Malatestino, « le vieux Dogue qui règne là où il a accou-
tumé d'ensanglanter ses dents », celui qui, à la
mort du Centenaire, continua la bonne besogne
guelfe et égorgea les Montagna di Parcitade que
Dante venge ainsi, inoubliablement. En mourant, il
laisse Rimini à son frère Pandolfo. A ce moment,
on voit les Malatesta, un peu impatients de la protection pontificale, grâce à laquelle ils s'étaient
poussés dans le monde, on les voit essayer de s'affranchir d'une suzeraineté que le Centenaire recon-
naissait lorsqu'elle était avantageuse. Ils profitent
du schisme d'Avignon pour entrer dans le parti
gibelin, c'est-à-dire pour se déclarer indépendants
du Saint-Siège, quitte à se redire guelfes si l'empereur devient aussi gênant que le pape. Albornoz s'étant emparé d'un fils de Pandolfo, Galeotto,
que Pandolfo avait installé à Pesaro, tandis qu'un
autre de ses fils, Malatesta, gardait Rimini, les deux
frères se soumettent, rentrent dans le parti guelfe,
sont engagés par le pape comme condottieri et
se fixent, à leur convenance, à Rimini et à Pesaro.
Ils échangent bientôt leurs domaines et voilà Galeotto à Rimini, tandis que Malatesta va à Pesaro :
c'est le fils de celui-ci qui, en 1446, vendra Pesaro
à Alexandre Sforza.

Galeotto de Rimini a deux fils, Carlo et Pandolfo III, tous deux condottieri au service de
l'Église. Carlo succède à son père et avec lui entre
à Rimini le goût des lettres et des arts, tandis que
son frère Pandolfo est pourvu de la ville de Fano
et guerroie tantôt au nom de l'Église, tantôt au

nom des Sforza. Il se fait battre par Carmagnola et rentre mourir à Fano, confiant ses deux fils illégitimes à son frère Carlo qui réunit Fano à Rimini et laisse les deux territoires à l'aîné des deux bâtards, Galeotto II, en attendant que Sigismondo, âgé de douze ans, soit en état de partager. Galeotto II était un pauvre sire tout tremblant de crainte religieuse, à la grande colère du pape qui aimait mieux un soldat qu'un saint pour la défense du Saint-Siège. Des voisins, aguichés, commencent à tourner autour de Rimini. Et le pape se dit que si Malatesta doit être dépouillé autant vaut-il qu'il le soit au profit du Saint-Siège que d'un autre. Heureusement, Galeotto se hâte de monter au ciel où il pourra prier en paix. Son héritier c'est Sigismondo, son frère, le grand Sigismond fils de Pandolphe, de l'histoire. Race d'Atrides ! dit Charles Yriarte, son biographe. La comparaison n'eût pas déplu à Carlo ni à Sigismondo.

Celui-ci réunit toutes les qualités et tous les défauts de la race. Il est soldat comme Le Centenaire, altéré de sang comme Malatestino, artiste comme Carlo, diplomate comme Galeotto I et, par foucades, pénitent comme Galeotto II. Comme le Sciancato, il assasinera ses femmes ; comme Paolo, il aimera. Sigismondo, c'est toute la famille, c'est tous les condottieri ; c'est aussi tous les seigneurs, à l'état fruste mais d'autant plus édifiant. A Rimini, on ne s'est pas efféminé, la culture n'a point étouffé la nature ; on voit celle-ci à cru. Regardons Sigismondo sous toutes ses faces. Comme son Tempio, il est un modèle parfait. Jamais plus saisissant raccourci ne fut offert à la synthèse.

Soldat. A douze ans, Carlo mort, Sigismondo saute à cheval pour défendre l'héritage de son frère et le sien. En quelques jours, il a dispersé les troupes du Saint-Siège et obligé le pape à reconnaître Galeotto II légitime successeur de Carlo, leur oncle. Deux ans après, son frère ayant succombé sous l'excès des pénitences, il s'échappe de Rimini que les armées du Saint-Siège, d'Urbin et d'Este entourent, vole à Cesena, rassemble un parti et décime les trois bandes ennemies à Lungarino. Le pape, aussitôt, traite d'égal à égal avec cet enfant de quinze ans et fait avec lui un traité d'alliance, le second. Sigismondo sent le besoin d'un appui. Il le cherche à Venise et se fiance à la fille de Carmagnola. Celui-ci est bientôt exécuté. Sigismondo rompt le pacte et épouse Ginevra d'Este. Le voilà appuyé sur deux alliés qui le garantissent l'un contre l'autre. Le pape a pour lui toutes les complaisances, qui deviennent des déférences lorsque ce jeune seigneur de dix-huit ans reçoit l'empereur à Rimini, qui deviennent des platitudes lorsqu'il fait la paix avec Urbin en fiançant son autre frère, d'une autre maîtresse de Pandolfo III ou, peut-être bien, par hasard, d'une femme légitime, Malatesta Novello, à la fille de Guido Antonio de Montefeltre, seigneur d'Urbin. A l'âge de dix-huit ans, Sigismondo reçoit le commandement en chef de l'armée que le pape réunit pour prendre part à la guerre entre Anjou et Aragon.

Après deux années passées au service du pape, Sigismondo se loue à Venise, puis vient prendre quelque repos à Rimini, repos qu'il distraie en attaquant Urbin, en travaillant de l'épée pour

Sforza contre Visconti, tandis qu'il engage son frère
Novello à aider ce dernier, et en essayant d'enlever Pesaro à son cousin, qui se hâte de vendre sa
ville à Alexandre Sforza. Voilà Sigismondo bien
attrapé? Il est une ressource. Il persuade au pape
que le Saint Siège ne peut admettre cette cession
sans son assentiment. Le pape goûte fort ce conseil
et charge Sigismondo de prendre possession de
Pesaro en son nom. Cela se passe en 1446. Sigismondo a exactement vingt-six ans. L'année pré-
cédente, il a inauguré la Rocca.

L'affaire de Pesaro va enflammer l'Italie tout
entière, tant les intérêts s'y enchevêtrent, lorsque
l'excès de ses conséquences fatales oblige à composer. D'ailleurs la lutte d'Aragon et de Sforza est
là pour réconcilier les pires ennemis. Sigismondo
passe au service de Florence, puis de Sienne, qu'il
trahit et il accourt défendre Rimini qu'Alphonse de
Naples, ami des Siennois, fait assiéger par Picci-
nino flanqué de Montefeltre. Sigismondo appelle
à son secours René d'Anjou, ce qui lui vaut
immédiatement la colère de Sforza. Il est seul désormais et, le pape, c'est le siennois Pie II! Cette
fois, il s'avoue vaincu. Pas longtemps. A peine
a-t-il abandonné au pape les places du domaine
pontifical qu'il avait prises, qu'il les reprend. Excommunié, il se voit condamné pour rapine, incendie, carnage, rapt, viol, adultère, inceste, hérésie, paganisme, parricide, sacrilège, félonie.
Est-ce tout? Non. Montefeltre et Sforza font
ajouter son secours à Aragon et même au Turc. Il
est brûlé en effigie sur les marches de Saint Pierre.
Il ne reste plus maintenant qu'à le prendre. Pie II

envoie Vitelleschi, auquel s'allient Novello, le frère si bien pourvu et Montefeltre. Accablé, il demande une paix que Pie II accorde à la condition qu'il abandonnera tout ses États, sauf Rimini dont on lui laisse seulement le viager. Il se loue alors à Venise et part pour la Morée, laissant la régence de Rimini à Isotta. Il revient de Grèce en 1466, rapportant les cendres de Gemistus Pletho et le pape lui décerne la rose d'or sur les marches mêmes où il avait été brûlé vif. Comme récompense de sa mansuétude, le pape Paul II demande à Sigismondo de renvoyer les Vénitiens de Rimini, où Isotta les avait appelés pour se protéger. Sigismondo y consent. Le voyant bien disposé, Paul II lui demande d'échanger Rimini contre Foligno et Spolète. Abandonner la Rocca et le Tempio ! Ivre de fureur, Sigismondo part pour Rome, résolu à assassiner Paul — aux pieds duquel il tombe en pleurant. Il rentre à Rimini, épuisé, condamné déjà et meurt bientôt, après des soubresauts lamentables, réduit, lui le fier condottiere un moment arbitre de l'Italie, à commander la garde du Vatican ; il meurt à cinquante et un ans après avoir recommandé l'achèvement du Tempio à son héritier Salluste, le fils d'Isotta.

Artiste. Nous avons vu au Tempio comment et à quel degré Sigismondo l'était. Il avait du goût dans la conception ; il savait aussi distinguer les belles choses existantes. Il dépouilla San Apollinare in Classe de ses revêtements de marbres antiques pour en garnir le Tempio ; trente chariots chargés de tables de porphyre et de serpentin apportèrent à Rimini les dépouilles de Ravenne : elles aussi pas-

sèrent le Rubicon. Sigismondo imitait Charlemagne
qui avait emporté à Aix tout ce qui faisait la splendeur du palais de Thédoric ; il imitait Nicolas V et
Martin V qui bâtissaient les églises de Rome avec
les pierres des plus beaux monuments de l'antiquité. Et qu'est-ce que ce revêtement Renaissance
d'un monument ancien, si ce n'est la basilique de
Vicence ? Sigismondo est d'ailleurs éclectique. Il
profite du séjour de Matteo dei Pasti à Rimini
pour lui commander la médaille d'Isotta, et la
sienne à Pisanello, qui font l'ornement du musée civique de Bologne. A Mino da Fiesole,
il commande le buste d'Isotta que Pise a la gloire
de posséder et qu'elle nous offre à méditer
dans son Campo Santo, petite tête fine et ma-
licieuse de femme prudente et mystérieuse,
d'amoureuse fidèle et discrète, mais ferme, pa-
tiente, résolue et qui sera héroïque à son heure.
Elle méritera d'être représentée à Rimini, dans le
Tempio, sous les traits de saint Michel Archange ;
Sigismondo savait bien qu'il ne lui imposait pas là
une transfiguration trop exigeante. Il appelle en-
enfin Piero della Francesca et lui fait exécuter
l'une de ses plus belles fresques dans la petite chapelle des reliques.

Voilà pour les arts plastiques et voici pour les
arts littéraires. Il sait le latin et le grec, ce jeune
homme qui, à douze ans, sautait à cheval pour défendre son bien. Pie II, son ennemi et son juge, est
obligé de reconnaître qu'il « connaît toute l'antiquité, est très avancé en philosophie et semble né
pour tout ce qu'il entreprend ». Il est orateur et
poète. Ses vers élégiaques à Isotta ne sont en rien

inférieurs à ceux des professionnels de son temps. Il a le culte des écrivains et des savants. Florence songe à acheter sa neutralité dans la guerre d'Aragon. Elle connaît son homme et lui dépêche Manetti, qui lui apporte ses dernières traductions d'œuvres anciennes et l'enflamme sur la Grèce. Sigismondo, persuadé, promet à Florence tout ce qu'elle veut. Poggio et Platina sont ses familiers. Lorsqu'il arrive en Morée, son premier soin est de réclamer à tous les échos Gemistus Pletho, le grand platonicien. Pletho vient de mourir. Sigismondo s'empare de ses cendres et les ramène à Rimini. Pletho, qui arracha l'Italie à l'aristotélisme, permit le succès de Marsile Ficino, fut le précurseur des jardins de Carreggi, Pletho doit à Sigismondo sa tombe italienne. A côté de lui, Basino de Parme, l'élève de Victorin de Feltre, auteur des *Isottœi*, Giusto dei Conti, le poète de la *Bella Mano*, Roberto Valturio, l'auteur du *De re militari*, Traffichetti da Bertinoro, illustre chirurgien, Gentile Arnolfo et Juliano biologistes, d'autres encore, sous les arcades du Tempio, couronnent Sigismondo de poésie, de science et de philosophie.

Homme privé. Violent, luxurieux, sanguinaire, faible, tendre, les larmes aux yeux à chaque instant, sentimental et petite fleur bleue. Au cours de sa passion fidèle pour Isotta, il s'éprend d'une Allemande qui traversait ses États, veut l'enlever, l'attaque au milieu de sa garde et, comme elle tombe frappée, il viole son cadavre. Puis il repense à Isotta et lui envoie les vers les plus frais et les plus tendres. Marié deux fois, à Ginevra d'Este et à Polyxena Sforza, il empoisonne ses deux femmes. C'est en 1438, quatre ans après son mariage avec Ginevra, qu'il connaît Isotta. Elle était fille d'un riche marchand, Francesco dei Atti. Dès 1440 Ginevra disparaît. On a douté que Sigismondo l'ait tuée et l'on en donne comme preuve son remariage avec Polyxena. Ces mariages étaient tout politiques. Il faudra à Sigismondo quelques années encore pour s'apercevoir de ce que vaut Isotta. Il lui faudra ses revers, au cours desquels Isotta se dévoue et se sacrifie comme une véritable matrone. Il peut la tromper avec Polyxena, sa femme légitime, dont il eut un fils, Galeotto, avec une autre maîtresse, la Vannella, qui lui donne un fils, Roberto, et une fille, Léonora, il n'est au fond de son cœur qu'Isotta. Dans toutes les cérémonies publiques ce sont les couleurs d'Isotta qu'il porte. La rose d'Isotta est partout unie à l'éléphant des Malatesta. Les deux chiffres s'enlacent sur le Tempio et c'est du vivant de Polyxena que Ciuffagni élève le tombeau d'Isotta dans le Tempio. Tous les poètes la chantent, Parcellio, Basinio, Trabanio, Tabia...

Isotta, par la mort de Polyxena, en 1450, reçoit enfin la récompense de son dévouement, de son amour et de sa constance. Elle a su conquérir cet enfant sauvage par la tendresse profonde, l'humeur égale, la bonté et la patience. Elle est la consolatrice de toutes les heures, la maîtresse prévenante et joyeuse, la femme cultivée qui sait charmer, la compagne intrépide qui, pendant les absences et les revers, veille avec vigilance sur les trésors du maître, lequel, au retour et vainqueur, retrouve sa Rimini, ses biens et ses œu-

vres, conservés, augmentés, poursuivis. Elle saura
se sacrifier, vendre ses bijoux pour envoyer de
l'argent à son amant. Elle sera celle à qui, en
mourant, Sigismondo confiera la défense de Rimini contre les appétits aux aguets. Et si elle succombe c'est sous les coups de Roberto, le fils de
la Vannella, qui jette Salluste au fond d'un puits,
empoisonne Isotta et qui, ayant reconquis Rimini
au nom du pape, estime et déclare qu'il trouve
préférable de la garder pour lui. Sixte IV se hâte
d'y consentir et il nomme Roberto généralissime
de la Sainte Église. Les Malatesta finissent comme
ils ont commencé, condottieri du Saint-Siège. Le
dernier, appelé Pandolfaccio, ainsi que l'on dit Lo-
renzaccio, se débat entre Venise et Rome auxquels il vend Rimini tour à tour et il meurt obscu-
rément à Rome en 1534, laissant définitivement,
par la grâce impériale, Rimini à la papauté.

Tel est l'homme, telle est la race, tels sont les
podestats et les condottieri parvenus à la seigneurie. Le rôle de la papauté, son jeu au milieu de
tous ces brigands avides de se faire princes ou de
se maintenir, on l'a vu. Le pape se sert des uns et
des autres pour affermir et augmenter sa puissance
et ses territoires. Ne pouvant plus, comme il l'aurait fait autrefois, monter à cheval et partir en
guerre, il prend les uns à sa solde contre les autres et, tout pareil à eux, ne pense qu'à se tailler
sa part dans le domaine italien. Peut-être alors,
en présence de ces papes et de ces seigneurs qui
s'arrachent les morceaux de l'Italie, César Borgia
apparaîtra-t-il normal et même fatal, nécessaire.
Je le verrai demain, à Pesaro.

Aujourd'hui Sigismondo, seul, nous occupe. Ne nous hâtons pas de le condamner, surtout de le dresser en phénomène monstrueux. Qu'il s'appelle Visconti, Sforza, Este, Montefeltre, Gonzaga, Baglione, Bentivoglio, Rovere, Anjou, Aragon ou Malatesta, c'est le même personnage. C'est un chef de bande qui, à la faveur de ses succès, établit son pouvoir personnel aux dépens de l'Italie, aux dépens du vieil empire romain fédératif dont la reconstitution a tant de fois avorté. La plupart le font avec habileté ; ceux qui ont rapidement réussi, comme les Montefeltre, ou les Gonzaga, ou les Este, sont pleins de pacifisme et répugnent aux coups. Sigismondo a sur tous un avantage primordial. Il se montre tel qu'il est, tels qu'ils sont. Et s'ils sont si enragés contre lui, c'est d'abord parce qu'il les menace, c'est ensuite parce que sa franchise gâte vraiment par trop le métier. Avec la différence des tempéraments personnels, c'est la même âme avide, implacable et féroce, la même âme d'artiste, de lettré, d'amoureux ; Sigismondo est tout cela en même temps, avec ingénuité. Grâce à lui nous voyons le fond du cœur de tous ces brillants seigneurs dont nous avons pris l'habitude de ne considérer que les grâces mantouanes, ferraraises, urbinates ou pavesanes. Il a pour nous un mérite inestimable, qui est de se montrer sans voiles et sa nudité, comme celle de Vénus, éclaire jusqu'au fond de la mer. A cause de lui et par lui, Rimini est peut-être la ville la plus suggestive de ce voyage. Le Tempio nourrira toujours ceux qui sont affamés de beauté. La Rocca abreuvera toujours ceux qui sont altérés de savoir et de comprendre.

Au petit musée de Rimini, que cinq tableaux en tout décorent, j'ai vu, peinte par Cagnacci, l'élève de Guido Reni, l'image d'un seigneur en pourpoint, crucifié, la bouche tordue et dégoûtant de sang. Pourquoi cette abomination me hante-t-elle au point que j'en fasse un symbole malatestien? Le supplicié, c'est Sigismondo, puni sans doute pour les péchés de ses congénères mais que la postérité, plus éclairée, saura pardonner, parce qu'il aura beaucoup aimé la vie — et Isotta.

X

LES REVENANTS DU MONT ACCIO

Pesaro.

L^E véritable voyageur est, par principe, un vaillant personnage. Résolu à s'écarter des grands centres, il se déclare indifférent au bien-être ; une chambre inconfortable ne l'effraie pas ; une table spartiate le trouve, d'avance, indulgent. Et, les premiers jours, cette bravoure le maintient en bonne humeur. Il se tord de rire sur un lit qui lui rappelle le corps de garde de sa jeunesse. Il se console d'une ratatouille par un beau munice. Et vous lui diriez, à ce moment, que mieux vaut ne pas voyager que d'être mal couché et mal nourri, sa réponse s'inspirerait de la plus vive pitié. Mais attendez-le au détour d'un hôtel convenable. Qu'elle joie éclatera alors sur son visage ! Il ne reniera point ses résolutions stoïques, mais soyez sûr que ce ne sera que par prévision. Pour parler juste, rien n'est en soi plus indifférent qu'une auberge, rien pourtant, à la longue, ne prend une place aussi grande dans la vie du voyageur, aussi grande et aussi légitime. Lorsqu'on a bien couru, il est doux de bien dormir. Lorsqu'on est fatigué, de se sustenter sans degoût. On se surprend alors à combiner de ne pas coucher dans telle ville dont l'importance ne permet pas de prévoir un bon gîte. Et lorsque la nécessité force à s'y arrêter, on se dit : Ce n'est qu'une nuit à passer. Il ne faut pas, et c'est le seul principe à garder, il ne faut jamais soumettre ses curiosités à ses aises. Toujours, le lendemain, on rira de la mésaventure. Éternellement on regrettera la lâcheté qui a fait renoncer à quelque belle visite, par crainte d'une nuit agitée.

N'y a-t-il pas l'imprévu, aussi, et dans les plus redoutés passages, qui vous console des déboires ? Je suis venu à Pesaro, non pas pour Rossini qui était le plus fin des parisiens, non pas pour l'Adriatique que je verrai dans sa beauté complète à Ancône, non pas pour elle-même enfin qui n'offre qu'une glane maigre. J'y suis venu parce que c'est de là que l'on se rend le plus facilement à Urbin. Et Urbin, je sens que j'irais au prix d'une botte de paille. Or, voici qu'à Pesaro je me trouve logé dans le plus extraordinaire hôtel où l'on puisse tomber. Il est considérable. Les « palace » des capitales lui envieraient sa voûte d'entrée et son escalier. Son antichambre est occupée, en son milieu, par une table pour vingt couverts. Quant aux chambres... La mienne est ogivale. Cet hôtel est un ancien palais de cardinal. Mon lit, mes lits, car on m'en a donné deux, sont dressés dans la chapelle. Six mètres d'ogive s'offrent à mes yeux ouverts sur la nuit. Lorsque je tousse, trente-deux voix me répondent, comme des chantres. Je demande le salon où je pourrai écrire. Un doigt négligent me l'indique. Je vais

droit devant moi et je tombe sur une salle de
bal, vingt mètres carrés, où le portier de l'hôtel,
redingote galonnée, des clefs brodées sur le col,
est en train de tourner en rond, à bicyclette. Et
me voilà qui, à mon tour, établis le record du
tour de salon à bicyclette...

Quelle compensation ! J'ai un peu forcé ma
joie de mon plafond ogival — rien n'est plus gla-
cial, je vous l'assure — et de mon salon-vélo-
drome. Tout de même, ils m'ont distrait et m'ont
aidé à passer deux nuits dans la patrie de Rossini.
Urbin vaut bien ces fantaisies. Urbin, et Pesaro
elle-même, en partie. Le palais des ducs ne dit
rien que nous ne sachions ; ses cinq fenêtres colos-
sales, au-dessus des six arcades du rez-de-chaussée,
en font un monument très noble et si son dessin
n'était point si familier aux amants de l'Italie, qui
ne viennent ici qu'après une longue fréquentation de ce pays, il mériterait qu'on s'enthousias-
mât. San Domenico, San Giovanni Battista, un
petit musée, San Francesco, San Agostino, ne font
pas regretter les heures que la diligence d'Urbin
laisse à la flânerie.

Parmi ces heures, il en est une qui vaudrait à
elle seule bien des déceptions. Je me l'étais pro-
mise dès le premier jour où je traçai ma route.
Dans mes rêves, la Villa Imperiale, qui domine
Pesaro, apparaissait à l'égal presque des villas mé-
dicéennes autour de Florence, de la villa Maser,
de la villa Valmarana. Rien n'est plus édifiant,
pour ceux qui dans les paysages cherchent les
hommes et la vie, que ces maisons des champs.
On y surprend le passé et les caractères avec

beaucoup plus de facilité que dans les Pitti, Barbaro ou Ricciardi. Par elles on pénètre dans une intimité profonde. Le sentiment que j'éprouvai à Ferrare, dans la casa Romei, je l'eus à Poggio a Cajano, à Careggi, au monte Berico, à Bassano, partout où j'ai pu coudoyer un instant les êtres dont les villes réveillent en moi impérieusement le souvenir. Au palais ducal de Pesaro, je rencontre Alessandro Sforza, Lucrezia Borgia, Leonora Gonzaga ; je les rencontre, mais en cérémonie. Ils me sourient, m'ayant distingué parmi la foule des courtisans ; ils ne m'appellent pas afin de m'entretenir. Ce matin, au contraire, ils m'ont invité à les visiter dans leur agreste demeure. Je vais vivre avec eux pendant quelques heures et ils se laisseront d'autant mieux surprendre, qu'ils se mettront honnêtement en frais pour que je n'aie qu'à me louer de leur réception.

Un chemin de mulet, tracé au flanc du mont Accio, conduit à la villa Imperiale. Le vetturino qui me meurtrit les reins est bien léger, la robuste cavalla qui nous traîne tous les deux ne tend pas moins, à les rompre, les muscles de son garrot. Peu à peu la vallée de la Foglia s'abaisse et découvre son horizon de tendresse. Derrière moi, la mer est toute bleue ; devant, au loin, les Apennins sont tout blancs. Entre ces deux immutabilités, la plaine répand la diversité de ses oliviers gris, de ses amandiers vert tendre, de ses noirs cyprès, et les fleurs chromatiques des pêchers, pommiers, de tous les arbres aux tons différents, insensible gamme qui chante le printemps.

Lorsque la cavalla a bien peiné des sabots de

devant, qui se reposent tandis qu'une imprévue
dépression l'oblige à s'arc-bouter sur ses pieds de
derrière, lorsque ce chemin de montagne russe
est enfin couvert, une route moins ardue, toute
droite, annonçant l'approche des grilles, se présente. Elle monte au milieu des vignes qui dé-
valent. Le paysage a un aspect de prospérité humaine très net. On devine les soins qui président
à cette culture. Des hommes avisés et soucieux de
bien vivre, respirent parmi les êtres où Lucrèce
Borgia reçut de chaleureux baisers. Tout de même,
cela soutient un paysage, un tel souvenir ! La
villa Imperiale se dresse maintenant, à gauche du
chemin, au-dessus des ceps encore maigres, parmi
la verdure d'un parc touffu. De loin, même privée
de ses revenants, elle a le plus grand air. Sur
une terrasse dont les murs piquent droit au-dessus
des vignes, tout au haut du mont Accio, elle
ouvre sur la vallée ses petites fenêtres à volets
verts, inégalement distribués sur le mur de
façade. Mais ce n'est là qu'un premier bâtiment,
assez étroit. Une haute tour, campanile ou beffroi,
en arrière, le domine et sépare cette aile, vieille,
on le devine, malgré les badigeons récents, d'une
autre aile, plus vaste celle-là, d'allure somptueuse.
Le terrain montant a permis d'étager la villa et le
second bâtiment surplombe le premier, l'humilie
de son luxe flagrant. Des terrasses à balustres sur
lesquels deux loggias sont plantées, plongent par-
dessus les toits de la partie primitive, vastes terrasses mais qui n'écrasent rien et ne font qu'enlever tout l'appareil au-dessus des arbres, de la
montagne, vers la mer rafraîchissante.

Une allée couverte, la grille franchie, conduit au terre-plein où la villa s'étend. Je vois maintenant, et très nettement, les deux bâtiments accolés, l'un modeste, l'autre magnifique, mais le premier plein d'accueil, vivant, le second revêche, qu'un incendie semble avoir dévasté; une cour immense fermée de hauts murs inachevés, percés de fenêtres sans vitres et qui n'éclairent que des moellons, tandis que, par les petits volets entr'ouverts de la petite maison, des meubles, des plafonds peints m'appellent.

J'ai répondu et le custode m'a conduit. A peine Alessandro Sforza eut-il acquis Pesaro de Galeotto Malatesta, qu'il se hâta de construire cette villa. Autour d'un cortile à arcades, triste et sombre, une succession de pièces qu'une main délicate et pleine de goût s'efforce de conserver originales, tout en les rendant habitables à des hommes d'aujourd'hui. De ces premiers temps, des temps aussi où Giovanni Sforza, petit-fils d'Alessandro, amena ici son épouse Lucrezia, il ne reste plus rien que les murs. Mais n'est-il pas, déjà, émouvant de caresser des colonnes que la douce et experte main de la molle Lucrèce Borgia caressa voici quatre cents ans, que de se poster à une fenêtre d'où César Borgia dut consulter son étoile? Les décors subsistant aujourd'hui n'ont plus rien qui rappellent le court, mais si décisif passage, de Borgia à Pesaro. Ils datent tous des Rovere, du xvi⁰ siècle, lorsque Jules II obligea les Sforza à céder Pesaro au duc d'Urbin. Petits décors, stucs et fresques, pleins de détails agréables et touchants dont le moindre n'est pas le triomphe de Francesco Maria della Rovere, escorté d'Alfonso de Ferrare, entre autres seigneurs, dont le plus indifférent n'est pas la délicieuse treille peinte par Dosso Dossi et dont le plus beau n'est pas la *Calomnie* qui voudrait bien ressembler à un Apelle.

C'est sur ce premier étage qui vient mordre le rez-de-chaussée du second bâtiment, du bâtiment grandiose et solennel dont Francesco Maria d'Urbin et son épouse Leonora Gonzaga commencèrent l'élévation. Cette partie, que la dureté des temps ne permit pas de terminer, a été dernièrement restaurée dans son état d'inachèvement. Elle est ainsi, ruine neuve, d'une noblesse incomparable. Un jardin suspendu, à la hauteur du premier étage — comme au corte reale de Mantoue — en forme le centre : des fleurs en corbeilles le décorent, qu'entoure un dallage bien poli. Des chambres à l'état fruste, mais expertement nettoyées, y descendent, tandis que par des tourelles d'angle on monte aux loggias du sommet d'où la mer, la Foglia et les neiges roses de San Marino se découvrent. L'ensemble est solennel. Ces deux maisons, l'une si touchante avec ses vieilles choses amoureusement préservées des injures des siècles, l'autre si altière dans son arrêt et son entretien à l'état rudimentaire, forment l'assemblage le plus surprenant. Surprenant par la vie saisie toute chaude puis arrêtée tout à coup. L'orgueil reçut un châtiment que la modération ne connut pas. Et si je suis reconnaissant à Francesco Maria de sa tentative, qui me renseigne si bien sur les goûts des seigneurs de son temps, solides et fastueux, je lui

en veux à cet instant, de ne s'être pas satisfait de
la petite maison où l'un des actes les plus méritoi-
res de la politique italienne fut conçu, préparé,
où César Borgia entama sa grande œuvre de
monarchie civile et unitaire.

*
* *

Lorsque César Borgia apparaît sur la scène italienne, la péninsule est prête à succomber.
Trente ans plus tard, César ayant échoué, la
catastrophe se produira. La grande lutte entre les
papes et les empereurs se terminera par un partage définitif : l'Italie ne sera plus qu'une expression géographique, selon un mot saisissant inventé
pour une autre misère, l'empereur ayant pris ce
qui lui convenait et n'ayant laissé au pape que ce
dont il n'avait pas besoin. La formidable réaction
seigneuriale survenue après la mort de César dé-
truira à jamais ce que le fils d'Alexandre VI avait
tenté de réaliser. Mais que voulait donc César ?

Non pas délibérément empêcher la ruine de
la nation italienne. Il voulait son propre royaume.
Mais son royaume, pour répondre à ses ambitions,
devait être non pas taillé au milieu du grand manteau, au contraire comprendre ce manteau tout
entier. Une fois pour toutes, écartons les petits
mobiles et ne voyons que « les questions qui
s'agitent et les destinées qui se préparent ». Agent
égoïste et monstrueux, César l'est au dernier
point. Ce n'est pas sa personne qui intéresse. C'est
l'âme italienne qui a pris sa forme implacable
pour s'exprimer et agir. Ce que, à cette heure,

réclame l'Italie, c'est de vivre. Elle crée César pour se sauver. Est-elle donc si bas?

Au nord, Sforza tient tout, avec Venise. L'empereur commande en quelques fiefs, nominalement; sa situation est sensiblement la même que celle du pape en Romagne. Il n'est pas plus maître de Modène, par exemple, que le pape de Ferrare; Este les possède en fait. Au centre, Florence règne sur la Toscane. Au sud, c'est Naples où Anjou et Aragon se disputent le trône, l'un soutenu par la France, l'autre par Sforza. Et le problème se complique de ce Sforza qui, maître du nord va l'être du sud : Rome, prise entre les deux branches de l'étau, sera écrasée.

Pour se défendre, a-t-elle du moins des hommes, des ressources? La Romagne peut-elle lui en fournir? Peut-elle compter sur les comtes et barons de son domaine? Voyons-les, tous ensemble.

Dans le patrimoine, deux grandes familles représentent toute la puissance, Orsini et Colonna, la première guelfe, la seconde gibeline, ces étiquettes n'étant, bien entendu, que des moyens de se préserver et non de servir. A côté de ceux-là, trois autres clans principaux et qui emboîtent le pas, les Savelli et les Conti aux Colonna, les Vitelli aux Orsini. Ce sont de grandes familles de condottieri. Ils vivent retirés dans leurs châteaux d'où ils pressurent les paysans, lorsqu'ils ne les enrôlent pas dans leur armée — et ce sont ces paysans qui pillent alors leurs frères pour le compte commun. Au temps d'Alexandre VI on ne trouve pas moins de dix Orsini qui vivent de la guerre ou sont embusqués dans les bénéfices d'église. Les exigences de ce véritable peuple sont terribles et menacent chaque jour le trône pontifical.

En Romagne, c'est pis encore. A Sinigallia règne Giovanni della Rovere, neveu de Sixte IV, gendre du duc d'Urbin. A Urbin, Montefeltre. A Pesaro, Sforza. A Rimini, Pandolfaccio Malatesta. A Forli, Girolamo Riario, autre neveu de Sixte IV. A Imola, le même. A Bologne, Bentivoglio. A Ferrare, Este. Toutes ces villes ont été données, ou abandonnées, ou tolérées, en fiefs, par les papes. Théoriquement, en dehors même de la suprématie universelle doctrinale, elles dépendent du Saint-Siège qui entend, d'abord en recevoir un tribut, ensuite présider à tous les changements de personnes ou de dynasties. En fait, tous ces seigneurs se considèrent comme indépendants. Pour que le pape les oblige à le respecter, il lui faudrait des armées. Où les prendrait-il? Eux seuls en possèdent. Il peut exciter les uns contre les autres; il n'y manque pas. Mais ils ne sont pas bêtes; ils se tiennent, par des alliances. La ruine de l'un sera la ruine de l'autre. César le verra bien. Ils partent en guerre, comme fit Sigismondo contre Urbin, mais parce que c'est leur métier, leur tempérament et non par dévouement ou fidélité. S'ils comptent revenir victorieux, ils entendent bien que ce soit à leur profit et non à celui du pape. Et voilà le pape impuissant. Que l'un de ces seigneurs soit plus habile ou plus fort que les autres, Rome sera sa proie. Et l'on verra refleurir les temps des ducs de Spolète. Avec ce levier-là que ne pourra pas le vainqueur? Ce qui sauve le Saint-Siège, c'est cette multiplicité même. Mais qu'un seul se montre, tout est perdu. Sforza sera-t-il celui-là ? Il vise Naples pour mieux le devenir. Rome pontificale voit le cercle se resserrer autour d'elle et ne peut compter sur personne pour la défendre. Pour comble de malheur, les Français descendent.

Alexandre VI a senti le danger. On peut dire qu'il ne l'a jamais vu, c'est-à-dire compris. A aucun instant, il n'a montré qu'il était résolu à des actes précis, vigoureux et profonds. Ses petites intrigues, ses trahisons, ses promesses reniées, ce sont des expédients, ce ne sont pas des remèdes. Il évite un péril momentané, détourne un accident ; il ne guérit rien. Alors que la papauté se meurt d'émiettement, il ne trouve, pour la sauver, qu'à l'émietter encore au profit de tous ses enfants — comme font les autres. A la gabégie générale, il prétend ajouter pour sauver la caisse et la famille. Alexandre avait l'âme de ses feudataires. Arrivé comme eux, il prétend, comme eux, nantir à perpétuité ses enfants. L'aspiration italienne, il ne l'entendra jamais.

Ce sont les oreilles de César qu'elle frappera. Cet interprète de l'Italie, qui ne croit que travailler pour soi-même, va jouer de l'honneur personnel de son père, qui consiste à ne pas laisser l'Église s'écrouler sous son pontificat et de la passion familiale, qui entend tailler une part d'Italie à la lignée. César se servira des passions d'Alexandre pour se faire roi. Il les a flattées, aux extrêmes limites. De là, peut-être, l'indulgence du faible père et du pontife. Mais le seul qui voie clair et haut, c'est César, et ce qu'il voit, sous couleur de se faire roi, c'est la nécessité de réduire tous ces seigneurs qui mangent l'Italie, de les supprimer et de rendre, par l'unité monarchique, à l'Italie, les libertés municipales. Le rêve de Dante, c'est César qui, comme Théodoric le fit avant la lettre, tente de le réaliser, le rêve d'une monarchie civile, fédérale et nationale cette fois.

Longtemps, César a laissé son père poursuivre sa petite politique de courte vue. Les mariages de Lucrezia avec Giovanni Sforza et de Gioffre, prince de Squillace, avec donna Sancia d'Aragon, l'ont laissé calme en apparence. Les roueries d'Alexandre envers Charles VIII, Aragon, Anjou, Sforza, Florence, le trouvent impassible. Il les favorise même et s'emploie à les faire réussir. L'heure vient où il ne pourra plus supporter d'aussi mesquines combinaisons. Il a saisi le jeu paternel qui se réduit à bien caser sa famille. Ne lui destine-t-on pas, à lui, l'Église? Ce que poursuit Alexandre, c'est le retour au temps de Théophylacte. César bouillonne d'indignation. Le génie italien, qu'il incarne inconsciemment, ne peut supporter ces petitesses. Il y a Gandia, enfin.

César n'est pas jaloux de Gandia. Son frère lui représente non pas un obstacle personnel, mais un obstacle national. Que Gandia devienne ce que leur père désire qu'il soit, le condottiere en chef de l'Église, en quoi le sort de l'Italie sera-t-il changé? Et lorsqu'il voit Gandia partir avec Guidobaldo de Montefeltre, duc d'Urbin, pour la réduction des barons, César comprend que la comédie va recommencer. Après les escarmouches, n'a-t-on pas fait la paix? La guerre finie, après avoir bien pillé, on s'arrange pour profiter. L'eau vaseuse ayant été remuée, on pêche jusqu'à limpidité. Gandia reçoit, pour sa récompense, Bénévent, Terracine et Ponte-Corvo. C'est un morceau de plus dans le grand manteau rapiécé. Voilà l'avenir que prépare Alexandre! C'est assez. La conscience italienne condamne Gandia, nouveau condottiere. César, instrument de cette conscience, assassine son frère. C'est lui, dès lors, qui va mener la barque, imposer ses volontés, sans jamais dévoiler son plan — qu'il ne connait peut-être pas lui-même, si l'on veut admettre que son ambition personnelle lui cache la mission dont il est investi par la voix de l'Italie.

Alexandre, après le geste fratricide de César, paraît enfin saisir, à peu près, le but de son fils. Par crainte, par tendresse, ou par politique, il se fait l'aide dévoué de César qui, de ce jour, commande tout. César commence par rejeter la pourpre et par se substituer à son frère dans toutes ses dignités et commandements. Puis il se relève de son crime aux yeux des autres princes en posant au nom de son père la couronne sur le front de Frédéric de Naples. Et il se fait donner, au nom d'un fils de Gandia, l'investiture de Bénévent. Il avait déjà Orvieto. Avec ces deux territoires, ce prestige, ces titres et son père, il va pouvoir suivre son chemin.

Il commence par une recherche d'alliance. Alexandre, toujours gagne-petit, voudrait pour César soit la veuve de Ferdinand, soit donna Sancia que Gioffre lui céderait. Mais ce serait Naples seulement, un royaume taillé encore! Et Anjou est toujours là, menaçant, et Sforza. Il y aurait bien l'empereur, mais il refuse sa fille Charlotte. César n'hésite pas. Naples, on se la rendra favorable et on y préparera l'avenir en mariant Lucrezia, que l'on fera divorcer du Sforza de Pesaro, à don Alfonso, frère de Sancia. En même temps César se mariera en France, d'où il tiendra Naples en respect et réciproquement. Alexandre a contribué à chasser les Français, César sourit à ceux-ci et il promet à Louis XII que son mariage sera cassé, qu'il pourra épouser Anne de Bretagne, s'il trouve une femme et un domaine pour le fils du pape. Le domaine, César l'obtient tout de suite ; c'est ce qui a toujours le moins coûté aux rois, le fief. César est nommé duc de Valentinois. Il part pour Chinon, où il est reçu avec un éclat discret dont Brantôme nous a laissé l'impérissable souvenir. Après avoir bien cherché, Louis XII trouve Charlotte d'Albret qui consent à épouser le Borgia. Dans le contrat il est stipulé que César, ses amis et alliés, aideront le roi dans sa conquête du Milanais et du Napolitain. Pour César, cela signifie : les Français viendront me conquérir le Milanais et le Napolitain — ce dernier que je possède déjà en partie, comme tuteur du fils de Gandia et comme beau-frère de Sancia et d'Alfonso.

Ceci, c'est le projet d'avenir. Il faut se hâter de préparer les voies à son accomplissement. Il faut pouvoir, lorsque les Français auront détruit tout vestige de Sforza et d'Aragon et s'en retourneront, croyant avoir imposé définitivement Anjou, il faut pouvoir alors se dresser terrible et puissant et prendre le sceptre. La Romagne est là, le domaine

pontifical, celui des donations, accru par Mathilde
et qui ne demande qu'à être délivré de ses seigneurs. Enfin, il y a la Toscane qu'il serait nécessaire de s'adjoindre aussi. Si, tandis que les Français travaillent au nord et au sud, César, au centre,
crée un royaume dont la base sera Rome, la
partie sera nécessairement gagnée. L'unité, autour
de Rome, sera fatale. Venise ? Venise n'est qu'un
comptoir. Elle laisse en paix ceux qui la laissent
tranquille sur mer et ne gênent pas son com-
merce sur terre. César d'ailleurs la comble de
prévenances pour bien lui faire comprendre qu'elle
n'a rien à craindre de lui.

Comme entrée de jeu, et pour bien indiquer à
tout le monde ce qu'il va faire, car la constance de
son action, s'il trompe en parole, est admirable de
franchise, César enlève aux Gaetani, de la famille
de Boniface VII, tous leurs fiefs du patrimoine et
du Napolitain, et il distribue ceux-ci à Roderigo
fils de Lucrezia et d'Alfonso et à Giovanni, fils de
son père et de Julia Farnese.

Il se dirige alors vers la Romagne avec seize
mille hommes que commande Bentivoglio. Les
deux premières villes auxquelles il s'attaque sont
les plus faciles à prendre, Imola et Forli, où commande une femme. Il se trouve que cette femme
est une héroïne, Catarina Sforza, mère des Riarii.
On donne un effort un peu plus grand et les villes
tombent. A peine entré, César organise l'administration et il le fait habilement, juste, ferme mais
doux, comme quelqu'un qui ne vient pas pour
piller mais pour rester. Bentivoglio doit être
bien inquiet. Il a cru à quelque partie de plaisir

et de pillage, comme on en fait tant. Cela devient
donc sérieux? Il aura l'œil.

On repart, pourtant, vers Cesena et Pesaro qui
sont enlevées. Un court arrêt se produit à ce
moment, par suite des malheurs de Louis XII en
Milanais. Une victoire arrange tout et César négocie avec Venise pour qu'on le laisse prendre
Rimini et Faenza, en paix. Entre temps il supprime Alfonso, le mari de Lucrezia, d'abord pour
disposer de Lucrezia dont il va avoir besoin, ensuite pour hériter d'Alfonso au nom du petit Roderigo, enfin pour faire sentir au roi de Naples sa
force. Et c'est encore une aide apportée à Louis XII
dans sa conquête. Louis XII paiera aussi ce coup
de main-là.

Une promotion de douze cardinaux a fourni les
sommes nécessaires à la réunion d'une armée nouvelle. Pesaro s'ouvre devant César. Rimini en fait
autant. César est le libérateur des cités qui
étouffent sous les seigneurs. A Faenza, il se heurte
à Astore Manfredi ; l'hiver arrive, il remet la
campagne au printemps. En avril 1501 Faenza
est prise. Le cercle est fermé autour d'Este et
d'Urbin.

Mais il faut penser à Florence, aussi. Et
Louis XII attend son allié pour prendre Naples.
César pourvoit à tout. Afin de tâter les dispositions
et les forces de Florence, il demande le passage et
l'aide pour la prise de Piombino et de l'île d'Elbe.
Florence consent. César rejoint alors Louis XII
et, le 15 septembre 1501, il entre à Naples en
triomphateur. Il partage entre les jeunes enfants
dont il est le tuteur, soixante-quatre des places

du royaume de Naples qui lui reviennent. Lorsque Urbin et Este seront dans la main de César, on verra bien ce que pèsera la Toscane et, alors, ce que pèsera la France ! César marie Lucrezia à Alfonso d'Este qui, en attendant qu'il cède la place, surveillera Venise. Urbin tombe en quelques instants. Le duc s'enfuit à Mantoue. Heureusement pour Florence que Louis XII la protège. Et puis Florence négocie. Machiavel est dépêché vers César.

Un autre obstacle à ce moment fait perdre du temps à César. Les condottieri, tous seigneurs de petites villes, finissent par comprendre, grâce à l'un d'eux, Bentivoglio, où César les conduit, à leur perte. Bentivoglio a abandonné la partie de dupe. Les condottieri se déclarent pour leur camarade et, sautant un ruisseau qui limite, près de Pérouse, une terre d'Orsini, ils s'écrient : « Nous passons le Rubicon ! » Un plan d'attaque contre César est dressé ; c'est la révolte.

Quelques semaines après, les condottieri, que César a divisés, avec lesquels il a fait semblant de traiter séparément, sont attirés à Sinigallia, égorgés ou arrêtés. Le coup est double. César se débarrasse de seigneurs et il se délivre de condottieri qui peuvent le gêner demain. Ferrare reste seule, mais Ferrare a Lucrezia qui la surveille et la garde. Le tour de Florence est venu ; après, on causera avec la France qui, pendant ce temps, travaille sans le savoir, à Naples et à Milan, pour le triomphe de son allié.

L'unité, à cette heure, est virtuellement faite. La mort d'Alexandre, seule, l'empêche. Elle est, en tout cas, incontestable dans la pensée de César. Il n'est pas un seul de ses actes qui ne s'éclaire à cette lumière-là. J'ai essayé de faire ressortir les plus importants. Les plus monstrueux s'expliquent comme les autres. A Rome, à Naples, en Toscane, en Romagne, César ne vise qu'à constituer son royaume et ce royaume c'est toute l'Italie qu'il comprend. Ce qu'il ne peut adjoindre tout de suite, comme Venise ou Florence, il l'annihile ; la conception générale reste. La légende a causé le plus grand tort à César. Elle a fait de lui une sorte de plat ambitieux, cynique, luxurieux et parjure. Il est, en réalité, l'un des plus grands politiques qui aient jamais existé. Cet homme est le seul, au milieu de son siècle, qui se soit créé un idéal conforme à la réalité philosophique, à la nécessité morale du pays où il se trouvait. La mort subite de son père et sa propre maladie, à ce moment où il lui aurait fallu agir, arrêtèrent brusquement son œuvre alors qu'elle avait pris forme et qu'il en entrevoyait enfin le succès. Le rôle que jouait la papauté dans ce rêve unitaire, on ne le connaît pas. César ne parlait pas, il agissait. Probablement, le Saint-Siège aurait été réduit à l'évêché de Rome ; il n'eût pas compté, temporellement, plus qu'il ne compte aujourd'hui.

On a voulu, et on voudra sans doute longtemps, écraser César sous Machiavel et *le Prince*. Il faudra cependant se décider à ne pas considérer ce dernier ouvrage comme contenant toute la pensée de Machiavel. Il n'en contient même pas l'essence, le fond. Celui-ci, c'est dans le *Discours sur Tite-Live* qu'il faut aller le chercher. *Le Prince* s'éclaire lumineusement de ce *Discours*. Le prince n'est pas un espoir mais une résignation momentanée, un moyen de sortir d'une situation anarchique. Comme César, Machiavel à vu où l'émiettement oppressif de l'Italie conduisait celle-ci. Il appelle donc un prince qui chassera d'abord l'étranger et qui ensuite réduira les seigneurs. N'apostrophe-t-il pas les Medici : « Il est temps que l'Italie brise ses chaînes.... » ? Mais une fois les chaînes brisées, une fois l'ordre assuré par une main ferme, c'est la république fédérative qu'il faudra rétablir, à l'exemple des villes libres d'Allemagne pour lesquelles Machiavel professe une si tendre admiration. En faisant l'unité, César rendait aux villes leur indépendance municipale et Machiavel va vers lui comme Pétrarque allait vers Rienzi. Et Machiavel ne tarit pas. C'est, dit-il, un général, un administrateur. A peine une ville est-elle prise, qu'il légifère, organise, répare les brèches, assure la défense et la conservation. Les monuments sortent de terre. La justice est rendue, témoin le supplice de Remiro da Lorca qui a spéculé sur les grains et affamé le peuple.

Pas plus que Machiavel, ce dernier ne s'y trompe. Il adore César, lui ouvre les portes et chasse les seigneurs dès qu'il se montre. Il sent que l'unité sera préférable à la tyrannie des seigneurs, comme le sentira Garibaldi en 1859. Il sait qu'il trouvera dans l'unité, cette liberté municipale que la tyrannie lui refuse. César est l'espoir des municipalités. Il faut la mort de Pie III et surtout l'avènement de Jules II pour redonner aux seigneurs, dont Jules va se faire l'instrument, force et vigueur. Si

César avait pu achever son œuvre, il aurait, selon le mot de Machiavel, « réussi à pacifier et unir ce pays, avec plus de sécurité qu'il ne l'avait été jusque-là. » Sa rigueur est implacable aux grands. Son indulgence, inépuisable envers les petits. Il est sévère avec ses soldats, qui doivent protéger les villes et non les dépouiller. Son pouvoir royal, élevé sur les ruines des seigneurs, s'appuiera sur les villes. Il sera la justice, l'équité, l'ordre. Il sera la liberté municipale, dans l'unité. Et long-temps après sa mort, les Romagnols l'attendaient encore, comme, en France, on attendit pendant cinquante ans Napoléon.

Un point reste obscur : que voulait-il au juste faire de la Toscane ? L'absorber, évidemment. Il semble, d'après sa conduite avec ses condottieri ré-voltés, qu'il ait projeté d'employer ceux-ci, comme il fit des Français dans le Milanais et le Napoli-tain, à cette conquête. Il leur eût partagé la Tos-cane qu'ils auraient conquise, en attendant qu'il la leur reprît morceau par morceau, un à un. Et ainsi, la vie de César, cette vie de sept années à peine, apparaît d'une persévérance, d'une concep-tion immuable magnifique. Cet homme secret a laissé la postérité indécise parce qu'il n'a jamais révélé, même à son père, son plan. Pour qui groupe les faits et leur cherche une signification instructive, générale, ce plan est au contraire très simple. César incarnait la conscience de l'Italie. Il était la person-nification du sentiment italien qui réprouvait les seigneurs, comme il réprouvait tous les tyrans qui avaient précédé ceux-ci. César parut au dernier moment de l'Italie. Il en fut l'âme, l'esprit et le bras. S'il avait été un seigneur, désireux d'instaurer son pouvoir, comme font les autres, est-ce que l'Italie, qui se voit succomber sous ces autres, ne s'apercevrait pas de cet égoïsme pareil? Si elle se jette à son cou, c'est qu'elle sait que cet embrassement lui insufflera une vie nouvelle au lieu de l'étouffer. Au moment de mourir, l'Italie pousse sa plus belle fleur d'indépendance et de liberté. César, c'était l'unité, qui mènera à la fédération, qui la sera en fait, à cette époque où les distances longues, les mœurs si différentes, ne permettront pas un régime central. Vu sous cet angle, César Borgia est l'un des plus grands politiques de tous les temps, le plus grand, avec Garibaldi, de l'Italie dont ils furent tous deux l'incarnation.

Et je comprends maintenant l'acharnement des Rovere à détruire dans la Villa Imperiale toute trace du passage de César. L'ombre de César errante sous ces murs, dans ces jardins, c'est l'Erynnie farouche poursuivant le seigneur tyrannique, c'est l'œil de la conscience italienne qui, du fond de la tombe, regarde Caïn.

X

A LA CONFUSION DE M. TAINE

Urbin.

La route qui conduit de Pesaro à Urbin est longue, trente-cinq kilomètres à travers la montagne. Grâce au plus varié des paysages, on franchit allègrement cette distance, aussi joyeusement que les bons petits chevaux de la diligence, ces infatigables cavalli dont on souhaite l'impatience et la hâte à leurs maîtres flâneurs. La Foglia trace notre chemin capricieux entre mille cailloux, qu'elle caresse fraternellement sans jamais les submerger. Elle tourne, mince filet, entre chaque pierre et nous suivons docilement tous ses jeux, nous obéissons à toutes ses fantaisies. Déjà loin de nous le mont Accio et la Villa Imperiale, loin la noble allée, de cyprès et de statues alternés, de la villa caprile. A flanc de montagne, la route domine le lit verdoyant où s'amuse la Foglia. Des sommets que le roc couronne, les pentes gazonnées descendent baigner leurs pieds dans la fraîcheur de l'eau rapide et vivifiante. Les oliviers, les pêchers, les amandiers, les pommiers secouent sur le tapis de jeune froment où ils sont posés, leurs fleurs roses et blanches. La tendresse de ces

champs resserrés entre les rochers et que la neige,
là haut, regarde avec bienveillance, est inexpri-
mable. La haute muraille des Apennins arrête les
vents funestes. Seule l'Adriatique, par l'embou-
chure que Pesaro commande, vient souffler ses
brises tièdes, embaumées des cythises de la Grèce.
De toutes autres parts, le plus attentionné des cir-
ques protège la terre féconde. Et, une fois encore,
je m'étonne des oliviers tordus, trapus à la base et
légers, d'une menuaille paradoxale, au sommet.
Les troncs semblent faits pour résister à mille
tempêtes, dont ils triomphent. Les branches,
au contraire, proclament la sérénité d'un ciel
toujours clément. On dirait Falsacapa ou Don
Quichotte partant à la recherche de brigands à
pourfendre et ne rencontrant que des enfants à
embrasser.

Peu à peu, trop lentement au gré des cavalli
ardents, de ces cavalli dont la robe lustrée atteste
un soin que les paysans d'Italie réservent exclusivement à leurs bêtes, peu à peu la vallée se ré-
trécit et la route commence à franchir des torrents
à sec, à se créer un passage aux dépens des rochers. Les montagnes se rapprochent les unes des
autres, mêlent leurs pentes et confondent leurs
prairies. Un village surgit au loin, Montecchio,
haut perché. Rien n'est plus surprenant, d'apparence, que ces villages, et rien n'est au fond plus
logique. Ils sont là, à point nommé, pour le décor
et pour le souvenir. A peine les a-t-on aperçus
qu'il est impossible de concevoir le paysage sans
leur silhouette, le paysage historique et pittoresque. Ils signalent la fissure qui, sans eux, choque-

rait l'œil et accuserait une impardonnable imprévoyance.

Montecchio s'efface au point exact où la montagne se suffit à elle-même et suffit à protéger le labeur des hommes. Le soleil commence à réveiller les voyageurs qui se désencapuchonnent ; les langues se délient ; j'enseigne quelques mots de français à un marmot ; des bambini s'accrochent aux marchepieds en nous offrant des violettes, et la voiturée sourit au « galante francese » qui la fleurit toute. Mes compagnons, je les en félicite intérieurement, n'ont pas deviné le sentiment de solitude que j'éprouve au milieu de ces êtres inconnus et qui me pousse à rechercher des amitiés. Mes violettes prétendent à m'assurer quelque fraternité, au milieu de ces ravins mystérieux, si propices aux coups de main : en pays étranger, pour peu qu'il soit bouleversé et sévère, nous retrouvons nos âmes d'enfants élevés avec Walter Scott et Fenimore Cooper, bercés de récits à la Scudéry et à la Paul-Louis Courier.

« Urbin, dit Montaigne, est une ville de peu d'excellence, sur le haut d'une montagne d'une moyenne hauteur, mais se couchant de toutes parts sur les pentes du lieu, de façon qu'elle n'a rien d'égal et partout il y a à monter et descendre. » De cet étrange voyage, où Montaigne n'a noté avec quelque détail que ses « bénéfices de ventre », voici pourtant ce crayon précis qui me revient à la mémoire au moment où, les chevaux prenant le pas pour la dernière montée, je saute à bas de la voiture. Non, non, Urbin n'est pas une ville de peu d'excellence ! Telle qu'elle se présente sur son pic, de hauteur, peut-être moyenne, mais respectable, elle a grand air et je sens que si Montaigne la goûta médiocrement, c'est sans doute qu'elle se refusait à toute familiarité. En mettant pied à terre, j'ai cru que j'allais bientôt l'aborder. Pendant une heure encore, je devrai tourner à ses pieds avant d'être admis à la complimenter. Urbin, sur son trône de pierre noire, est une grande dame, très bien élevée, de très bonnes façons, qui veut dire, à ses visiteurs, en toute connaissance : entrez et prenez la peine de vous asseoir à mon côté. Elle entend étudier à loisir avant d'accueillir. Tandis que je me présente, tour à tour, de droite, de gauche, de face, tandis que je tourne le dos, puis vire brusquement en vue d'un indiscret kodak, elle ne cesse de me regarder fixement avec ses yeux graves et sa main reste obstinément cachée sous son vert manteau de frondaisons. Fille d'une race dont les Montefeltre sont la fleur suprême, Urbin sait qu'elle date, d'un temps où Guido vint de Carpagna, située, dit Dante, « dans les montagnes placées entre elle et celles où jaillit le Tibre » ; elle est réservée et un peu méfiante ; elle regorge de dignité et de quant à soi.

La ceinture de murailles dont ses reins sont bouclés s'abaisse cependant. Je vois les maisons brunes s'ouvrir au printemps parmi lequel je circule. Serrées, enchevêtrées comme les montagnes qu'elles contemplent, elles mêlent leurs toits de vieille tuile recuite par cinq cents ans de soleil. Des clochers fusent, un dôme s'arrondit et, dans les murs, des portes s'ouvrent. Les chevaux de la diligence redressent la tête, leur pas se fait plus sonore et voici que mes compagnes arrangent leurs atours. Longtemps, nous longeons les remparts, comme si le conducteur cherchait le joint par où il entrera. Il le trouve enfin.

Lorsque les condottieri de César Borgia arrivèrent à Sinigallia, ils étaient pleins de confiance et de joie. Tout leur souriait, les fenêtres illuminées du palais qu'allait souiller leur égorgement et la bonne grâce de leur maître. Au bruit de la porte qui se refermait sur eux, ils pâlirent pourtant, ayant senti passer le vent de la mort. La porte d'Urbin franchie, je regarde mes compagnons et il me faut reconnaître leur placidité pour me rassurer. Ce n'est pas une rue où les cavalli nous entraînent. C'est un couloir de prison. Deux hautes murailles surplombent, une véritable veine minière. J'ai beau me pencher par la portière, je n'arrive pas à voir l'azur du ciel. Tout à l'heure les roues, de chaque côté, vont toucher et la voiture nous aplatira avec elle. Sur les dalles, le trot des chevaux et la ferraille des ressorts font un bruit épouvantable, mille fois répercuté. Des geôliers sont là, à n'en pas douter et les amis que j'ai fleuris sont de braves prisonniers bien dociles, résignés comme ils sont tous en ce pays où, l'autre jour, sur un mouvement d'impatience qui m'échappa, quelqu'un me dit en souriant : « Vous êtes français... »

Quelques minutes après, on m'invitait à descendre et la place d'Urbin, grande comme la main, m'offrait pour tout horizon cinq échelles à gravir ou à descendre. Ce ne sont pas des rues,

mais des lits de torrents. Montaigne a raison, cette
fois; je n'ai à choisir qu'entre l'ascension ou la
dégringolade. Les maisons grimpent en enfilade,
vertigineuses à suivre leur pente. D'une tension
exaspérée, elles s'accrochent au rocher et le peloton de bersaglieri qui débouche tout à coup et se
lance à l'assaut, tout en soufflant dans des trom-
pettes pointues, a été bien certainement commandé
pour ranimer leur courage. Un bicycliste pourtant ! intrépide et calamiteux. Serait-ce le portier
de mon hôtel, à Pesaro, l'homme galonné que j'ai
surpris hier en train d'établir un record autour
du salon, et qui vient ici établir le record de la
culbute? Montrons que le francese, s'il est pétu-
lant, est vigoureux aussi. Derrière les rapides soldats, je m'élance vers la contrada Raffaelo Sanzio. Dans ce ravin, naquit Raphaël. Et voici sa
maison haute, grave, aux murs sans crépi ; une
plaque de marbre signale l'honneur qui lui fut
fait.

Vanité des systèmes ! — Je voudrais réunir aujourd'hui autour de moi la petite cohorte de ceux
qui imposent à tout être humain, dans son éclosion supérieure, la marque du milieu où il naquit.
Que, derrière des murs aussi revêches, le plus
charmeur des peintres ait ouvert les yeux à la lumière dont il enivrera les générations ; que, dans
cette rue malveillante, cet homme heureux ait fait
ses premiers pas ; que, le long de cette cascade cabossée, cet artiste régulier ait pris contact avec la
vie ; que cette sèche cité si distante d'abord et
dont les habitants sont soumis aux plus pénibles
contraintes, ait donné naissance à l'accueillant,

apaisé et serein génie de Raphaël — il y a là de quoi ébranler les plus fortes convictions ; il y a là de quoi confondre M. Taine lui-même ! A Urbin, la théorie du racinement subit la plus fatale épreuve. Elle s'y émiette. Que Raphaël se soit, comme je m'y efforce, essouflé à grimper jusqu'en haut de sa contrada, sans garder au cœur une amertume indélébile, une rancune tenace contre la nature qui fit les montagnes et les hommes qui ont eu la fantaisie de peupler celles-ci, qui l'expliquera, qui le justifiera ? Lorsque j'arrive au sommet, je maudis presque Raphaël et je me sens enclin à ne plus lui accorder qu'un peu de talent.

Le petit Sanzio atteignit du moins, comme je viens de le faire, les remparts qui ferment sa contrada. Il contourna ces murs brunis et contempla la majesté des vallons que les Apennins laissent choir de leurs flancs. Au loin, les neiges brillent sous un soleil de gloire. La libre San Marino se dresse, plus haute encore et défie toute approche. Le moutonnement de la terre convulsée répand à l'infini la générosité puissante de ses fruits. La mâle beauté ! Quelle hardie majesté ! Que vit donc Raphaël de tout ceci ? Et voici que se lève une brume légère, un mauve chatoiement dont la douceur enveloppe, noie les lignes, nettement découpées derrière le frémissant rideau, tandis que les blancs sommets prennent des reflets fleur de pêcher. Le vêtement si tendre d'une nature altière, l'œil de Raphaël en resta ébloui sans jamais le soulever. Il demeura indifférent au tragique de ce dessin pour n'en voir que l'enveloppe de charme et de langueur toute ombrienne : les leçons de Pérugin

lui rappelleront uniquement celle-ci. Ce paysage
dominateur et impérieux, il ne le devina pas sous
l'apparence heureuse qu'il lui plaît de se donner.
Son œil pur et sûr de soi, il le laissa errer à fleur de
collines, de ces collines qui se couvrent d'une gaze
impalpable, pour lui impénétrable. Celui qui fut
appelé le grand ordonnateur, ne doit rien à ces
montagnes vigoureuses et heurtées, à sa patrie.
C'est en contemplant les grâces tranquilles du
Morello et de Fiesole, c'est parmi les lilas de San
Miniato que l'inquiet Michel-Ange bouillonna. Et
c'est devant les neiges imposantes et les chutes
vertigineuses des rochers d'Urbin que le calme
Raphaël s'éveilla. — Vanité des systèmes !

Le sentier, cependant, a contourné la vieille
rocca et m'a conduit au bord du ravin de l'autre
côté duquel, face au mont Nerone, la solennelle
demeure des Montefeltre, vraie forteresse de
granit, étend à l'infini ses deux ailes pour en
couvrir la ville et la campagne. Seuls, trois étages
de loggias, au centre, entre deux minuscules tourelles, animent et réjouissent cet aspect. Elles en
sont la coquetterie ; elles rassurent sur tout l'appareil. Les ducs d'Urbin étaient redoutables ; ils
savaient se montrer affables à qui les respec-
tait. Ils occupaient leurs loisirs de condottieri à
feuilleter de précieux manuscrits, et, lorsqu'ils
avaient fructueusement pillé le voisin, ils ne se
refusaient pas à prier les citoyens de regarder avec
eux, du haut des loggias, les montagnes mauves ;
ils se reposaient par de gracieux et paternels accueils.

J'ai franchi le ravin. Infatigable, j'ai grimpé,

encore une fois, à l'échelle et, après une visite, dans le dôme, au Piero della Francesca, trop fin pour ce rude talent, à la Pieta réaliste de Jean de Bologne, je suis allé saluer, dans son palais, le courtois Federigo. Les temps ont marché depuis Guido, le dogue altéré de sang, celui que Dante vit dans « la fosse où gémissent ceux qui ont excité la discorde ». Un siècle a passé et personne, dans le palais d'Urbin, ne se souvient de l'Ancêtre qui « connut toutes les ruses, toutes les voies couvertes et pratiqua si bien l'art de la fraude que jusqu'aux limites de la terre son nom résonna ». Federigo ne demande qu'à jouir en paix d'un domaine que cet ancêtre a conquis. Sans doute, il part en guerre. Florence l'emploie et il a la gloire de vaincre Sigismondo Malatesta. Mais son cœur est à Urbin, dans son beau palais. C'est à celui-ci qu'il pense lorsque, du sac de Volterra, tout ce qu'il veut, c'est une bible hébraïque, pour sa part de butin. Dès qu'il peut, sans forfaire, quitter le service, il accourt à Urbin et dispense à ses sujets le profit de ses campagnes. Sans escorte et sans armes, il parcourt la ville et ses entours. Ses jardins sont ouverts à tout promeneur. Il préside aux jeux athlétiques, qu'il institue en vue de développer la vigueur et l'agilité des jeunes hommes. Il visite les artisans et fait droit dans les douze heures aux requêtes qu'on lui adresse. Lorsqu'il passe dans les rues, le peuple se jette à genoux en criant : Dio ti mantegna, signore! Castiglione l'appelle la lumière de l'Italie. Piero nous a légué son portrait si fin et celui de sa femme au nez cassé, Battista, l'une des gloires des Offices.

Nul n'est plus cultivé que Federigo. Avec tous les jeunes princes de son temps, il a été élevé dans la « maison joyeuse » de Victorin de Feltre, auprès du seigneur de Mantoue. Il a du savoir, de l'éloquence, de l'esprit, de la franchise et de la loyauté. Il sait le prix des belles choses et il s'en entoure. Sur son ordre, les couvents copient nuit et jour les plus rares manuscrits. Et, à la mort de son père, c'est un élève de Bramante qu'il charge de construire une demeure où se verront sans doute la majesté guerrière de sa race et sa propre valeur, mais aussi ses préférences pacifiques et les grâces dont il se pare.

Ce que voulaient être la Pilotta de Parme, les châteaux de Plaisance, de Modène, de Pavie, ce que n'est plus le corte reale de Mantoue, le palais d'Urbin le fut et l'est resté. Au dehors, sur toutes ses faces, un grand mur sec, rébarbatif et imposant, percé de fenêtres rares. Au dedans l'élégance et le faste des colonnades et des galeries, des escaliers majestueux et des salles immenses, faites pour les cortèges et les jeux aimables. Il n'est pas seulement l'unique exemplaire, subsistant dans son intégrité, d'une époque brillante et cultivée que Laurana a construit ; il est aussi un modèle.

Le cortile est clair, d'une ordonnance classique par ses gracieux portiques qui supportent un étage de fenêtres rectangulaires, flanquées de colonnes engagées, du même style que celles du pourtour inférieur. Ces fenêtes éclairent une galerie dressée au-dessus des voûtes et qui commande à toutes les salles.

Quelques tableaux, assemblés avec la prétention

de constituer un musée, occupent aujourd'hui les
appartements où Federigo, Elisabetta et Leonora da
Gonzaga, puis Lucrezia d'Este, tinrent leur cour
cultivée et affinée ; deux Titien, un Piero, un Ba-
roche, quelques Vite, l'élève de Francia, le premier
maître de Raphaël, quelques œuvres du vieux
Giovanni Santi où se voit la franchise que le fils
transfigurera, et surtout le Justus van Gent, tableau fameux dans tout l'univers et dont je garde
pieusement l'impression révolutionnaire pour un
usage moins malencontreux qu'en cette Urbin.
Sauf de ces toiles, les salles sont veuves. Elles ne
possèdent plus rien des riches bibelots qui les or-
naient. Jamais, pourtant, la nudité des murs
dépouillés n'a excité moins de regrets. Plus rien
que de rares toiles égarées dans ces immensités,
mais partout un décor si merveilleux, une ornementation si brillante que l'œil, par leur aide,
anime tous les êtres. Comment, à voir ces portes,
les plus purs chefs-d'œuvre de la marquetterie,
aussi variées que les plus brillantes stalles de la
Vénétie et du Milanais, comment ne pas, tout de
suite, peupler l'espace qu'elles délimitent, de tous
les velours, de toutes les chevelures que le bé-
guin retient, de tous les sourires et de toutes les
œillades ? Elisabetta da Gonzaga, que Federigo
donna pour épouse à son fils Guidobaldo, apporta
ici les mœurs d'une ville où Isabella régnait par le
goût et l'esprit. Isabella était fille d'Este et voilà
réunis entre ces murs les trois centres polis et élégants de la Renaissance, Este, Gonzaga, Montefeltro. Ce sont d'eux que s'inspira Castiglione
pour son courtisan, et c'est Mantoue et Ferrare

aussi bien qu'Urbin, qui survivent pour notre enseignement.

Devant cette cheminée au bandeau d'enfants qui dansent et trompettent, et que surmonte son aigle, Federigo se rappelait avec émotion les tribunes de Robbia et de Donatello, dont l'influence est ici manifeste. Mais leur sculpteur, Ambrogio da Milano, connaissait aussi les plus pures productions de l'art vénitien et de l'art romain et, ainsi que Raphaël, il ordonna tout ce que ses prédécesseurs avaient inventé. La perfection de l'effet et la minutie de l'exécution s'ajoutent ici à la liberté et à l'audace florentines. Mais quels mots seraient d'une coloration assez fine et douce pour dire la discrète richesse de ces portes, de ces chambranles de marbre, de ces marquetteries, et pour les décrire ? Il est possible encore de dégager le caractère général d'un monument. On peut s'arrêter sur une œuvre plastique. Ces détails menus, dont toute la valeur se mesure à d'autres détails avec lesquels ils s'harmonisent et qui n'ont de prix que grâce à un ensemble formé de la grâce impondérable de chacun, ne peuvent rencontrer le mot unique qui dégage l'individualité tout en conservant l'unité. L'art décoratif est un art modeste, fait de discrétion, d'effacement personnel, pour concourir, avec la plus merveilleuse abnégation, à un éclat général que toute particularité détruit. Lorsqu'on a la fortune d'en rencontrer un si rare spécimen, le mieux est de se laisser pénétrer par le charme de ces petites choses jolies, élégantes et de baigner avec elles dans l'atmosphère délicate qu'elles ont créée et qu'elles ressuscitent, sans se lasser jamais.

Comment, en effet, n'être pas gagné par le discret asile qu'est la bibliothèque de Federigo ? Et comment, d'autre part, y toucher assez légèrement pour ne pas le froisser ? Du haut en bas d'une petite pièce, grande comme un cabinet à Versailles, les plus fins panneaux, aux attributs pastoraux, ferment les rayons où Federigo alignait passionnément ses manuscrits. Il en possédait huit cents. Si l'on songe que Nicolas V, le grand pape de l'humanisme, l'instigateur de la Renaissance, le grand ouvrier de la culture italienne et, par l'Italie, du monde, n'en avait guère plus d'un millier, que les Médici, à ce moment-là, n'en possédaient que cent cinquante-huit, Visconti deux cent quatre-vingt-huit, on mesure aussitôt l'admirable effort de Federigo et cette petite chambre, en dehors de sa grâce intrinsèque, s'illumine de science et de poésie. Florus, Tite-Live, Cicéron, Juvénal, Quintilien, Virgile, Claudien, Stace, Térence, Sénèque, Salluste, Pline, Horace, Ovide rassemblèrent ici leur troupe diverse et magnifique. Les doigts les plus agiles et les plus tremblants de piété feuilletèrent ces pages tirées du tombeau barbare. Le soir, lanterne à la main, Federigo, Guidobaldo, Élisabetta venaient ici, ouvraient les petites portes où la flûte de Pan se couronne d'un laurier. La main rude ou fine, mais toujours émue, atteignait Virgile et bientôt sous le bandeau d'enfants que l'aigle surmonte, les Géorgiques berçaient de leur rusticité ces cœurs repus de batailles. Puis, dans la petite chapelle contiguë à la bibliothèque, grande comme la main elle aussi, toute fouillée de stucs ondulants, où un moulage de crâne de Ra-

phaël a remplacé l'image divine, on venait prier
Dieu de pardonner les pillages, en faveur du poète
auquel on consacrait leur profit. Et Dieu était indulgent, comme nous le sommes aujourd'hui, à ces
seigneurs, si insensés d'autre part, que leur bonne
volonté rapprochait de lui, comme elle leur mérite nos indulgences et notre faiblesse attendrie.

*
* *

Lorsque Paul II voulut faire rendre gorge à Roberto Malatesta qui entendait profiter, en gardant
Rimini pour lui seul, du meurtre d'Isotta et de
Salluste, Federigo de Montefeltro accourut au secours de son compère en tyrannie et le sauva. Federigo se trouvait, ce jour-là, obéir non seulement à
la tradition gibeline de sa famille, mais encore à
son intérêt le mieux entendu qui était d'empêcher
le Saint-Siège d'absorber ainsi, peu à peu, les villes
et les territoires. Et pourtant Federigo ne résiste pas
à l'orgueil de marier sa fille Giovanna à Giovanni
della Rovere, le neveu de Sixte IV et dont il avait été
l'éducateur. Son fils Guidobaldo sautera définitivement le pas. On le verra partir derrière César
Borgia, à la conquête des Romagnes. Le leçon ne
tarde pas, d'ailleurs. Guidobaldo est bientôt obligé
de s'enfuir à Mantoue, auprès de son beau-frère
Federigo II. Laissons passer la tempête, dut-il se
dire et, lorsqu'il mourut, cinq ans après l'avènement de Jules II, laissant son duché au fils de
Giovanna et de Giovanni, son neveu et celui du
pape, il crut sans doute n'avoir qu'à se louer de sa
circonspection et de son jugement. Peu à peu ce-

pendant, sous les Rovere, le duché d'Urbin va décliner. François-Marie sera l'épée aveugle de son oncle Jules et il poussera le désintéressement jusqu'à entrer en lutte avec Este. Lui aussi, comme Guidobaldo, reçut sa leçon. Pierre-Louis, le fils de Paul III, l'empoisonna. Son petit-fils vendit enfin Urbin à Urbain VIII et se retira à Castel-Durante où il mourut, désespéré de ce qu'il avait fait.

Sa duché, pourtant, n'avait rien qui la distingnât beaucoup de ses sœurs. Depuis le jour où le pape et l'Empereur se les étaient partagés, on ne comptait pas beaucoup de principautés qui restassent maîtresses de leurs destinées autrement que par fiction nominale. Seul, César Borgia avait compris comment on sauverait l'Italie du démembrement. Les successeurs d'Alexandre VI, papes et seigneurs — Rovere et Médici — à là fois, vont s'efforcer de rétablir les petites tyrannies et de maintenir la suprématie générale de l'Église romaine. César tendait à supprimer les seigneurs et à anéantir la puissance temporelle. Sous couleur de galvaniser celle-ci, Jules II et Léon X vont travailler au bénéfice de ceux-là et, dans la ruine commune, entraîneront l'Italie.

César, à la mort de Pie III, qui fut pape pendant vingt-sept jours, perd un moment de cette profonde clairvoyance que l'on a appelée son étoile. Il est troublé, on le sent, et il commet la faute irréparable. Grâce à son appui, le cardinal della Rovere est élu pape. Tout de suite le problème se pose. César reçoit du pape la permission de reprendre les villes où les seigneurs sont rentrés. L'idée de Jules est de remettre la Romagne entre les mains de l'Église par les mains de César. Mais les deux hommes ne pouvaient s'entendre. A peine César est-il parti que Jules dit à Machiavel : « César n'aura pas un créneau de mes forteresses ». Et il envoie aux villes l'ordre de se déclarer sujettes du pape et non de César ; il leur enjoint de ne pas reconnaître César comme son représentant.

« Peu à peu César s'achemine au tombeau », dit Machiavel. Sans une victoire espagnole sur le Garigliano, César eût trouvé ce tombeau dans les cachots du château Saint-Ange. Il profita de ce succès pour obtenir la promesse de quelques concessions et, se gardant d'en réclamer l'abandon, il s'embarqua pour l'Espagne.

Jules II, libre de poursuivre sa politique de réaction seigneuriale, va s'y jeter avec une frénésie telle qu'elle paraîtra enfantée par un véritable délire, caractérisé par Louis XII et Maximilien lorsqu'ils nommeront, pour une fois d'accord, Jules II : « l'ivrogne ». On a voulu voir dans Jules II le grand restaurateur de la puissance pontificale, l'infatigable adversaire qui formera la ligue de Cambrai. Comme Borgia, assurément, Jules pensera à son trône. Ainsi que Borgia qui entraînait Guidobaldo à la conquête des Romagnes, il enverra à l'assaut de Bologne son neveu d'Urbin, Baglione, Gonzaga et Este. Mais, sous ces apparences aussi, il faut chercher les intérêts qui s'agitent et « les destinées qui se préparent ». Et comme M. Guglielmo Ferrero vit dans César le destructeur de Rome, je verrais dans Jules II le destructeur de la Papauté, celui dont les gestes appelèrent Charles-Quint, comme les gestes de César appelèrent Constantin.

Les mobiles et les actes peuvent être catholiques, l'instinct et les effets restent fatalement seigneuriaux. Jules verra tous ses efforts romains aboutir au maintien des seigneurs, dont la plupart lui sont attachés par les liens du sang. Ce n'est pas impunément qu'il fut élevé à la cour de Sixte IV, auprès de son cousin le cardinal Pietro Riario, de faste et de débauche scandaleux. Ce n'est pas en vain qu'il a vu son autre cousin Girolamo Riario, épouser Catarina Sforza et devenir seigneur d'Imola et de Forli. Quels furent donc ses titres au cardinalat? Et, quelle que soit sa passion pontificale pour la grandeur et la suprématie de l'Église, il sera condamné à n'accomplir celle-ci que par le moyen de son émiettement. Il pourra le secouer et, parfois, le rejeter, toujours il reviendra se remettre sous le joug fatal. Pour résister aux Français et aux Allemands, le seul moyen qu'il trouve c'est d'employer les seigneurs, par conséquent de rendre à ceux-ci pouvoir et honneurs. Il les abaissera, après? Rien ne permet de croire que les seigneurs se laisseront faire. Tant de naïveté, en Jules II, est-elle vraisemblable? Pour résister à l'invasion étrangère, une ville, État considérable, reste debout, Florence. La vieille cité guelfe est alliée à Louis XII; mais Jules doit savoir que Florence ne s'appuie sur l'un que pour mieux résister à l'autre. Les alliances de Florence ne durent que le temps, et encore! nécessaire. L'âme seigneuriale de Jules est si impérieuse qu'il n'a de cesse que les Médici soient rappelés. Ce n'est qu'après le retour de

Florence au conseil seigneurial qu'il se rassurera.
La démocratie guelfe de Florence, le pape la réduit à une harmonique tyrannie. Les apologistes
contemporains de Jules pourront le considérer
comme le sauveur de la papauté, il restera, aux
yeux de ceux qui regardent de près, comme le
plus frénétique des podestats et des condottieri
qui ont réussi. La loi du développement moral
l'oblige à agir en faveur de ceux qu'il prétend
réduire. A sa mort, Léon X trouvera le morcelle-
ment auquel César Borgia aura voulu remédier,
rétabli. Les seigneurs sont plus puissants que
jamais — ils comptent même une unité de plus,
les Médici. Jules II ne sera qu'en apparence le
restaurateur de la Papauté; il est en réalité le plus
sûr agent de l'Empereur, ce seigneur des seigneurs, il est le second destructeur de l'Italie.

Le poison des Borgia, il faut en décharger la
mémoire de César : Alexandre VI l'hérita de
Sixte IV et il s'appelle népotisme. Jules II et
Léon X le burent avidement et le gardèrent
dans leurs veines jusqu'au dernier jour. Chez
Léon X, il produira cependant un effet plus violent, et surtout plus franc. Toute la politique de
Léon X tendra à gaver la famille. Il veut tout
pour eux, Sienne, Ferrare, Urbin, ne reculant
devant aucun crime pour s'en emparer. Il pend
à Rome les seigneurs de Romagne venus afin
d'implorer sa justice. Léon X n'a même pas la
précaution, qu'avait Jules II, de se cacher à soi-
même ses desseins. Et c'est très sérieusement qu'il
songe à donner à son frère Julien le royaume
de Naples, et à former pour son neveu Laurent un

royaume de Haute-Italie. Le prestige d'un siècle éblouissant par les arts et auquel fut donné le nom de Léon X, laisse trop dans l'ombre la véritable figure de ce pontife qui n'est, strictement, que la répétition d'Alexandre VI. Mêmes meurs privées, avec plus de culture humaniste, ce qui le rend moins excusable encore, surtout même vertige familial et personnel. Sans dignité, il sortait de Rome, les bottes aux jambes, pour courre le cerf ou le lièvre, il s'entourait de bouffons et de pages suspects. Il vendait tout. Sans conscience, il multipliait les crimes politiques. Il assista aux débuts de la dernière lutte où l'Italie, écrasée, succombera. Lorsqu'il meurt, en 1521, il peut se dire qu'il a précipité un événement que seul César Borgia eût empêché, par sa constitution projetée d'un grand État, puissant et vaste, fondé sur la démocratie italienne, sur les libertés municipales et non pas sur les tyrannies familiales. C'est Clément VII, un Médici, juste châtiment, qui verra, en 1527, le sac de Rome et, en 1530, la prise de Florence.

On pourra épiloguer sur certaines intentions. Certains actes, comme les prises de Pérouse et de Bologne, contredisent, en effet, à cette philosophie. Prenons garde seulement que la tortue, parfois, se trouve obligée de dévier de sa route, lorsqu'elle rencontre des obstacles. Ses pas paraissent alors désordonnés; mais dès qu'elle est libre de ses mouvements, elle reprend toujours le chemin de la mer. Ainsi font Jules II et Léon X. Ils ont pu accomplir certains gestes que l'on opposera à cet idéal personnel et familial. Mais c'est toujours vers celui-ci qu'ils reviendront, parce que leur génie le veut, même et surtout lorsqu'ils croiront agir pour le seul bien de l'Église. La Papauté tombée aux mains des grandes familles ne peut pas agir autrement que celles-ci. Elle est prise dans l'étau, la chair crie... Clément VII et Paul III ne sont pas si loin que l'on ne puisse solidement enchaîner. Il faudra le tonnerre que brandissent les fils de Luther pour arracher le Saint-Siège à son sommeil népotique et susciter Sixte Quint.

XII

SOUS LES BRISES DE PHÉACIE

Ancône.

Avant d'entrer dans la verte Ombrie, Ancône est une halte salutaire. Voilà bien des jours déjà que je cours de ville en ville à la poursuite des chefs-d'œuvre ou des émotions passagères. Ma chasse a été fructueuse. Mon carnier est plein de tous les gibiers. J'ai besoin d'en décharger un instant mon épaule. Une journée dans le vent marin, à la pointe du coude qui donna son nom à Ancône, rendra à mes muscles leur souplesse. Je regarderai entrer et sortir les vaisseaux de Grèce et de Dalmatie et mes yeux fatigués se reposeront sur les voiles pourpre et safran des barques latines. Étendu sur les pentes du mont Guasco, je baignerai dans la lumière orientale, je respirerai les parfums phéaciens, je me préparerai une âme nouvelle et retrempée aux souffles de la nature, afin de mieux goûter la généreuse plaine que traverse le Tibre dédaigneux, où paresse le Clitumne de Pline et de Carducci et qu'arrose sans en tirer vanité le bienfaisant Topino.

Ancône repose à l'abri des vents, entre deux hauts rochers, dont l'un pique droit dans la mer comme s'il voulait, ainsi que les vaisseaux dont il est l'abri, cingler vers le large. Dans la dépression qui sépare ces deux montagnes, le Guasco et l'Astagno, Ancône se ramasse en quelques rues modernisées et a tôt fait de grimper, selon la coutume nationale. Un peuple bruyant et pressé anime la ville basse. Ce n'est pas la cohue génoise ni sa rumeur étourdissante. Mais c'en est l'image réduite et fidèle. Un quartier neuf, vers l'Ouest, aux rues larges, tout en jardins, est le signe d'une prospérité réelle et la preuve que l'agitation des habitants d'Ancône n'est pas vaine. A droite et à gauche, les rues montent à l'assaut, et, en cette assiette contrastée, Ancône semble une ville qui, fondée au-dessus d'un estuaire pour le commander, a fini, lasse de ne pas voir venir le fleuve, par descendre dans le lit.

La vieille ville est biscornue, étroite, échelliforme et noire. Les places elles-mêmes, comme celle du palais communal et du plébiscite, dégringolent. Sur cette dernière, un Clément XII semble, vu du fond, porter San Domenico sur ses épaules, tandis que les arcades de la préfecture ouvrent sur une cascade tombant du ciel. Après une visite au Titien de San Domenico et surtout au Lotto du petit musée, éloquent rappel de ma journée bergamasque, lorsque, il y a deux ans, j'arrivais en Italie, j'ai escaladé le noir torrent, bordé de masures salies par les fumées de cent vapeurs ancrés dans le port et qui crachent impudemment leurs suies, torrent où se déversent des ruisseaux, ruelles inquiétantes, véritables coupegorges, torrent si raide qu'il a bien fallu disposer le

sol en escaliers et qui, tous les vingt mètres, passe
sous des voûtes dont les maisons laissent pendre quelques fleurs — ou, de préférence, quelques loques.
J'ai admiré le portail d'une somptuosité presque
fantastique de San Francesco et le palazzo dei
Mercanti, qui est, dit-on, l'une des œuvres les plus
expressives du gothique italien, avec ses trois porches très fleuris et surmontés d'une loggia Mais
Ancône est si parcimonieuse de son territoire qu'il
est impossible de regarder ce monument de face.
On ne le voit que de profil, ce qui est, pour un
décor, une condition fâcheuse. Montant toujours,
j'ai gagné la place du palais communal ouvert sur
la mer. Du haut de cette petite terrasse, Ancône
se tasse au fond de son trou, tandis que, en face, de
l'autre côté de la rade, la forteresse du mont Astagno envoie le salut de Sangallo, l'élève de Bramante.

Combien de temps ai-je monté encore ? Sur un
large terre-plein, tout gazonné, la cathédrale San
Ciriaco, forme un assez heureux mélange de roman
et de byzantin. Un porche aux lions emmanchés de
colonnes ouvre sur une croix grecque, à trois nefs,
dans tous les sens. Sous chaque transept, qu'elle
soulève, une crypte est creusée. La coupole est
placée à l'intersection des quatre bras de la croix.
Le monument est original, unique même je crois,
par sa forme régulière et la distribution égale de
tous ses membres. Ceux qui l'élevèrent à la place
d'un temple de Vénus, respectèrent ce qui subsistait de celui-ci, dix colonnes que Catulle chanta.
Le souvenir classique protégea la déesse maudite
des chrétiens et grâce à lui nous possédons une
église d'une forme imprévue.

Lorsque l'antiquité vint donner au monde une jeunesse nouvelle, lorsque les manuscrits précieux, à l'époque, et grâce à lui, du concile de Constance, quittèrent les couvents germaniques et francs où Poggio les récolta, l'Italie se grisa de paganisme et son langage, qu'elle retrouvait, se fleurit de tous les dieux. Elle gardait intacte sa foi chrétienne, mais elle l'enguirlandait d'Olympe. Sannazaro invoque les Muses après avoir convoqué les anges ; Dieu le père est le roi des dieux, Marie en est la reine. Chez Bembo, Jésus-Christ est le héros sublime, la Vierge une « nymphe rayonnante ». Cortesius appelle saint Augustin « le prophète pythique » et saint Thomas d'Aquin « l'Apollon de la chrétienté ». Les prédicateurs eux-mêmes ne se refusaient pas ces parallèles. Le dôme d'Ancône a devancé cette fusion. Deux siècles avant Marsile Ficin, il concilia dans la beauté toutes les piétés et Vénus offrit au Christ son temple écroulé, pour galvaniser l'idéal. Ainsi que les « renaissants » je mêle dans mon esprit, sans les confondre, les religions et les dieux. Mais la Vénus du Guasco, quelle est-elle ? Sur ce promontoire, c'est Thétis, c'est Anadyomène, ce n'est pas la déesse implacable qui déchire le sein auquel elle s'attache pour en faire sa proie.

A Thétis favorable je demande les caresses de ses brises, le réconfort de son souffle salé. Sous mes pieds, la mer bleu, la mer tranquille et sans rides, répand sa flaque infinie. Le ciel s'y contemple et leurs azurs ne font qu'un. La côte italienne fuit derrière moi, rose et blanche. L'orient miraculeux, au loin, s'indique par une ligne de brume transparente. Et lorsque le vent se lève, il me

semble que de subtils parfums de lauriers roses
viennent me chatouiller. Ici, là même où je suis,
le grand pape humaniste, nourri, mais non corrompu par lui, de paganisme, l'énergique Pie II regardait vers la haute mer et guêtait les galères qui
devaient l'emporter vers les rives où il espérait,
contre les Turcs, de victorieux combats. Dans ce
petit palais, si pauvre, qui borde à pic la terrasse
où je repose mon esprit et mes muscles fatigués,
il mourut de douleur. Comme Tristan à Karéol, il
n'entendait jamais que la triste chanson du pâtre
fidèle et découragé. Et lorsque les voiles blanches
apparurent enfin, le berger eut beau siffler ses
airs les plus pleins de délirante allégresse, le dernier pape héroïque n'eut que la force de chanter
son hymne suprême et d'exhaler son âme dans un
hosannah. Qu'elle est belle ainsi déserte et peuplée,
cette Adriatique printanière ! La mince silhouette
des barques, le yacht blanc qui scintille à l'horizon, le lourd charbonnier qui contourne l'arc de
Trajan dressé sur le môle, jusqu'aux traînées de
fumée que le vent de terre abat et disperse sur la
plaque d'argent des vagues endormies, il n'est
rien qui ne dise la suprême grandeur et ne m'emporte vers les rivages que, d'ici, tout être humain ne
peut qu'espérer. Cette Vénus, d'où venait-elle ?
Ces poètes, quelle route avaient-ils prise ? Ces
Turcs, où étaient-ils ? Ces bateaux où vont-ils ?
Cette beauté que je viens, tout le long de ma route,
de coudoyer et que je crois poursuivre encore,
d'où nous arrive-t-elle ? Et ce Dieu nouveau d'où
vient-il donc ? De la terre sacrée, de la terre pri-
vilégiée entre toutes. De cette Grèce où Vénus

régnait, où Jupiter prêtait à rire, où Périclès rayonnait. C'est elle que mes yeux cherchent, c'est elle que mon âme désire et que mon esprit appelle. Je suis ici au point de l'Italie où la beauté aborda et d'où les amants partirent afin d'en rapprocher leur impatience. Vénus était venue à eux ; ils la voulaient posséder dans son propre lit. Ah ! qui dira jamais ce qui s'agitait d'Aeneas Sylvius, dans la fougue de Pie II ! Celui-ci, de toute son âme chrétienne, aspirait à purger l'Europe des impies malfaisants — et ce que nous voyons aujourd'hui de l'empire mahométan n'est pas pour nous faire sourire de sa terreur. Mais dans ce désir impérieux qui traîna jusqu'ici ce pape valétudinaire, et qui voyait ouverte devant lui la porte du tombeau, dans cette volonté exaspérée de monter le premier, comme fit le vieux doge aveugle, sur les vaisseaux vénitiens et d'aborder enfin aux terres promises, pourrons-nous jamais savoir ce qui subsistait du jeune homme cultivé, nourri d'antiquité, de tout ce vieux levain hellénique dont toute la Renaissance fermentait ? Pie II poursuivait la grandeur de l'Église et il voulait sauver la civilisation. Mais Aeneas Sylvius aspirait à descendre sur les rivages dont toute sa jeunesse avait rêvé. Dans le vieillard, le petit Piccolomini subsistait, dans le pontife l'écrivain frémissait. Hélas ! les mêmes abominations qu'au temps de Sylvius se renouvellent aujourd'hui. Sur le promontoire du Guasco l'homme moderne, aussi impuissant que le fut le pontife, songe aux massacres qui se perpétuent sur la terre divine. Comme Pie II, il regarde vers le Nord pour voir si les monstres de la mer n'arrivent pas, portant des légions dans leurs flancs, et si un nouveau Byron n'accourt pas de la proche Ravenne dans l'espoir d'un Missolonghi définitif. L'Adriatique invite à croire en la complicité de son sein paisible. Ses flots caressent là-bas les terres inépuisables. Ils murmurent ici les hymnes panathénens. Dans la brume qui se lève, se forme une miraculeuse Vénus, celle qui déjà, au pied de ce mont, aborda, pour enseigner à l'Italie la beauté et qui nous supplie d'avoir encore une fois pitié de sa postérité.

*
* *

Un autre héros pourtant, et pape aussi, connut à Ancône les douleurs amères de la défaite. Plus heureux que Pie II, il y goûta les joies savoureuses de la revanche. C'est par l'occupation d'Ancône que Napoléon commença ses actes d'hostilité contre Pie VII et c'est d'Ancône que, en 1814, ce même pape, abreuvé d'amertume, repartit pour le voyage triomphal qui le ramenait à Rome après cinq années de captivité.

Deux papes, Pie VI et Pie VII, avaient quitté Rome prisonniers. Le premier mourait en exil, le second revenait après avoir vaincu la révolution française qui les avait tous deux précipités. Jamais, depuis le jour où la papauté entra dans le concert politique, devint un État parmi les nations, jamais elle n'avait eu aussi manifestement le bon droit pour elle. Napoléon se montra envers Pie VII d'une mauvaise foi et d'une brutalité sans nom. Sous quelque face qu'on prenne la question, il est impossible d'expliquer l'attitude de Napoléon autrement que par la volonté de faire servir l'Église à sa propre domination. Pas plus au point de vue français, qu'au point de vue confessionnel, cette conception de la papauté n'est admissible. Il est certain, d'autre part, que les événements néfastes limitèrent seuls la résistance pontificale à la défense de son indépendance religieuse. Sur le terrain où il s'était placé, où il était maintenu si l'on veut, Pie VII restait en tout cas inattaquable, puisque c'était le terrain de la conscience indépendante et de la foi libre. Pie VII commit une faute, une seule. Lorsqu'il a couronné Napoléon, il veut abuser de cette cérémonie et recommencer avec le Corse le jeu de ses prédécesseurs avec les empereurs germaniques. Au sortir de Notre-Dame, il demande à Napoléon que les parties de l'ancien État pontifical, l'Exarchat, la Pentapole, Spolète et Bénévent, lui soient rendues. L'empire détenait les unes, la République italienne les autres. Pie somme Napoléon d'imiter Pépin et Charlemagne. Il insiste pour qu'on lui réserve une place à tous les congrès. Pie veut, pour l'Église, rang de puissance séculière. Et, non content de cette réclamation qui ne tendait à rien moins qu'à annihiler la révolution dont Napoléon se disait l'héritier et l'ordonateur, il insinue que Napoléon devrait, à l'exemple de Louis le Pieux, donner au pape un domaine sur la frontière des Gaules, ce qui veut dire : rendez-moi Avignon !

Cette faute initiale a-t-elle beaucoup pesé sur les décisions postérieures de Napoléon ? Il est permis d'en douter. Quoi qu'il n'eût pas fait, le pape n'eût pas été épargné davantage, sauf s'il avait abdi-

qué toute souveraineté spirituelle. Pie VII a le tort
néanmoins d'invoquer des principes aussi hasar-
deux, à l'heure où des vérités moins contestables
vont être mises en doute. Mais du jour où Napoléon
fait sentir sa force au Saint-Siège, Pie VII se montre supérieur dans la résistance, et héroïquement
digne de sa fonction toute pastorale. Partant pour
Austerlitz, Napoléon occupe Ancône et, de ce jour,
commencent les sévices et les injures. Chaque fois
que Napoléon parle des princes de l'Église, c'est
pour les traiter « d'imbéciles ». Chaque fois qu'il
s'adresse au pape c'est pour lui dire qu'il est son
maître et qu'il le forcera à se bien conduire. Il le
somme de chasser les Anglais, les Suédois et les
Russes, de son domaine. Joseph a-t-il la faiblesse
de demander au pape de le reconnaître comme
roi de Naples, et Pie VII a-t-il la logique d'y consentir pourvu que Joseph reconnaisse la suzeraineté du Saint-Siège, que Napoléon rappelle Fesch,
envoie à Rome le conventionnel Alquier et déclare que, si le pape ne reconnaît pas Joseph, il ne
reconnaîtra pas, lui, le pape et il menace de faire
enlever Consalvi. A une prétention qui découlait
strictement de la demande faite, on répond par
des brutalités. On y répond par l'invasion. Napoléon occupe Ponte-Corvo et Bénévent et il délire :
« Je partagerai le domaine pontifical ; j'établirai
un sénat à Rome, je ferai apposer des aigles sur
le Vatican ! »

Tilsitt redouble l'insolence de Napoléon qui
prétend obliger maintenant — le pape n'est donc
pas un simple évêque de Rome ? — Pie VII à
partir en guerre contre les Anglais. Le pape s'y

refuse. Napoléon donne l'ordre d'occuper militairement Ancône, Macerata, Spolète, Urbin, Foligno ; il exige encore une fois la reconnaissance du roi de Naples, auquel il ajoute les rois de Hollande et de Westphalie et termine ses revendications par une série de décisions qui auraient fait du pape un simple préfet. Le 2 février 1809, le général Miollis entre à Rome avec douze mille hommes. Les affaires d'Espagne, Erfurt donnent quelque répit au pape. Pas longtemps. Le 17 mai, Napoléon annule la donation de Charlemagne « son auguste prédécesseur » et annexe les États pontificaux à l'Empire. Moins d'un mois après, le drapeau pontifical est abattu du château Saint Ange et, dans la nuit du 5 au 6 juillet, Napoléon ayant écrit à Eugène de Beauharnais que le pape « est un fou furieux qu'il faut enfermer », le général de gendarmerie Radet envahit le Vatican, fait prisonnier Pie VII et son ministre Pacca, et les emmène l'un à Savone, l'autre à Fenestrelle. Voilà tout ce que, en huit ans, le Concordat a produit : le pape est prisonnier et l'empereur excommunié. On est revenu aux plus beaux temps de Philippe le Bel ou de Hildebrand.

De Savone à Fontainebleau, la vie du pape n'est plus qu'un martyre. C'est, de la part de Napoléon, contre son adversaire désarmé, une série d'actes abominables, violences, injures, mensonges, faux, intimidations, menaces directes et personnelles que la légende a amplifiées, mais que l'histoire, même réduites, réprouve hautement. La guerre est déclarée, à mort, non seulement au pape, mais aux cardinaux qui sont exilés, aux

évêques qui sont chassés, aux prêtres qui sont in-
carcérés, aux couvents dont un, de trappistes, est
fermé avec ordre de passer le supérieur par les
armes. Tout cela, avec des alternatives d'enjôle-
ment, d'autant plus répugnantes qu'elles correspondent aux revirements de la fortune sur les
champs de bataille. Dès que l'étoile pâlit, Napoléon se fait modeste et soumis, afin que le clergé
l'aide à maintenir son trône. Dès qu'elle brille, il
écume, persécute et ordonne.

Le pape est superbe de dignité et de constance.
Il refuse tout, résiste à tout, se rétracte dès qu'il
apprend que, par un faux rapport, on lui a arra-
ché un assentiment qu'il aurait dû refuser et, en
1814, préfère qu'on le traîne sur les grandes routes
plutôt que d'accepter de Napoléon la restitution
de la souveraineté. Napoléon le garde comme otage
et lui fait parcourir toute la France. On le voit à
Limoges, à Brives, à Montauban, en Languedoc,
en Provence, les postillons toujours prêts à tourner
bride si l'invasion est repoussée. Il faut bien enfin
le reconduire en Italie et, le 20 mars, il est remis
aux avant-postes autrichiens, à Plaisance, n'ayant
rien cédé, victorieux après cinq années de martyre.

Le 12 mai Pie VII arrive à Ancône où il est accueilli par un peuple en délire. On dételle ses chevaux ; des cordons de soie rouge et jaune sont
attachés à sa voiture et Pie VII, au milieu des vi-
vats, des coups de canons et du branle des clo-
ches, Pie VII est conduit à la loggia dei Mercanti
du haut de laquelle il bénit la mer. La politique
de Napoléon aboutit à ce résultat de faire acclamer
la domination pontificale par l'Italie.

Quatre jours après, Pie VII quittait Ancône pour Rome, où il rentrait le 26 mai. La veille de son départ il concluait la querelle par un acte de miséricorde, l'un des plus habiles qu'il pouvait accomplir : il ordonnait d'accueillir avec les plus grands égards Mme Lœtitia, qui venait demander à Rome un asile.

XIII

LA GLOIRE DE PÉROUSE

Pérouse.

DE tous les souvenirs que j'ai gardés de mon premier voyage en Italie, celui de Pérouse est resté le plus vivace. Voici bientôt sept ans qu'un matin, ainsi que l'on court à un rendez-vous malgré tous les serments de rester chez soi, je me détournai de ma route toscane. Ébloui à Florence et à Pise par les fresques de Santa Croce, de la chapelle des Espagnols et du Campo santo, je ne pus résister à achever mes visites giottesques par le couvent d'Assise. Il me fallait, à tout prix, Giotto dans toute son ampleur, libre, seul et intact. Parti pour la ville franciscaine, je m'arrêtai à Pérouse sans préméditation, sans calcul, sans but qui la visât autrement que comme une étape, un bénéfice de surcroît.

Et, à peine débarqué, je pensai, non sans humilité, au classement que, traversant l'Arbia, entre Sienne et Asciano, je faisais des différentes façons de voyager : « Voyager pour être ému par la seule splendeur ou par l'horreur des choses est une manière qui a son prix et souvent fertile. Laissons du moins à ceux qui peuvent meubler les paysages la joie de leurs souvenirs... » Pérouse démentait victorieusement ma préférence. Le hasard, auquel tant de voyageurs se fient, se chargeait de me démontrer la vanité de toute préparation. Venu à Pérouse pour la traverser et non, tout en profitant de l'occasion, pour la connaître, j'avais été la proie du plus fol enthousiasme. Chaque fois que l'on me demandait, au cours de ces sept années d'exil pérugin, la ville qui m'avait paru la plus belle, Pérouse ressuscitait tout entière devant moi et son nom seul suffisait à me faire tressaillir jusqu'au fond du cœur.

Cette radieuse surprise, qui **a** peut-être tant embelli Pérouse dans ma mémoire, je ne l'aurai plus Qu'ai-je fait, lorsque je me suis efforcé, avant de partir pour ce voyage-ci, de savoir tout ce qu'on peut connaître des choses en dehors de leur vision ! Ces villes d'Émilie, des Marches, que je viens de quitter, celles d'Ombrie vers lesquelles le train d'Ancône m'emporte en ce moment, pourquoi n'être pas venu vers elle aussi innocemment que j'abordai autrefois la vieille Augusta Perusia ! Peut-être m'eussent-elles procuré une joie pareille, aussi neuve. Moins dédaigneux de la manière ignorante de voyager, je me serais ménagé des étonnements à embellir toute ma vie. Pérouse, où je coucherai ce soir, ne vais-je pas y laisser une illusion, y perdre un motif de délicieux regrets ? J'ai voulu, comme les autres, la connaître avant d'y revenir. Et mon étude s'est aggravée de ma visite passée. Je me suis attaché à Pérouse d'autant plus que je l'aimais déjà. Ses trésors m'ont apparu, dans les livres, d'autant plus précieux que je pouvais les restituer dans leur lumière. Je crains que Pérouse ne résiste pas à ce travail, non plus, et surtout, à ce souvenir de jeunesse. Les jardins Giusti, à Vérone, les plaines et les monts de Vicence, Venise, la Pineta, et Urbin, et l'Adriatique et jusqu'à ces lacs italiens, Como, Lugano, Garda enfin d'une telle majesté, tout cela ne va-t-il pas jeter Pérouse à un second plan dont mes sept années passées à soupirer après elle ne me consoleront jamais ?

J'ai peur, maintenant que le train m'entraîne, d'arriver au but. Hier soir, j'ai hésité longtemps avant de jeter à la poste la lettre destinée à retenir ma chambre. Ce matin, à la gare d'Ancône, je me suis promis d'attendre d'être arrivé à Foligno, où je devrai bifurquer, pour me résoudre définitivement. Et ce n'est qu'au prix de cette lâcheté que j'ai pu jouir du trajet à travers les montagnes, une des plus généreuses routes qu'un voyageur ami des spectacles de la nature puisse choisir. Jesi, Fabriano, patrie de Gentile, Gualdo, Nocera ont défilé devant moi sur leur rocher, joyeuse cavalcade. Des vallées, des torrents, des précipices, un contraste perpétuel de prospérité et d'inculture ont passé sous mes yeux ravis, étonnés encore après tant de beautés dont je n'osais prévoir un renouvellement. Et tandis que, entre deux cahots, je vide, à la régalade, le fiasco et déchiquette, à la sauvage, le sandwich, de mon déjeuner, je me rappelle soudain qu'à Pérouse des lettres importantes doivent m'attendre...

Que voilà donc une piètre excuse ! Au fond, je ne pense qu'à ce soir si proche, où je vais la revoir enfin. Comme ce train est lent à passer la montagne! Ai-je changé de convoi à Foligno? Je ne sais plus. Pérouse, la Pérouse de mon premier séjour, ma première maîtresse, m'appelle impérieusement. Ainsi que le misérable amant qui est parti en faisant claquer les portes et qui revient parce qu'il a, dit-il, oublié son parapluie, je reviens à Pérouse pour y prendre une correspondance dont le prétexte constitue toute l'importance. Tant mieux si je la trouve moins belle! Je serai du moins délivré de sa hantise et je ne soupirerai plus, le cœur serré, en pensant à ses caresses.

Amants, ne doutez jamais d'une saveur à laquelle vous pensez sans cesse! J'ai retrouvé ma Pérouse telle que je l'avais laissée et je jure qu'aucune ride n'est venue changer son visage ni passer sur mon souvenir. Je suis sûr maintenant qu'elle est la plus belle, la plus magnifique, la plus prodigieuse. Souvent, à lire des récits de voyages, on éprouve un agacement devant certains « emballements » de l'auteur. On a envie de le contredire et on le traite de naïf. En revenant ici je suis un peu mon propre lecteur et c'est l'auteur qui a raison. Je puis promettre à qui s'arrêtera, allant de Florence à Rome, à Pérouse, la plus profonde ivresse. Sur un roc, haut de deux cents mètres au-dessus du point où le train s'arrête, de trois cents au-dessus du cours du Tibre qui coule à quelques kilomètres de là, sur un roc couvert d'oliviers, de chênes verts, Pérouse regarde grimper l'automobile insolente qui me porte, avec superbe. Aimable petite Urbin, que je jugeais revêche! Par mille cir cuits, avec précaution, nous approchons cependant, d'autant plus hardis que la ville se cache maintenant à nos yeux, trop rapprochés des murs à pic. Elle ne nous voit pas, sans doute, elle non plus. Elle doit quitter un instant ses distances. Nous en profitons et, par surprise, n'osant pas l'aborder de face, nous franchissons la porte ouverte sur son flanc. Elle essaie alors de nous égarer dans quelque ruelle étroite où nous avons peine à passer et où tous ses enfants, bien dressés, barrent, avec l'air de jouer, le chemin. •

Sur la haute terrasse, prise d'assaut, Pérouse lance alors sa famille boréenne. A moi, a-t-elle crié, tous les vents ! Elle a crevé ses outres et c'est un déchaînement de tempête qui nous accueille. Je la reconnais bien à cette colère-là. Pérouse est une des villes les plus éventées de l'Italie et rien ne lui va comme cette violence. Paisible, elle serait moins belle ; douce, elle serait moins attirante. Cette fureur complète son paysage magnifique et le large corso Vannucci, la terrasse où l'automobile nous jette, prennent, à résister ainsi, non pas certes, une grâce, mais une volupté de plus. Pérouse souffle formidablement, mais cela lui est si naturel qu'on ne voit même pas sa poitrine gonfler. Elle reste impassible au milieu de sa frénésie. Elle souffle comme une autre respire et nous prenons aussitôt de sa puissance la plus respectueuse idée. Ne va-t-elle pas jusqu'à dédaigner de nous aveugler de poussière ? Elle ne veut pas tricher. Elle se manifeste telle qu'elle est et ne cherche pas à en imposer par des arguments mesquins. Des nuages chargés de sable, elle en eut autrefois. Elle en jeta tellement dans tous les yeux, qu'il ne lui en reste plus. A travers les rues le vent circule, invisible, mais incontestablement présent, sans rien qui distraie de sa répulsion. Il ne balaie pas, puisqu'il n'y a rien à balayer; il se suffit uniquement à lui-même. Il y gagne en éloquence. Il devient l'esprit même de la ville, son âme. Il en symbolise la force; il en est le caractère de puissance et de vigoureuse vie, le sang bouillonnant et généreux, un sang bleu, preque noir, le plus vieux et le plus pur des sangs.

Mais la ville, son paysage surtout, vont-ils se montrer dignes de cette âme violente? Quelle grandeur s'impose pour résister à cet abord et à cet accueil ! J'ai grimpé aussitôt à ma chambre, ouverte sur la campagne, pour demander à Pérouse si, pas plus que dans sa réception, elle ne tromperait mon attente, ne manquerait à ce retour que j'ai tant désiré et que j'accomplis enfin.

L'impuissance que j'éprouvais à Ravenne devant l'incendie je la ressens ici, plus invincible encore. Ce n'est pas une vallée qui s'étend à mes pieds, c'est toute la terre. Ce ne sont pas des arbres, ce sont tous les arbres. Des collines? Il y en a cent. Des fleuves, il y en a mille. De tout par profusion, étalé, escaladant, infléchi, paressant, plein de frémissement, de lumière, de verdure tendre, de fleurs balancées, de murmures, de joie, de rayonnement. Eh quoi ! ce n'est qu'un paysage de nature ! Cela vaut-il tant de ravissement, comme en aurait un saint homme lorsqu'il entre au paradis? Songez ! Cela, qui se répand aux pieds de Pérouse, c'est l'Ombrie. Moi qui la vois, je com-

prends et je trouve bien pauvres les poètes qui la
chantent. Mais vous, qui ne la connaissez pas,
croyez-les. Et magnifiez encore tout ce qu'ils en
disent, soyez indulgents au pauvre vocabulaire
dont ils ont été et sont encore obligés de se servir.
L'Ombrie, la terre la plus fertile et la plus tendre,
celle dont on rêve, pour son repos, la langueur.
On dit qu'elle est molle. Vu d'ensemble, du haut
du ciel dont Pérouse est la première porte, ce
paysage est tout ampleur. Les lignes restent nettes,
fermes; tout ce qui s'amenuisera à le coudoyer,
forme, réuni, la plus orgueilleuse des immensités.
Gentilles rivières, épais bocages, prairies délicates,
cours sinueux et attardé des grands fleuves, et ces
arbres poussés haut, ces prairies, ces villages om-
bragés, ces petits ruisseaux rieurs, tout cela devient, du haut des terrasses de Pérouse, une seule
et unique nappe de verdure, se roulant volup-
tueusement, comme une chatte sous le soleil, et
qui brille de tous ses membres électrisés. A droite,
du côté de Florence, une rude montagne ferme
nettement la vue. Bienfaisante barre! Elle est là,
juste à point, pour conserver à l'ensemble répandu, sa réalité. Je suis bien devant un spectacle
naturel puisqu'il est limité. Et, sur ma gauche,
je puis du moins jouir, plus réellement encore, de
l'infini. C'est toute la plaine, toute la vallée,
toutes les vallées de richesse, de grâce opulente et
de prodigalité. Le Tibre, Assise, Trevi, Spello,
Foligno, le Clitumne deviné et, là-bas, Montefalco,
Spolète peut-être. Vois-je tout cela? Ah! combien
je le vois! Des taches, des points scintillants? Mais
ils composent tout ce peuple qui naît au fond de

mes yeux aveuglés ! Assise, elle, je la distingue, si noblement posée à mi-côte sous son rocher protecteur. Le Tibre l'enlace d'un bras solide. Montefalco s'indique à droite. Le reste, je l'évoque, j'enrichis mon bonheur de sa présence. Il n'y a plus de limite à mes désirs. Je franchis toutes les montagnes, je repousse l'horizon. Je me sens capable de voir toute l'Italie !

Il est un proverbe, allemand, formulé par M. de Humboldt je crois, qui dit : Naples, Constantinople et Salzbourg. Je connais cette dernière. J'ai gravi le Gaisberg et j'ai contemplé la chaîne des Alpes et la plaine du Danube. Salzbourg est digne de la fierté germanique. Les deux autres, en vérité, ont moins de mérite qu'elle. La mer rend trop facile la sublimité à un paysage. A Pérouse, je comprends la nécessité, pour une vision terrestre, d'être mille fois belle pour le paraître une fois et je marque le triomphe de ma ville adorée. Oui, plus miraculeuse encore que Salzbourg, par sa fertilité, sa fraîcheur et sa variété. L'œil cherche où se raccrocher, où se fixer ! Il ne le peut. Cela moutonne, ondule, un amas de petites choses jolies, reliées, nouées, amplifiées, grandies. Un bois que perce la rivière, un village au milieu d'une prairie, un coteau audessus d'un champ, des clochers blancs çà et là, une ville qui a l'air d'un tas de pierre, à moins qu'elle ne semble une bastille, tout se superpose et, dans sa diversité, se lie par le miracle des trois cents mètres où se perche la ville. La mer est une et c'est sa grandeur. Ici l'unité naît de l'éparpillement. Ces êtres, en réalité dispersés, ce n'est

pas un village, puis un fleuve, puis un bois, c'est
l'Ombrie, et l'Ombrie, c'est Pérouse qui la fait du
haut de son rocher. Elle en est la cohésion, la
créatrice. Grâce à Pérouse, l'Ombrie existe, réalise
le miracle d'une trinité multipliée. J'ai cherché
longtemps le mot qui pouvait le mieux rendre
mon émerveillement devant ce spectacle unique
d'un pays joli et parsemé, et qui doit toute son
opulence ramassée à cette domination. Ce mot, ce
n'est pas splendeur, ce n'est pas magnificence,
c'est gloire. La gloire de Pérouse, c'est-à-dire la
couronne enflammée qui brille autour de Dieu et
aussi le torrent de rayons qui coule des doigts du
Père céleste. La gloire de Pérouse c'est-à-dire sa
maîtrise de l'Ombrie, de la verte Ombrie, su-
blimée grâce à celle qui commande à ses plaines,
à ses ruisseaux, à ses récoltes, la gloire de Pérouse qui a fait l'Ombrie et la rend chaque jour
la plus émouvante de toutes les terres.

Tout rempli du bonheur d'avoir retrouvé ma
Pérouse aussi altière et féconde que je l'avais laissée, sans que mes rêves de sept années aient
ajouté à sa beauté, je suis allé au jardin des Cassinensi, à l'extrême pointe de la ville, plus près du
Tibre, face à Assise souriante et j'ai savouré ma
joie devant le fleuve encore pur des grandeurs
humaines dont il semble, grave, lent, solide, en
ses lourdes eaux limoneuses, s'apprêter à porter le
poids. Calme, apaisé, je demanderai demain à la
ville son témoignage monumental. Elle ne me le
refusera pas. Les beautés accessibles ne peuvent
faillir, lorsque les plus inapprochables splendeurs
se sont laissées toucher.

*
* *

Au bout du corso Vannucci, trois monuments.
Le premier, le municipe, présente une disposition
assez imprévue pour une ville italienne. Il n'est
pas isolé sur la place. Il ne forme pas l'axe autour
duquel la cité rayonne. Il s'étend à la suite des
maisons, soudé à elles, jusqu'à l'angle où il se
casse pour présenter alors une seconde façade. Ses
deux autres côtés sont perdus dans le noir fouillis
des ruelles et des masures. Cette incorporation
aux bourgeoises demeures va lui donner du moins
un caractère d'intimité citoyenne ? Au contraire.
Le palazzo vecchio de Florence, le pubblico de
Sienne et tant d'autres, par leur présentation,
s'accusent le centre de toute la vie qui se dirige
droit sur eux et que franchement ils voient venir.
Ils ramassent la foule, et en tirent vie par le but
évident qu'ils lui sont. Ici, tout rassemblement
est impossible. Les manants ne peuvent que s'é-
gailler, sans savoir où se diriger, où cogner. A
quelle porte frapper ? Sur la place ou sur la rue ?
Et voilà déjà la foule divisée. L'angle entre dans
les groupes comme un peloton de carabinieri et
les disperse. Le municipe de Pérouse bordant la
voie publique et non la regardant, n'est plus que
l'un des membres de la ville ; il n'en est pas le
cœur. Utile à la vie, il n'en est pas la source, l'indispensable organe. Pérouse faisait trop envie.
Qui la possédait possédait l'Ombrie. La démocratie
n'eut pas le temps d'y développer ses institutions.
Les batailles chez elle ne se livrent pas entre le

peuple et les maîtres passagers. Elles ont lieu entre ceux-ci seulement. Dès lors le municipe n'est plus qu'un rouage de la machine tyrannique, un joujou, si l'on veut, offert aux illusions du peuple ; on se garde de le dresser en symbole communal d'indépendance et de liberté.

On le rendit du moins, afin de masquer d'autant mieux sa superfétation, imposant et noble. C'est en vain cependant qu'il s'efforce à paraître forteresse. Malgré tout il est palais, purement décoratif et ornemental. Il est massif, mais une seule particularité suffit à annihiler cet abus où il voudrait nous entraîner. Et c'est son manque total d'unité. Deux façades, l'embarras n'en est pas que pour l'émeute. Il n'y a pas que la foule qui n'ait pas de ralliement ; le monument n'en a pas davantage. Et notre recherche instinctive accentue cette dispersion. Sur la rue, ce municipe se montre, à l'étage inférieur, tout avenant, tout fleuri dans sa porte, d'un gothique que l'on appellerait presque flamboyant si cet adjectif ne servait à dater une époque de l'art, au lieu de fournir une image, une épithète. Sur la place, au contraire, une certaine sévérité et des précautions. C'est que, le long du corso, la foule passe et, tant qu'elle circule, elle n'est pas dangereuse ; d'où prendrait-elle d'ailleurs son élan ? On ne se rue pas de côté. Il en va autrement quant à la place. La porte, aussitôt, est percée au haut des marches bien arrondies et un balcon, d'où l'on peut haranguer, s'étend à droite. Les garanties prises, le monument se développe selon les deux caractères qu'on lui a donnés et ne les marie pas. Au-dessus du premier étage une frise à colonnes court le long des façades et, une autre, pareille, au-dessus du second. De telle sorte que celui-ci, bien délimité, forme presque un monument à part, nu comme la main. Un grand mur et rien d'autre. L'épouvantail, c'est lui. D'autant plus terrifiant qu'on a accroché en son milieu, par des crampons qui percent leurs queues, le griffon et le lion pérugins qui agitent du bout de leurs pattes des chaînes de fer, trophées siennois. Par leur suspension, Baglione disait à ses concitoyens : Vous êtes terribles et personne ne se moquera de vous. On n'en avait pas envie, mais surtout à cause de lui. Et cela dit, fait, constaté, le troisième étage, sous sa corniche crénelée que des arcatures, à la base, projettent en avant, le troisième étage se hâte d'atténuer. Il n'est plus que sourires. Les fenêtres ne sont pas d'un castello, mais, franchement enfin, d'un palais. Des colonnes ogivales, surmontées de petits trèfles, les composent, encadrées qu'elles sont dans un carré à peine frontoné et qui avance, rejetant dans l'ombre la délicatesse des ogives : un jeu de construction bien rangé au fond de sa boîte et qui attend l'enfant qui va l'édifier, offrant déjà l'une de ses combinaisons à dresser. La distribution ajoute, par son irrégularité, à cet effet pacifique, la distribution de ces fenêtres par deux, par trois ou par quatre, au petit bonheur, pour la lumière et non pour l'impression. Dans sa conception comme dans ses détails, le municipe reste équivoque ; certes délicat, charmant et plein de cette élégance extrême qui touche de si près à la grandeur et dont l'Italie possède si naturellement le secret ; mais il n'a rien de la sévérité nécessaire au municipe, qui doit synthétiser les graves destinées auxquelles il préside. A regarder son palais, jamais Pérouse ne se croira forte. Elle est belle, elle est grande, mais elle ne s'appartient pas : sa maison est celle d'un riche mais impuissant citoyen.

La cathédrale est gothique aussi. Elle s'étend au fond de la place et son long mur pourrait peut-être devenir le point de direction. Mais elle est romaine ; le pape y commande et les os d'Innocent III, qu'elle abrita, disent assez qu'il ne faut pas plaisanter avec l'Église. C'est, d'ailleurs, de côté qu'elle se montre ; elle n'appelle pas, elle regarde tout au plus. On peut s'y abriter, on ne peut l'assaillir. La petite chaire accrochée près de la porte est là, au besoin, pour les bonnes paroles.

Ce n'est point assez encore. A ce peuple artiste, il faut opposer un dernier obstacle, qui apaisera jusqu'aux velléités ; entre le municipe solennel mais riant et l'église peu encourageante, on a placé le plus frêle et précieux joyau. Le peuple ramassé pourrait, un jour, finir par se monter la tête. La Fonte maggiore sera là, qui brisera tous les élans. Il faut à Pérouse une fontaine plus belle que toutes les fontaines ; il la lui faut pour son orgueil mais aussi pour la garantie de sa sagesse. Commencée avant le municipe, elle fut achevée en même temps que lui et ceux qui la construisirent savaient bien que des Pérugins n'oseraient lancer, autour d'elle, des pierres qui pourraient l'atteindre. Niccola Pisano, le grand Niccola qui ressuscita l'art sculptural, le Niccola de la chaire de Pise, **de** l'arca San Domenico à Bologne, fut convié à l'ériger. Après lui, Arnolfo di Cambio et Giovanni Pisano la complétèrent. Le parfait bijou ! Au-dessus d'un mur rond, quatre marches et la première vasque, en corbeille, se divise, par le moyen de triples colonnettes, en petits panneaux, deux par deux, et séparés par une simple colonne. Au milieu de cette corbeille, des fûts de marbre, dont on n'aperçoit guère que les chapiteaux, supportent une autre corbeille encore, à petits panneaux elle aussi, uniques ceux-ci et séparés cette fois par des statues. Enfin une vasque de bronze sur une colonne massive reçoit les sources du Pacciano. Le peuple peut venir maintenant, il n'osera jamais. Un remous de foule causerait le plus irréparable malheur en mutilant cette œuvre qui est déclarée « l'honneur de la cité ». Elle l'est, en effet. La fontaine de Pérouse marque une date dans l'histoire de l'art. Elle émancipe la sculpture qui se pliera désormais à toutes les exigences. La chaire de Pise est un effort encore enchaîné : la piété l'inspire. Ici l'art existe en soi, pour le plaisir et l'utilité. Ce n'est plus de la prière, c'est de la vie ménagère et voici que l'architecture n'est plus seule, comme dans les fontaines de Viterbe par exemple, à interpréter l'âme civique. La sculpture contribue à embellir la cité. Sienne ne s'en avisera que cent ans après ; la fonte Gaia est de 1409. Pérouse pourra grogner, elle ne pourra jamais, à l'ombre de son municipe, auprès d'Innocent III, autour de la fontaine délicate, se fâcher gravement.

Par les ruelles précipitées, peu favorables aux assauts populaires, j'ai couru — il le fallait bien —

vers la vieille porte étrusque, énorme, puissamment dressée sur ce sol culbuté, sa voûte étranglée entre deux tours carrées et dont l'une a été enjolivée d'une loggia Renaissance. La rue, presque verticale, donne au monument une hauteur invraisemblable. Cette porte est sans bonne grâce. On dirait qu'elle va tomber en avant et son écrasante disposition — vous écrase. La pente m'emporte. Je suis entraîné, comme si je voulais fuir l'imminente chute et une Pérouse ravinée fuit sous mes pieds rapides. Ceci n'est pas une ville, mais une montagne russe, aussi cahotée et périculeuse. Un érudit voyageur, historien pittoresque de l'Ombrie, M. René Schneider, compare Pérouse à une main aux doigts ouverts. L'image est des plus justes. La ville est bâtie sur cinq pattes de pieuvre, que des abîmes séparent. Les rues sont tracées à flanc de rocher ; elles traversent, ou les passent au moyen de ponts, des jardins sauvages, regrimpent, retombent et aboutissent finalement à l'abîme. Les maisons sautent les unes par-dessus les autres ; le chemin les transperce, enjambé lui-même par des arcs aussi forts qu'une voûte d'aqueduc. Jamais, sauf Sienne peut-être, je ne vis de ville aussi cabossée, ivre d'ascension et de dégringolade. A Urbin, la cascade est simple. Elle jouit d'une certaine logique. Elle est nette, dirigée vers un seul point. Ici, il y a vingt centres pour un et la même rue recommence vingt fois ses bonds et ses affaissements.

Je marche vite. J'ai l'air égaré. Et pourtant je sais fort bien où je vais. Si je me précipite c'est autant par impatience d'arriver à l'oratoire San Bernardino que par entraînement. Si escarpé que soit le retour, je sais bien que je n'en sentirai pas la sévérité, tout heureux d'avoir revu la fraîche merveille. De mon premier passage à Pérouse j'avais gardé le plus ravi souvenir de la façade de San Bernardino. L'œuvre d'Amadeo et tant d'autres délicatesses vont peut-être me faire honte de ma facile complaisance ? On vantait, un jour, à une grande dame, le charme d'une personne qu'elle ne connaissait pas. Elle voulut la rencontrer. « Eh bien ? lui demanda-t-on, comme elle revenait de l'entrevue. — Elle est charmante, répondit-elle; je ne la reverrai jamais ». Admirable divination du cœur humain ! Lorsqu'on veut se garder de la désillusion, il faut savoir ne goûter qu'une fois au fruit savoureux. Agostino di Duccio, lui, exerce un tel empire de douceur plaisante qu'il n'a rien à craindre du revoir. Il triomphe, comme Pérouse, d'une seconde visite.

Un porche creux, écussonné, dont l'arc est formé de petites consoles doubles nouées au milieu et en haut par une feuille d'acanthe. Cet arc repose sur des piliers flanqués de deux niches à colonnettes où des saints président aux portes jumelles. Au centre du porche, au-dessus des portes, saint Bernardin dans sa gloire qu'une troupe d'anges couchés et des têtes d'angelots soutiennent. A la hauteur de la courbe, deux autres niches et deux autres saints, au-dessus des premiers. Puis, de chaque côté, entre les niches et l'arc, le lion et le griffon de Pérouse. Le fronton est formé par un Christ bénissant. Mais si jamais le détail littéraire d'une œuvre plastique apparaît vain, n'est-ce point devant des petites merveilles comme celle-ci ?

Rien ne m'échappe de la tendresse et de la grâce de ces anges et de toutes ces statuettes où, déjà, la netteté, souvent sèche, de l'art florentin, ne se discerne presque plus. Les angelots sont exquis de jeunesse et de rondeur. Les pilastres et les colonnes sont d'une finesse achevée. Pourtant mon émotion n'a rien de particulier. Ni le réalisme des figures, ni la mollesse des draperies, ni la variété des physionomies ne me plaisent pour leur propre compte. Ce qui m'enchante, ce n'est pas chaque sujet, ce sont tous les sujets à la fois, leur harmonie générale, l'impeccable unité des plus chatoyantes et des plus variées couleurs qu'on puisse rassembler. Cette petite façade, toute mignonne et frêle, a l'air d'une palette savamment composée. Il n'est pas un grain du marbre qui ne se distingue de son voisin et ne se confonde avec lui pourtant. Il n'en est pas un qui ne soit taillé pour son propre modelé et qui ne se marie avec l'autre. Colonnes, chapiteaux, entablements, tout est différent et se répond. Une gamme insensible de tous les tons que le marbre possède, le marbre blanc de Carrare, le marbre vert de Prato, presque noir, et toutes leurs combinaisons, tous leurs intermédiaires. Est-ce tout ? Le marbre chante-t-il seul ? A son hymne toujours solennel un peu, la terre cuite rose, plus discrète et plus tendre, vient prendre part, doux violon parmi les cuivres imposants. Et voici la petite flûte qui perce cette plénitude. Restée naturelle dans ses fonds, la terre cuite est peinte dans les figures. Certain vert est le plus tendre qu'on puisse voir, un vert de mer, à marée basse, que le sable clarifie. Des bleus à rendre l'azur de midi jaloux et des rouges dégradés d'une fraîcheur de chair. J'aimais déjà cet art de la terre cuite ornementale. Pavie, Plaisance m'ont laissé à jamais indulgent à sa grâce. Ici j'en suis féru. Le charme qui se dégage de cet ensemble est intense. Jamais œuvre aussi simple ne fut aussi hardiment conçue. Exécutée avec un rien de mauvais goût, elle eût fait hurler. Elle provoque des chants d'extase. Il n'y a pas une tache, pas un trou, pas un « manque ». Ce n'est pas grand, ce n'est pas puissant, c'est délicieux, uniquement. Il n'y a vraiment qu'un mot pour exprimer ce qu'on éprouve, pour qualifier cette œuvre, et c'est le mot adorable.

Plus que Rimini, Pérouse est la ville d'Agostino di Duccio. Elle est celle de Pietro Vannucci, d'abord, qui domine l'école ombrienne comme Pérouse l'Ombrie. Elle est aussi celle d'Agostino. A Modène je vis de lui un petit bas-relief, à Rimini de gracieux décors. A Pérouse je vois des œuvres complètes, achevées par lui sans aucun concours, cette façade, le tabernacle de San Domenico, de pierre et de terre cuite peinte, les fragments si émouvants de la Maestra della Volte au musée civique, le tombeau, une Pieta, du cardinal Baglione, au dôme, et enfin la porte San Pietro qui rappelle la façade du Tempio de Rimini.

Agostino vint à Pérouse lorsqu'il eut terminé ses travaux malatestiens. Florentin, il avait été élevé à l'école de Donatello et des Robbia dont il renouvelait l'art de la terre vernissée, en la peignant, d'abord, au lieu de la vernir, en la mêlant, ensuite, à la pierre et au marbre. Au réalisme de

son premier maître, aux procédés de l'atelier des
Robbia, Agostino ajoutait par surcroît son divin
sourire, sa grâce heureuse et enjouée. Il paraît
qu'Agostino dut s'enfuir de Florence parce qu'on
l'accusait de vol. Je ne le croirai jamais. L'œuvre
de Duccio est de celles qui trahissent l'âme de
leur auteur, d'une indubitable manière. A la perfection technique près, l'art d'Agostino c'est le
même art de fraîcheur et d'innocence que celui
d'Angelico. Duccio n'était pas un saint, comme
Fra Angelico. Il était sûrement un homme loyal.
Voler avec cette âme-là, si candide et gaie ! De-
mandez-le aux figures du musée, aux anges du tabernacle de San Domenico et aux angelots de San
Bernardino ; ils rougiront pour vous de votre malveillance ou de votre jugement inconséquent.

*
* *

J'ai passé tout mon après-midi avec Pérugin et
l'école ombrienne, au Cambio, au musée, à la cathédrale, et à San Pietro dei Cassinensi. Déjà les
caractères principaux de cette fameuse école et de
ce maître, illustre autant par son élève Raphaël
que par soi-même, se précisent dans mon esprit. .
Si, comme je le fis, il y a sept ans, je limitais à
Pérouse mon voyage ombrien, peut-être tente-
rais-je de fixer dès aujourd'hui mon jugement. Je
dois, cette fois, visiter l'Ombrie à peu près tout
entière. Attendons d'avoir passé quelques jours au
milieu de la famille pérugine pour juger les enfants
et le père. Le paysage de Pérouse est funeste à ce
qui manque de vigueur. Il faut peut-être des-

cendre dans la plaine ombragée et d'effets éparpillés pour comprendre l'école qui y naquit et s'y développa. Je ne puis la situer dans son décor familial et naturel, du haut de cette terrasse des Cassinensi où, encore une fois, je viens finir ma journée. Lorsque j'aurai pris contact avec cette campagne qui **ne** m'apparaît que, panoramiquement, grandiose et large, je saisirai mieux l'âme de ses beaux enfants, candides et célestes, pures fleurs de divin paradis et non poussées dans les jardins, même les plus magnifiques, des hommes.

Brusquement, ce soir, sous les rayons du soleil mourant dans une brume toute mauve, le vent s'est apaisé. Du large fleuve des vapeurs se lèvent qui s'interposent peu à peu entre Pérouse et le Subiaso sous lequel Assise s'endort. Les fonds de verdure s'enveloppent des écharpes que le Tibre leur tend. Entre la ville bénie de Dieu et la robuste cité, une mer grise, diaphane et balancée ondule, paresseuse. On ne voit plus que, par places, des dessins de bocages et des ruisseaux qui chantent comme un concert d'oiseaux. L'Ombrie se couvre pour dormir d'un voile impalpable qui lui versera la fraîcheur sous laquelle elle renaîtra demain. Par la pensée, je suis le cours pompeux ; il trace sa route à travers les montagnes que commande Todi pour gagner la campagne romaine dont la gloire reste inséparable de sa renommée. Ceci est le chemin que Benoit XI suivit lorsque, succédant à Boniface VIII, il renonça à Rome et mit la papauté en route pour l'exil. La politique forte et implacable des grands papes enragés de souveraineté universelle aboutit à la défaite, à la fuite. Les factions romaines aident à cet exode, sans doute. Elles n'en sont que la cause seconde. La première est la faillite du pouvoir temporel qui, pour s'établir, a dû entrer en lutte, après les empereurs, avec les rois. Philippe le Bel eut la main rude. Le soufflet d'Anagni en dit long, en dehors de son injustifiable brutalité, sur la déconsidération où l'ambition pontificale avait fait tomber le vicaire de Jésus-Christ. Après une si éclatante injure, dans laquelle il faut voir autant de mépris que d'indignité, la papauté a besoin de se rajeunir dans l'effacement et la modestie. Elle a besoin de se faire oublier. En aura-t-elle la force et la volonté? A Rome, elle est trop en vue, trop de prestige l'entoure, pour qu'elle puisse se pelotonner dans sa spiritualité et s'y retremper. Benoit XI, en son unique année de pontificat, a rendu à l'Église l'inappréciable service de comprendre et de se soumettre. Il a le courage de faire le geste indispensable et de prendre le chemin de Pérouse. Il essaie bien une dernière fois de redresser la tête; il veut se réconcilier avec Philippe le Bel; il tente de mettre la paix entre les Cerchi et les Donati. Ses efforts échouent. Il saisit alors, d'un coup d'œil, la nécessité qui le presse, et il abandonne la ville où il n'est pas plus respecté qu'un podestat à Padoue ou à Florence. Il meurt à Pérouse ayant accompli le grand acte, l'acte le plus sublime peut-être qu'une Église puisse accomplir et qui est de se reconnaître vaincue.

Pérouse assista, dix mois durant, à la dernière phase de la lutte. Qui serait pape? Un Orsini Guelfe ou un Gibelin Colonna? Ces derniers l'emportèrent. Non sans lutte. Il fallut l'intervention des Pérugins qui assiégèrent le palais, en enlevèrent la toiture et refusèrent aux cardinaux toute subsistance, pour que le conclave se décidât. Bertrand de Got, archevêque de Bordeaux, est élu pape à la condition qu'il se réconciliera avec Philippe le Bel et flétrira la mémoire de Boniface. La nouvelle de son élection parvint à Bertrand de Got, tandis qu'il séjournait à Lyon, à mi-chemin de son siège archiépiscopal et du conclave. C'est à Lyon, le 14 novembre 1305, qu'il fut proclamé sous le nom de Clément V. Un Orsini, un Guelfe, put, du moins, lui mettre la tiare sur la tête. Triste consolation qu'Avignon, asile offert par le roi de Naples, ne rendra pas moins amère. Il s'écoulera plus de cent années avant que la papauté puisse rentrer à Rome et recouvrer tout son prestige, compromis par ses folies. Il faudra le grand schisme. Il faudra surtout le génie d'Albernoz et ce concile de Constance aussi considérable par sa durée que par ses effets. La renaissance artistique et intellectuelle date de ce concile. De lui date aussi la renaissance de l'Église romaine. Lorsque Pérouse reverra un pape, il s'appellera Jules II, qui l'obtient de Baglione. Il s'appelera Paul III qui lui fermera l'horizon par sa citadelle — l'horizon qu'elle retrouvera avec la liberté. La gloire de Pérouse renaîtra dans l'unité de l'Italie.

XIV

LE TRIPTYQUE OMBRIEN

Foligno.

Dans la grasse plaine qui va de Pérouse à Spolète, trois centres principaux s'imposent au
voyageur désireux de s'initier à une manière de
peindre, aussi célèbre par la terre où elle s'est
manifestée que par sa propre originalité. Assise,
Spello, Montefalco, qui cherche à comprendre
l'Ombrie devra les visiter avec soin. De ces trois
centres, Foligno est le lien. Située à vingt-cinq
kilomètres d'Assise, à dix de Montefalco, à cinq
de Spello, Foligno fournit à celui qui veut réfléchir loin de la cohue et des snobs dont une Assise,
par exemple, est chaque jour souillée, le plus
bienfaisant, en même temps que le plus pratique
asile. Voyageurs ombriens, venez à Foligno ! Le
gîte y est excellent, paternel. La vie y est douce
et calme. Répandue le long du Topino, Foligno ne
possède aucun titre à figurer parmi les villes de
collines dont l'Ombrie est prodigue et dont les
Anglais sont friands. Ses rues ne distraient pas le
voyageur, qui aime à rêver le soir, en fumant son
cigare, par des perspectives périlleuses. Un beau
jardin s'ouvre pour la méditation et le rafraîchis-

sement. Entre deux paysages émouvants, sa tranquillité est salutaire. Si l'on considère enfin que Foligno donna le jour à l'Alunno, le père de l'école ombrienne dont Ottaviano Nelli est l'ancêtre, on estimera légitime que le hasard d'un coucher qui m'y amena prît bientôt à mes yeux, grâce au repos, à l'enseignement, aux facilités et aux prévenances, allure d'heureuse fortune.

*
* *

J'ai commencé par retourner sur mes pas. Venu d'un trait de Pérouse à Foligno, j'ai refait la même route jusqu'à Assise qui réclamait, de par sa renommée et son excellence, ma première visite. Trois fois, je viens de parcourir la vallée. Mes regards attentifs ont-ils réussi à en démêler le caractère ? Ce qu'elle m'est apparue, d'une part, diffère tellement de ce qu'on s'est habitué à la qualifier, d'autre part l'impression grandiose subie à Pérouse me domine si fortement encore, que je n'ose me livrer à moi-même. Autant que la Toscane, l'Ombrie a subi beaucoup de littérature. La légende de saint François l'aurait rendue fameuse si sa beauté intrinsèque n'y eut pas suffi. Et l'on a composé, de ce pays, un tableau que l'on jugeait harmonieux, plein de petits oiseaux, de sources et de bocages. Du haut de Pérouse, aussi n'ai-je pas résisté quelque peu à la majesté pour chercher la bucolique des prairies où le berger des humbles de cœur paissait son troupeau d'âmes candides ?

De mon triple parcours, après mon regard pérugin,

je ne puis pourtant rapporter une impression conforme à celle-là. L'Ombrie est verte et fraîche, mais elle n'est ni sentimentale ni nonchalante. Les ruisseaux et les rivières, Topino, Clitumne, gazouillent. Les arbres sont drus. Ils sont nombreux aussi. Les récoltes sont abondantes et variées. Un air de prospérité rayonne sur toutes choses. Mais cette luxuriance n'a rien qui la rende doucereuse. Au contraire. Les horizons sont larges. Les montagnes d'alentour, et dont la ligne ne cesse de m'accompagner, sont puissantes et nobles; le roc y règne en maître. Le Tibre charrie ses lourdes eaux et il m'est impossible de voir ce que ce large fleuve, abondant, jaunâtre, peut avoir de langoureux. Ne viens-je pas en montant à Assise, de traverser le lit à sec du Chiaggio? Les cailloux sur lesquels les eaux précipitées rouleront au prochain orage, n'évoquent pas la tendresse. L'Ombrie est ombreuse, elle n'est pas voluptueuse pour cela. Pérouse d'abord, les monts ensuite, le Tibre enfin et cette verdure touffue elle-même, s'y opposent. On l'a défigurée à vouloir la banaliser. Aimable, certes, au dernier point. Mais non pas par ce sourire à tout faire que possèdent ceux ou celles à qui on décerne cette qualité. L'Ombrie a de la personnalité, de la netteté. Elle accuse son caractère d'une énergie incontestable par mille détails que la complaisance philosophique et littéraire a pu seule négliger.

Plus je monte vers Assise, plus je me sens disposé à rejeter toute acquisition. De Pérouse, Assise peut apparaître assez paresseusement couchée au flanc du Subiaso. A pied d'œuvre, on la voit qui s'arc-boute au massif rocher et le brave. Que font donc ces contreforts infinis du couvent franciscain, si ce n'est résister à la poussée puissante des terres? Les remparts se déroulent avec solennité et le dôme trapu de San Rufino, la cathédrale, n'est rien moins que souriant. Je puis marcher au milieu des oliviers, la route peut serpenter parmi les plus éclatantes fleurs du printemps et, par ses sinuosités, donner une sensation de flânerie rêvassante, je ne puis faire que le Subiaso ne surplombe, que la plaine ne s'étale peu à peu, ouvrant des perspectives aux lignes fermes, qu'Assise elle-même ne se grandisse et ne s'étage virilement.

La ville confirme cette impression. Les rues en sont sévères, étroites et bordées de maisons sèches. De vieux restes antiques ont peu de propension à la mollesse: fontaine ruinée qu'accompagne un portique affaissé, temple romain d'une distinction et d'une rudesse presque farouches, jardins enfin d'où l'Ombrie s'étend en gras sillons, mais non en doux bosquets. En face, la plaine infinie, l'horizon étendu jusqu'aux plus hautes montagnes ; à droite les rochers de Pérouse si ardus ; à gauche le cours des petites rivières coulant sans paresser. Santa Maria degli Angeli, au milieu des champs, dresse la pureté de sa Renaissance et il faut, en fin de compte, évoquer la Portioncule, qui se cache sous le dôme, pour se laisser aller, en la regardant, à s'attendrir.

Les hommes, j'en suis sûr maintenant, ont gâté ce paysage et compromis saint François. Pour n'apparaître pas aussi violente que la déformation infligée à saint Antoine de Padoue, la déformation de saint François n'en est pas moins évidente. Les temps qui le virent naître ne se seraient pas accommodés aisément de tant de béatitude. Assise, moins que ses sœurs italiennes, s'y serait encore prêtée. Sous la main des Allemands, elle se révolta contre le don que Philippe de Souabe voulait faire d'elle à Innocent III et, plutôt que de consentir à ce marché, elle appela Pérouse pour la défendre. Un François joli et bécotant y eût suscité toutes les colères, au lieu de soulever l'enthousiasme. Derrière ses manières apaisantes se cachait en réalité un cœur irréductible. Il n'était pas révolté, mais ses conseils ne tendaient pas à la soumission. S'il préférait que les hommes se purifiassent par le cœur plutôt que par les œuvres, il n'abdiquait rien de celles-ci et la volonté restait sans compromission. Il demandait le retour à l'innocence et à la foi spirituelle : Rome en était loin et si elle tolérait François, c'était bien plus par peur des comparaisons que par acquiescement. L'apôtre poursuivait la corruption et son exaltation de la nature restait la plus sanglante condamnation des mœurs. Ceux qui le suivaient s'éloignaient du démon ambitieux et avide de richesse, de puissance terrestre. Rome le ménageait en réalité pour l'absorber et masquer d'innocence sa propre perversion. Elle le suivait d'un œil soupçonneux et s'il traversa indemne le siècle éperdu, c'est parce qu'il se refusait à le connaître et non parce qu'il était complice. Jamais critique plus cinglante que celle de François ne fut faite contre le pouvoir temporel, qui connut en ce commencement du xiiie siècle la plus belle, peut-être, de ses périodes. François savait bien où il conduisait les hommes, lui si fin ; son âme douce ne pouvait pas ne pas sentir chaque jour la contradiction entre ce qu'il prêchait et ce que faisait le pape. Ce François-là voyait son Ombrie bien-aimée telle qu'elle est, vigoureuse. Il prêchait cette vigueur, qu'il souhaitait au fond des cœurs comme elle est derrière les verts rideaux qui la cachent aux yeux hâtifs. Ceux qui, deux ans après la mort de François, édifièrent sur la colline la demeure de ses fils, entendaient garder sous leurs yeux le témoignage puissant d'une Ombrie offerte si souvent en exemple par leur père sans faiblesse. L'Ombrie, pas plus que François, n'est fade. Alors que personne n'avait eu le temps encore de défigurer la noble figure de l'apôtre, ses premiers disciples élevèrent, sous son invocation, un asile qui nous dit toute l'austérité spirituelle de sa vie.

Un grand cloître, place publique aujourd'hui, conduit à une plate-forme où sont accotés le porche de l'église basse et la porte du couvent. Celui-ci est formé d'une bâtisse considérable et irrégulière, bâtie à pic sur la vallée et soutenue par des contreforts que l'on aperçoit de tout l'horizon, vraie proue du navire qui conduit, selon l'expression de Dante, « celle qui est assise sur les eaux » vers le Tibre familial. L'église basse s'ouvre sur une sorte d'atrium trapu qui communique, à gauche, avec une sombre nef flanquée de deux transepts et de chapelles. Dès qu'on entre sous ces arcs ramassés et qui inclinent leurs fortes arêtes pour soutenir l'édifice tout entier, l'impression est d'un colosse aux muscles tendus, le dos arrondi, les jambes écartées et les mains aux genoux. L'église haute, à laquelle on parvient par une forte rampe, se présente au bout d'une large plate-forme. La porte franchie, on se trouve dans une nef unique, vaste, claire, haute et terminée par une abside précédée de deux courts transepts. L'ensemble est solennel, d'un gothique sans fioritures. C'est en vain que l'on y chercherait ces fines nervures de voûtes que le Nord prodiguera à ses cathédrales ; on y éprouve au contraire la majesté nue de l'espace par où tout le baroque a racheté ses erreurs et qu'il a peut-être bien emprunté ici ? Assise a réalisé le chef-d'œuvre de cet art gothique où le grandiose le dispute à la simplicité et que le Nord ne saura pas comprendre. Voyons en cette église tout ce que nous voudrons voir de hardiesse et de piété. Nous n'y verrons jamais quoi que ce soit qui puisse favoriser la légende ombrienne de mollesse et de gracieuseté.

Le verrons-nous du moins dans la décoration ? Église basse ou église haute, les peintres s'appelèrent Guido da Siena, Margaritone, Giunta da Pisa, Jacobus, Andrea Tafi, Cimabue, Simone Martini, Pietro Lorenzetti et Giotto, c'est-à-dire ce que Florence et Sienne ont produit de plus rude et de plus humainement viril. Ce que disaient avec tant de bravoure, et même de bravade, les fresques de Cimabue et de ses élèves qui rejettent enfin les entraves byzantines, cet effort presque rageur pour rompre les chaînes dans lesquelles la peinture agonisait, on le sait. J'ai entendu le même balbutiement au baptistère de

Parme, à San Ambrogio de Milan, à San Zeno de Vérone. L'Arena de Padoue m'a montré aussi tout ce que l'art de fixer des formes dans l'espace et la lumière devait à Giotto. Mais où est, dans tout cela, la tendresse dite ombrienne, cette langueur, cette douceur un peu sucrée que l'on vante tant ? Je n'y vois que force et splendeur. Je n'y vois qu'un sentiment, celui du véritable François, si ferme, si pénitent, couvert d'un cilice et se mortifiant par le simple amour de Dieu. Oh ! tout cela brille, est joyeux, ouvert et franc ! Il faut pourtant concevoir la joie autrement que dans l'attendrissement. Elle est aussi, et le plus purement, dans la sérénité d'une âme fière qui s'élève. Être joyeux, au sens vrai du mot, c'est posséder un cœur sans arrière-pensée et irréductible. C'est être inaccessible aux petitesses humaines, posséder une conscience infrangible, ne pas douter de ses forces résistantes, c'est garder en un mot toute la pureté de son âme. François possédait au plus haut point cette joie, très noble, très haute. Son tombeau n'a pas son humilité, il a toute son allégresse victorieuse et sa fierté. Il répond absolument pas son aspect, par ceux qui le décorèrent, en absolue conformité avec sa relique, il répond à François comme François répond à l'Ombrie. Tous trois se réunissent, l'un apportant sa foi solide, l'autre la vigueur de son art, la troisième sa plantureuse abondance, pour former un tout généreux, fort, sain et puissant, — où nous chercherions en vain la fadeur que l'on voudrait traîtreusement imposer à cette terre, moins mâle peut-être que sa voisine la Toscane, mais aussi valeureuse dans sa toujours noble profusion.

*
* *

Du haut de Pérouse, du milieu d'Assise, j'ai donc constaté le caractère de l'Ombrie. Il me reste maintenant à rechercher l'impression que les artistes en ont reçue. L'école ombrienne justifie-t-elle son nom autrement que par la naissance fortuite de certains peintres sur le bord de certains fleuves ; en est-elle digne par l'identité entre l'art et la patrie ?

Ce matin, à Foligno même, cet après-midi à Spello, j'ai poursuivi cette enquête. Deux peintres principaux m'ont répondu, l'Alunno et Pinturicchio, c'est-à-dire le père de l'école et le plus brillant de ses élèves.

Allons donc vers l'Alunno, tout en flânant un peu ; Foligno mérite un coup d'œil. Sur une place que deux vieux palais rehaussent, la cathédrale dresse le porche de son transept entre deux maisons qui le pressent. Quoique roman, ce portail ne se refuse pas à plaire dans sa sévérité foncière. On y sent le besoin tant de fois constaté, qui tient l'Italie, de posséder un art autochtone. Bramante le lui donnera bientôt ; il le lui donne à Foligno, par le vaisseau même de cette église où ce porche introduit sans la faire prévoir. Longtemps asservie aux formes gothiques et romano-lombardes, l'architecture italienne s'est dégagée. L'exemple d'Alberti à Mantoue, à Rimini, a profité et Bramante invente un style que toute l'Italie adoptera. De beaux espaces, des murs pleins, des voûtes arrondies et non plus coupées d'ogives, des coupoles, des piliers. Plus de dissimulation, tous les membres évidents, accusés et concourant à l'harmonie générale. Le style de Saint Pierre se répand et le voici, avec la modestie qui convient, dans cette petite Foligno, dans cette petite église où Sangallo le jeune n'a pas dédaigné de venir édifier une chapelle octogone d'une simplicité, d'une franchise surprenantes encore aujourd'hui.

Pourquoi les petits monuments délaissés nous touchent-ils davantage que les grands bien entretenus ? Nous nous admirons sans doute dans notre goût qui nous conduit vers ce que le monde méprise. Tout de même, ils ont une modestie qui plaît aux cœurs délicats, à ceux qui veulent aimer les choses pour elles-mêmes et non pour leur renommée. L'oratorio della Nunziatella, derrière la cathédrale, n'est plus guère qu'une échoppe. Désaffecté, abandonné, il dépend d'une masure par laquelle il faut passer pour entrer. Ses murs suintants pleurent la faveur qu'il connut. Et leurs larmes entraînent les outremers et les carmins dont Pérugin les orna. Parmi cette misère, au-dessus de cet autel ruiné, sous ce toit bientôt crevé, derrière les barreaux des fenêtres, Pérugin ainsi emprisonné prend un certain rehaut ; dans ce baptême du Christ il m'a paru presque mâle. Mais qu'est donc cette Nunziatella auprès de Santa Maria infra portas ! Pour gagner celle-ci j'ai suivi, subtile approche, les vieux remparts, à peu près enfouis dans les terres accumulées par les siècles et les hommes. Çà et là des eaux séjournent encore. De vieilles maisons baignent leurs arcades et se reflètent dans le marécage. Et voici l'église

si menue et touchante. Ce n'est pas le temple d'une
ville, mais celui d'une bourgade. Une grande bâtisse carrée, sans style aucun, sauf en son porche,
un vieux petit porche du temps des premiers âges
chrétiens, sous les quatre colonnes duquel il faut
descendre trois marches. Dix personnes s'y serre-
raient avec peine. C'est le porche non pas d'une
église pour fidèles, mais d'une chapelle pour enfants, une chapelle de catéchisme. La porte poussée, l'impression subsiste semblable ; le vaisseau
est bas, étroit en dépit des trois nefs et tout blanc,
de plâtre bien crépi. La pauvreté même. Ne fuyez
pas, pourtant ! Et regardez de près. Il n'est guère
de chapelle, ni même de piliers, qui ne soient
émouvants. De toutes parts l'œuvre de l'Alunno
vous parlera. Ici, c'est une grande fresque, toute
naïve et gauche, mais édifiante pour qui l'interroge. Sur ce pilier, une tête de madone, toute
seule, mangée par le plâtre en vain gratté. Plus
loin, sur la voûte d'une nef, un cycle entier. Dans
une chapelle un tableau d'autel. L'église ouvre
ses fenêtres au soleil d'Ombrie qui y pénètre ;
Santa Maria infra portas reçoit le premier baiser
de l'art nouveau.

Niccolo da Liberatore, qu'une distraction de Va-
sari a nommé l'Alunno, s'essaie à Foligno, non seulement en cette église, mais aussi sur les murs de
Santa Maria in Campo et de San Niccolo dont son
œuvre maîtresse est l'orgueil, s'essaie aux premiers
mots d'une langue que Pérugin et Pinturicchio par-
leront purement. C'est de Benozzo Gozzoli, alors
occupé à décorer l'église de Montefalco, qu'Alunno
reçut ses premières impressions dont il devait trans-

mettre la vivacité à ses successeurs. Mais quoi donc Benozzo soufflait-il à Niccolo, si ce n'est la juvénile candeur de son maître Angelico ? La première, la foncière qualité de l'art ombrien, c'est de Toscane qu'elle vient, je veux dire la pureté des types et leur distinction. Alunno y joint ses propres dons : une fermeté naturelle d'abord, puis cette extase que tous ses enfants adopteront mais qu'il retient encore dans les limites les plus strictes et les plus dignes, enfin le ravissement innocent de toute l'école mais auquel il conserve une pure délicatesse. Rapprochez du grand tableau d'autel de San Niccolo, à Foligno, l'Annonciation du musée de Pérouse, rapprochez le saint Georges de l'archange et vous aurez Niccolo tout entier. Alunno ouvre à l'école ombrienne une voie solide qui ne se ferme pas à la spiritualité ni à la tendresse, mais qui n'exclut pas non plus la solidité. Sur la noblesse toscane, toujours un peu grave, Alunno a greffé son charme et c'est celui même de l'Ombrie, fait de forte aisance, de noble douceur, d'un peu de rudesse parfois, sans rien de mièvre ni même de languissant.

Entre Niccolo da Liberatore et Pinturicchio vingt-cinq années s'interposent, et qui voient naître et se développer Melozzo da Forli, Bonfigli, Fiorenzo di Lorenzo et Pérugin. Pinturicchio, élève de celui-ci, est au bout de la chaîne — d'où Raphaël s'est déjà détaché. L'a-t-il donc soupçonnée de mauvais métal ? Allons à Spello. Si Pinturicchio nous montre ce que l'école pouvait rester, nous serons plus autorisés encore à la juger.

Derrière une vieille porte romaine, Spello grimpe à l'assaut du petit mamelon, contrefort du

Subiaso. Mais elle épuise tout son effort à cette escalade et lorsque ses mains atteignent le sommet, ses reins restent impuissants à l'y jeter. Le plateau est nu, aucune maison ne l'occupe et Spello semble une Andromède qui n'a suscité la chevalerie d'aucun Persée. Elle a vieilli, ainsi suspendue et voici longtemps que misérable, ruineuse, elle n'excite même pas, à défaut de chevalerie, de la pitié. On la laisse s'épuiser jour par jour, jusqu'à ce qu'elle s'abîme dans la plaine. La terre, impatiente de ce squelette éternellement pendu, voulut la secouer, voici soixante-dix ans et en fit voler les membres alentour. Un tremblement de terre a ajouté à la déchéance de la perle ombrienne. Par habitude, et peut-être aussi par invincible espoir, Spello tient toujours pourtant et, de loin, elle paraît encore au passant, qui ne voit que ses lignes, encore forte et gracieuse. Elle escalade allègrement son cône verdoyant, qu'il faut gravir pour en constater la désolation. L'ascension n'est pas longue à accomplir. Une seule rue, partant de la porte, conduit jusqu'en haut où elle vous dépose parmi les champs. Toute bordée de masures de pierres frustes, qu'aucun badigeon ne recouvre, la rue monte entre ces deux rangées de pauvres étables, si rapprochées qu'on les toucherait des coudes. Çà et là, une petite place, une voûte, un arc même, à prétention antique, un renflement du sol, d'où part quelque ruelle et, tous les dix pas, un infect borgo plus calamiteux encore. Je regarde l'un deux ; il s'appelle Via della povera vita. Spello peut revendiquer le nom pour elle tout entière, elle est vraiment la « cita della povera vita ».

Lorsqu'il eut terminé ses fresques du Vatican et avant qu'il entreprît la libreria de Sienne, Pinturicchio passa quelque temps à Pérouse où il exécuta une Madone trônant que l'on voit aujourd'hui à la galerie du Municipale. C'est de Pérouse qu'il vint à Spello, au compte du cardinal Baglione. Celui-ci traitait la petite ville en grand seigneur. Le peintre du pape, que l'on se disputait, que déjà le cardinal Piccolomini guettait pour célébrer Aeneas Sylvius, dans cette cité sans fastes et sans richesse, Pinturicchio a couvert les murs de la chapelle Baglione de trois grandes fresques : l'Annonciation, l'Adoration des Bergers et Jésus parmi les docteurs. Du haut des voûtes, selon la tradition de l'Eglise chrétienne, les païennes Sybilles regardent se dérouler les scènes de la sainte regardons avec elles.

Dans un palais de la plus pure Renaissance, aux colonnes ouvragées, aux panneaux élégamment ornés, l'un de portraits, dont celui du peintre, l'autre d'une fentère grillagée sur le bord de laquelle un vase attend le lis que l'ange à genoux vient présenter, la Vierge, debout devant un lutrin, reçoit, modeste et craintive, la nouvelle de la douloureuse mission que Dieu lui confie. Au fond, par le portique ouvert, une ville s'indique avec ses embarras et ses jardins. — Au pied d'un temple aux riches colonnes, transformé en étable pour le bœuf et l'âne, Marie est agenouillée auprès de son fils qui lui tend les bras. Deux anges prient à ses côtés et les bergers s'agenouillent dévotement, tandis qu'au flanc d'une montagne le cortège des mages, chevaux et chameaux, seigneurs à longues robes ou à pourpoint, attendent que l'heure de l'audience ait sonné. — Devant un temple à coupole, Jésus foule à ses pieds innocents les saints livres des docteurs, qui l'écoutent émerveillés, tandis que Joseph et Marie frémissent de trouver leur fils aussi savant, averti de toutes choses.

Telle est, en son aspect, l'œuvre spellienne. Si je la réunis au cycle siennois, dont j'ai gardé le souvenir, je pourrai facilement pénétrer le secret de Pinturicchio et fixer précisément sa manière. Ce qui frappe d'abord, c'est un sentiment très vif du décor ; Pinturicchio a la passion des somptueuses demeures et des riches vêtements. Pas plus que tant d'autres, aussi bien dans les Flandres qu'en Italie, et ce serait son excuse, Pinturicchio ne cherche pas à mettre d'accord les êtres et les personnages, le paysage et le sujet. Il est d'usage universel de faire assister de jeunes pages et des dames à hennin à la naissance de Jésus. Les rois mages sont toujours habillés à la grecque, à moins qu'ils ne le soient comme Charlemagne. Il est cependant moins justifié de loger Marie dans le palais de Vannozza, la mère des Borgia. Et je ne puis pas ne pas évoquer ici les Pordenone de Plaisance où une étable couverte de chaume, et non un portique de Sansovino, s'ouvre devant les bergers. C'est que pour Pinturicchio plus encore que pour tous les autres, la peinture est avant tout un plaisir des yeux. Il la conçoit non pas à l'exemple des vieux Toscans pour qui elle est un moyen d'édification, mais comme un ornement, la parure des murailles, leur bijou, qui rehausse la beauté substantielle, architecturale, de l'édifice. Étant, de plus honnête artiste et la nature lui ayant mis dans les doigts un pinceau élégant, l'ayant doué d'une ordonnance de récit la plus agréable, il prodigue les arabesques, soigne l'anecdote et répand l'or à pleine brosse, en vue d'un effet de richesse digne du donateur, qu'il s'appelât Piccolomini ou Baglione.

C'est en vain pourtant que je cherche dans cette facilité heureuse, spirituelle et cossue, cette mollesse dite ombrienne par où l'on classe les prédécesseurs, les contemporains et les successeurs de Pérugin. S'il faut le rattacher à l'un de ses congénères, ce n'est pas à son maître direct, Pérugin, que je le comparerais, mais bien à l'ancêtre, à l'Alunno de San Niccolo. Liberatore peut retrouver en lui sa fermeté, adoucie peut-être, mais sa fermeté que l'on ne rencontre en aucune œuvre de Pérugin. Il me suffit d'évoquer le grand et solennel tableau de la petite église San Andrea, à Spello, pour saisir nettement cette différence et cet atavisme. San doute Pinturicchio, tout comme cet autre Ombrien, Gentile da Fabriano, ne resta pas fixé en Ombrie ; de même que Gentile connut Venise, Pinturicchio travailla à Rome. Mais Pérugin, lui aussi, fut appelé par le pape. Pinturicchio, à fréquenter les maîtres siennois, conserva un peu de la vigueur sans dureté, de la grâce sans faiblesse, du soave austero, avec plus de soave, peut-être, que d'austero, des grands toscans. Et si cette fermeté répond à l'idéal d'Alunno, à l'idéal foncièrement ombrien, tel que l'Ombrie me paraît le posséder à l'encontre de la légende, ne suis-je pas en droit d'affermir mon sentiment par l'exemple continu, de

nouer la chaîne ombrienne — dans laquelle il me
reste maintenant à rechercher l'anneau impur ou
rouillé ?

*
* *

Il a plu toute la matinée. Je suis revenu de
Spello hier soir par un sirocco brûlant, si doulou-
reux aux nerfs tendus. J'ai béni la pluie de la
nuit. Je la maudis aujourd'hui, alors qu'il me faut
monter vers Montefalco. Vais-je donc perdre le
spectacle de l'Ombrie s'enfonçant sous mes pas,
élargissant ses champs printanniers, amincissant
ses rivières et grandissant ses montagnes ? Le ciel
a cessé de verser ses torrents, mais il reste chargé
de nuages lourds et bleutés. Tandis que le vetturino
m'emporte à travers la plaine où le Topino et le
Clitumne s'amusent parmi les saules, peu à peu des
éclaircies apparaissent. Et lorsque les braves cavalli prennent le pas, le plus magnifique des spectacles se déroule sous mes yeux. La large plaine
généreuse s'éclaire par taches opposées, s'illumine
sous de larges trouées. Le Topino est noir, le Clitumne scintille. Une église toute blanche, un village
sombre. Assise dans la nuit, Trevi resplendissante.
Toute une portion de montagne d'un gris uniforme,
une autre dont le soleil fait ressortir toutes les
teintes, rochers roux, bois verdoyants, pâturages
tendres, arbres en fleurs, tout roses. La lumière
marche, pourtant, inonde ce qui était caché, laissant dans l'ombre ce qu'elle vient de glorifier.
Paternelle, elle va tour à tour de l'un à l'autre,
impartialement féconde. Tel mont qui, tout à

l'heure, semblait redouter les frimas et s'envelop-
pait d'une cagoule, rejette tout vêtement et m'offre
sa splendide nudité. Le voile de brume accroché
çà et là, se déchire, se reforme, éclair d'un instant.
Je n'ai pas eu le temps de voir un « effet » que
déjà il a passé. Tout s'agite, change et moutonne,
grandit dans les vapeurs, puis s'arrête, s'étale et
s'abaisse dans la lumière. Les nuages l'emportent
et tout à coup, là-bas, au Nord, seul dans l'immensité violacée, un point s'illumine, un dôme paraît
et c'est, toute l'Ombrie étalée à mes pieds, toujours miraculeuse, la Portioncule qui resplendit.
Pérouse, Spello, Trevi, Spolète, le Clitumne, le
Tibre bientôt disparaissent ; il n'y a plus rien que
le sol que je foule et la cabane de saint François
parmi la nuit, majesté répandue à la fois et concentrée !

Tout s'éteint. La pluie retombe, bourrasque
violente et chaude. Lorsqu'elle a passé, je regarde
et le même spectacle reparaît, mais cette fois retourné. Les lacets de la route mettent à gauche ce
qui était à droite et c'est la même féerie, renversée.
La haute barre des Apennins de l'Est, seule reste
pareille, superbe et protectrice. Elle me fait face
toujours, balançant la chaîne où je me trouve et
que la fière Montefalco couronne. Sur son pic, entourée de remparts, Montefalco est aussi misérable que la petite Spello, mais comme elle est plus
brave ! Elle eut la force de monter jusqu'en haut
et elle s'est carrément assise sur le plateau d'où elle
domine les vallées et les monts. Pauvre sans
doute, mais n'implorant aucune charité, aucune
pitié. Le mendiant italien qui reçoit l'aumône

parce qu'il est courtois de ne désobliger aucune bonne intention, c'est elle toute entière. Portes ouvertes, rues largement offertes, elle m'accueille puisque je désire entrer. Tout au long de ma visite, elle me dira : mes fresques et moi nous suffisons à nous-mêmes ; tu me fais honneur en me visitant, je veux te recevoir avec égalité.

A peine le vetturino s'est-il montré qu'une nuée de gamins l'entoure. C'est à qui imposera ses services. Je les envoie tous ensemble chercher le gardien du musée. L'un d'eux, tout petit, ne peut suivre, à cause de ses jambes courtes, à cause surtout d'un beau casque-à-mèche rouge, blanc et crasse dont il a peur de chavirer l'équilibre. La volée revient et, en passant, précipite le bonnet. Parmi les pleurs et les cris, j'entends que le gardien accourt. Il accourt comme on peut accourir en ce pays où les passions sont si vives et les gestes si lents. Les Italiens ne s'agitent qu'en parlant et sur place. Il est très commun de voir, au café, un bourgeois placide qui raconte une histoire, se lever tout à coup et mimer la scène. Dites-lui que le feu est à sa maison, il finira d'abord son anecdote, videra son verre, et partira d'un pas tranquille, baguenaudant encore. Ainsi arrive le custode, bien qu'il me voie pelotonné sous le porche que fouette l'averse. Et voilà que mon embarras est grand. Il me faut choisir, parmi tous ces gamins, celui qui m'accompagnera. Je voudrais les garder tous, surtout le petit au casque-à-mèche. Je regarde alors tous ces yeux d'enfants, ces figures inquiètes qui se tendent vers moi,

attendent ma résolution. Que de choses ils disent !
La misère, la curiosité, l'orgueil d'être l'élu, et
puis des choses pas trop jolies, l'avidité, la vanité
aussi. Et c'est le plus malin, triste enseignement,
que je choisis pour l'air tranquille qu'il a su
prendre, un air réfléchi, un peu dédaigneux peut-
être.

Quel musée imprévu ! Une grande église gothique, désaffectée. Du temps où Montefalco comptait
dans l'Ombrie, cette église, San Francesco, était
opulente. Benozzo Gozzoli, Pérugin y travaillèrent.
Leurs fresques, par hasard, n'ayant pas été dé-
truites, on leur a adjoint quelques reliques décou-
vertes çà et là et San Francesco est devenu un des
plus intéressants musées qui soient, le plus inté-
ressant pour l'étude de l'école ombrienne. Les
œuvres ne sont pas disposées en ordre rigoureux,
bien des attributions sont hasardeuses. On sent que
les dons des passants, même s'ils sont abondants,
restent peu fréquents, et qu'une fois le custode payé,
le toit réparé, il ne reste plus grand'chose pour
le conservateur ni pour le catalogue. Ainsi délais-
sé, sans abandon toutefois, San Francesco dégage
un charme particulier. Après tout, que me fait que
tel panneau soit de Eusebio San Giorgio, de
Bernardino di Marietto ou d'un troisième ? J'ai déjà
tant de peine, dans ce vaisseau si vaste et silencieux, où pendent des restes de vieilles orgues,
de chaire et d'autels, à ne pas tout embrasser
d'une même admiration ! L'atmosphère est sé-
duisante au dernier point sous les arceaux de cette
nef, enluminés par Benozzo, devant ce pilier où
quelque figure a pu enfin percer hors du plâtre

qui l'étouffait, au fond de cette chapelle où un vieux panneau reluit de ses ors indélébiles. Et voici, non pas placés, mais suspendus, des fresques transférées, des fragments hétéroclites, une pierre où se voit un bras, un morceau de panneau tout mangé, accrochés au petit bonheur des clous oubliés, des copies posées à terre, des puérilités et du beau — quoi encore ? de tout un peu, tout ce que la ville contient de vieilles reliques, jeté là sans discernement et avec la plus sainte ignorance de l'arrangement et de la présentation. Dans ce grand temple sonore, je vais de pilier en pilier, de voûte en voûte. J'interroge chacune et c'est devant une Adoration de Pérugin, fresque d'une charmante clarté, que je résiste peut-être le mieux à leur main mise, que je me protège le plus facilement moi-même contre mon émotion. Ici, vraiment, sous ces voûtes, tout ce peuple suave, souriant et tendre, a trop facilement raison de moi !

Il est quelqu'un pourtant dont je puis triompher sans peine, et c'est Benozzo lui-même. Il n'est pas de Montefalco, celui-là. Il n'est pas Ombrien. Et moi qui ai tant aimé, autrefois, à San Gimignano, les fresques de San Agostino, il me faut évoquer le cycle incomparable de Pise pour que je reste pieux au milieu de cette abside. Oh ! voici bien toujours l'exquis Benozzo, bon réaliste comme ses maîtres, c'est-à-dire s'essayant à interpréter les événements surnaturels par les gestes les plus naturels, excellent décorateur et coloriste délicat. Mais ce que je cherche, en vain, cette fois, c'est le fond même de Gozzoli, sa marque toute person-

nelle, puisque, à tout prendre, son réalisme il le
tenait de Giotto, son sentiment décoratif d'Angelico, et je veux dire son imagination variée, riche,
inépuisable, l'imagination du Campo Santo et du
palais Ricciardi. Saint François, tout comme Jésus
à Bethléem, à Jérusalem ou dans la gloire de
son père, avait ses canons, des scènes types dont
on ne pouvait s'écarter beaucoup. Les crèches de
Pardenone, de Filippo Lippi et de Pérugin ne se
ressemblent pas, pourtant, dans leur traitement.
J'ai beau ne pas me rendre dès le premier instant, il
faut bien finir par le reconnaître : tout l'effort de
Benozzo Gozzoli, à Montefalco, s'est réduit à co-
pier les fresques de Giotto que l'on voit dans
l'église supérieure, à Assise. Sans servilité, à
moins que ce ne fût par une adroite précaution, il
pouvait placer, sous cette fenêtre, auprès de Dante
et de Pétrarque, le portrait du père des peintres,
et rendre ainsi un hommage doublement mérité
au modèle plagié.

Ainsi que le vieillard Tiresias qu'un enfant
menait par la main, je sors de ce musée d'un pas
irrésolu et le bambino, ayant rendu les clefs au
custode, me demande où je veux aller :

— A Rome, mon enfant !

Le bambino ne semble nullement surpris de
ma résolution et c'est bientôt hors des murs qu'il
m'entraîne. Par la porte de Spolète, nous sortons
de la ville. La crête sur laquelle Montefalco est
située pointe devant nous. Une jolie route
ombragée en sectionne le sommet et, sur la gauche, une sorte de hameau, que domine un petit
clocher, au-dessus des arbres, apparaît.

— Ecco San Fortunato ! dit le bambino tout fier d'avoir saisi dans son ellipse mon désir de gagner ce couvent, où l'on arrive en effet par la route de Rome.

Nous ne tardons pas à quitter celle-ci, et nous piquons vers le promontoire d'où San Fortunato domine la plaine, au point précis où celle-ci s'infléchit vers l'Ouest, vers Spolète. Par des chemins creux dont les haies se rejoignent presque au-dessus de nos têtes, nous allons parmi les boues épaisses et grasses d'un sol argileux. Le bambino les foule avec mépris, tandis que je m'efforce de n'en pas froisser les vagues ondulées et recherche de préférence les pierres plates, pour y sauter. Ce petit couvent, chaumières parmi les chaumines, soutient mon courage de sa proximité. Je le touche bientôt et je le revois pour la centième fois avec la plus jeune émotion. C'est que je le connais si bien, ce petit couvent perdu dans la montagne ! Il n'est personne depuis Boccace et Sacchetti jusqu'au plus moderne de nos conteurs, qui n'ait pris modèle sur l'un de ses frères ou sur lui-même. Qui n'a lu l'un de ces récits que M. Gebhart affectionne et où l'on voit un bon vieux prêtre, solitaire gardien sans conciergerie, oublié par charité ou indifférence dans une abbaye en ruines et dont il reste le dévot aveugle ? Le vieillard a fini par s'identifier avec son couvent ; sa personne est aussi lamentable que lui, ses vêtements sont aussi ravagés que ses murailles. Une flamme immortelle brille pourtant dans ses regards, la passion qu'il nourrit envers les trésors qu'il a découverts à force de gratter les murs de la chapelle et des cloîtres. Un hasard l'a mis un jour sur la piste, et, depuis vingt ans, nuit et jour, il gratte. Peu à peu tout un cycle du premier quattrocento a été révélé que l'on croyait perdu, chef-d'œuvre d'Orcagna, de Lorenzo di Bicci, aussi précieux que l'œuvre de Sodoma et de Signorelli à Monte Oliveto, que celle de Veronese à Maser ou de Tiepolo au Monte Berico. Le bruit se répand bientôt de la découverte; le petit couvent reçoit des visites, chaque jour de plus en plus nombreuses, le vieil abbé peut se faire aider dans ses travaux grâce à l'argent que les pèlerins lui donnent et, un matin de Pâques, après la messe, que l'évêque est venue célébrer, afin de fêter la renaissance de ce monastère privilégié et béni de Dieu le pauvre padre demande au seigneur de le rappeler à lui s'il ne veut pas que le démon de l'orgueil ne le terrasse. Il meurt, dit l'anonyme florentin, frappé au pied même des autels qu'il a relevés.

Je ne sais si San Fortunato connaîtra jamais une telle fortune. Faut-il la lui souhaiter? Il est si charmant dans sa modestie, avec sa petite cour, à la façon des basiliques, précédant l'église, celle-ci si menue et toute crêtée pourtant, à cause de son Gozzoli de la chapelle de la Vierge, ses bâtiments si pauvres enfin, bien humbles, même au temps où ils étaient peuplés ! Si le miracle se produisait quel serait le sort de la petite chapelle où les fresques de Tiberio d'Assise, celui qui peignit la chapelle des roses à la Portioncule, disparaîtraient derrière la magnificence des restaurations opérées alentour ?

*
* *

J'ai renvoyé mon bambino. Je veux rester seul, assis sur la pierre de ce petit cloître, au soleil reparu, dans la simplicité et la ruine du couvent désaffecté. Tiberio, qui était le meilleur élève de Pérugin, rassemble autour de lui toute l'école. Depuis cinq jours je vis au milieu de celle-ci; depuis Pérouse, je ne l'ai pas quittée. Sur la montagne de Montefalco, d'où l'on voit toute l'Ombrie et d'où Gozzoli suscita l'Alunno, le moment est venu de rassembler mon troupeau et de savoir enfin nettement quelle est, sur l'art dont Pérugin est le plus fameux représentant, ma pensée, comment je le juge, sans rigueur et sans faiblesse.

Un pays fertile et riche, plantureux et fort, sinon puissant. Une terre abondante, généreuse, grâce aux sources qui l'inondent des eaux accumulées par les neiges des Apennins. Une dépression entre deux chaînes de montagnes, où les fleuves se déversent, s'amusent et engraissent une terre avide. Rien de voluptueux ni de mièvre dans cette profusion ni de petit dans ce décor. Tout, au contraire, musclé et large. L'Ombrie est douce, elle n'est pas efféminée. Parmi cette plénitude naît une âme tendre, mais ferme aussi, l'âme de saint François, que les hommes ont rabaissé à une fadeur injustifiable, à une fadeur que ses premiers disciples, le couvent d'Assise en témoigne, ne lui ont jamais prêtée. Lorsque les premiers peintres ombriens apparaissent, rien n'indique que leur art doive s'amollir. Benozzo a

apporté en Ombrie le soave austero de Florence.
Gentile da Fabriano accentue plutôt l'austero. Sa
madone sur un trône orné de myrthes, du musée
de Pérouse, est la sœur jumelle des œuvres florentines les plus énergiques. Alunno réagit un
peu sur Gentile et insiste sur le soave, mais à la
façon franciscaine : les dessous restent solides. Il
ne tombe jamais dans l'abandon de soi. D'ailleurs
Piero della Francesca, si rude, si réaliste, se
charge de rétablir l'équilibre. Sa madone avec
quatre saints du musée de Pérouse est dans la
manière exacte, franche et même sèche de la
fresque de Rimini. L'école ombrienne entre définitivement dans la voie harmonieuse dont Sienne,
Florence et François lui ont fourni les éléments,
austères et suaves à la fois.

Melozzo da Forli, élève de Piero et Palmezano
son élève, ont une certaine sensualité et de la
grâce. Ils vécurent loin de la terre natale et on ne
peut rien attribuer de leur caractère à celle-ci,
qui ne possède d'ailleurs aucune de leurs œuvres.

Giovanni Santi, au contraire, le père de Raphaël, qui vit en Ombrie, ne laisse rien deviner
qui permette de prévoir les temps imminents de
Pérugin. Ses figures exagèrent la force de Piero,
sa lourdeur même. Santi est encore un réaliste qui
reste dans la tradition alunnique. Après lui Angelo
di Baldassare, Giovanni Boccati, dans leurs œuvres
du musée de Pérouse, continuent la manière,
véritablement ombrienne et que trois générations
consacrent. Bonfigli et Fiorenzo di Lorenzo y
persévèrent à leur tour, y ajoutant encore de la
vivacité et ce goût du décor que Pinturicchio leur

devra. L'Annonciation de Bonfigli et le saint Bernardin de Fiorenzo, au musée de Pérouse, disent hautement la filiation, très pure.

C'est alors, vers 1480, qu'apparaît Pérugin. Il trouve, en naissant, un idéal précis fait de vigueur et de délicatesse, heureusement ordonnées, distribuées et mariées. Au bout de peu de temps, il ne reste plus rien de cette heureuse union ; la vigueur a disparu, la délicatesse seule demeure. Elle est exquise. Pérugin s'y livra-t-il entièrement au moment précis où saint François commençait à se corrompre dans l'esprit des hommes, devenait le François du jardin des roses de mai et n'était plus celui de l'église basse? En tout cas, il apporte exactement ce que la piété superficielle de son temps demandait. Il en est l'interprète fidèle. Plus de haute dignité, plus de saint orgueil, plus de sécurité de soi ni de confiance en son cœur. Un abandon total, absolu, aux bras de l'amour béat et convenu, une mélancolie pénétrée, afin d'éviter de réfléchir à ce qui ne préoccupe plus, une rêverie sommeillante, un attendrissement commode.

Nous sommes incontestablement émus de ces joies si calmes ou de ces douleurs si résignées. La couleur, d'ailleurs, en est charmante, des plus caressantes aux yeux. La composition est d'une habileté consommée et les paysages profonds sont d'une langueur infinie. Les premières fois qu'on se trouve soumis à cette grâce-là, on croit avoir trouvé le maître unique, tellement il vous prend par les fibres les plus faciles à émouvoir. Je me souviens encore de mon ravissement lors de mon premier séjour à Pérouse : au retour je ne quittais plus le saint Sébastien du Louvre. Les fresques du Cambio vivaient en ma mémoire, intensément. Cette fois, je les évoque après une fréquentation plus raisonnée et je ne puis pas ne pas voir ce qu'elles ont de conventionnel et de fade. Que Pérugin fût un artiste de peu de foi, un tâcheron qui exploitait sa vogue, il m'importerait peu si, décidément, il ne cherchait pas à m'en faire accroire ! Je lui en veux de m'avoir pris par des moyens faciles, par mes sentiments non pas certes les plus bas, les plus superficiels du moins, l'attendrissement et la flatterie. Toutes ces têtes délicieuses finissent par m'importuner de leur similitude. Sébastien ou Georges, Pierre ou Jérome, Marie ou Marthe, c'est toujours la même extase. Toutes les têtes sont penchées, tous les regards levés au ciel, toutes les bouches entr'ouvertes pour soupirer. Le roucoulement est continu, expression du mysticisme le plus simple, le plus fruste. Aucun personnage ne se distingue de l'autre que par ses attributs. Non, il serait impossible de différencier le Christ du Baptiste. Ils ne disent rien que le même rêve paradisiaque. Ils pensent tous à la même chose et de même. Petits enfants à l'école, ils répètent tous ensemble une leçon qu'ils ne comprennent pas. Leurs corps ne sont pas des corps, mais des mannequins. Aucune chair ne palpite sous ces vêtements et, lorsqu'elle n'en porte pas, puisqu'on la supplicie, elle est magnifique de velouté et de lignes, mais elle ne frémit jamais sous les tenailles et les flèches. Et quelle pauvreté, au fond, dans la disposition ! Quoi donc

vint faire en ce monde Giotto, si nous devons
retomber, par ces adorations, ces annonciations ou
ces crufiements dans la vieille formule ternaire de
Margaritone et de Cimabue? Les fresques du Cambio sont d'une indigence imaginative qui répugne.
Elles résument tout Pérugin. Pensez à la chambre
de la signature et dites ce qu'on peut obtenir de l'allé-
gorie! L'École d'Athènes et la Dispute sont l'œuvre
d'un élève de Pérugin qui ne doit rien à son maître.
Celui-ci avait à représenter les vertus cardinales
dans leurs épanouissements divers. Des héros et
des saints devaient les symboliser. Toute l'antiquité et toute la catholicité étaient conviées à célébrer la Prudence, la Justice, la Valeur et la Tem-
pérance. Et voici de minces jeunes hommes
casqués, élégants et proprets qui s'alignent, enfilés
les uns à la suite des autres, la tête énamourée,
le geste doucereux, l'air béat. « Sa physionomie
grave et vide exprimait des idées convenables,
rares et pauvres. » Cette phrase de Stendhal s'ap-
plique exactement à ce Trajan, à ce Coclès, à ce
Scipion et à ce Cincinnatus, fins éphèbes de même
âge, de même tournure, casqués de même et
pareillement indifférents. Je vois bien leur mérite
qui est la suavité, je ne vois pas le mérite qu'ils
devraient avoir, d'être des héros personnels et
non des exemplaires d'un même modèle, lequel
modèle pourrait servir peut-être à la figuration de
mérites célestes mais non de vertus très humaines.

Ne dites pas que Pérugin se légitime par cet
excès qui est devenu une manière. Tiberio d'Assise, à Montefalco et à la Portioncule, pourra em-

ployer le même procédé, Gianicolo Manni au Cambio, Berto di Giovanni au musée, Andone Doni à San Pietro, pourront le perpétuer, Raphaël est là pour dire que l'on pouvait le rejeter. Pinturicchio, si l'on objecte le génie de Sanzio, atteste qu'il n'était pas besoin d'être exceptionnel pour rester honnête et mesuré. Le Spagna que je verrai à Trévi et à Spolète protestera de la même virilité. Et l'Ombrie et saint François protestent, l'une de sa vigueur, l'autre de sa force morale.

Hier, à Foligno, je suis entré au palais Trinci, où m'appelait l'œuvre d'Ottaviano Nelli, le précurseur. En effet, s'il faut rattacher Pérugin et ses élèves à quelqu'un de leurs ancêtres ombriens, Alunno, Gentile, Piero, Santi lui-même protestent de toute leur fermeté contre cette fadeur-là ; en revanche, de même que Bernin rejoint Begarelli, Pérugin rejoint Nelli. Celui-ci a donné par son Annonciation le ton où Pérugin s'obstinera. Dans la maison bien fleurie, Marie reçoit la visite de l'ange qui, afin de lui rendre un compte exact de sa mission, tranquillement, en face d'elle, s'est assis..... L'Annonciation assise ! Il n'y a vraiment qu'un « Ombrien », pour employer le langage consacré, qui osât l'inventer. La nonchalance pérugine est toute déjà dans la posture de cet ange qui a pris la peine de prendre un siège et attend, sans doute, que Marie l'invite à se rafraîchir.

L'autre jour, à Urbin, j'ai vu une œuvre dont je gardais l'impérieux souvenir, la Cène de Justus van Gent, un flamand dont ce tableau est le seul, d'origine certaine, que l'on connaisse. Nelli a innové, dira-t-on ; ce n'est pas un crime. Voyez

comme Justus innova ! A la manière de Corrège
qui précipite le Christ au-devant de sa mère,
enfin rendue à lui dans la gloire de son père. Rejetant toutes les conventions céniques dont Léonard
lui-même n'osa pas se libérer, Justus a renversé la
traditionnelle table du repas sacré. Les apôtres sont
à genoux sur la terre battue. Et, le ciboire à la
main, le Christ va de l'un à l'autre, se penchant,
dans une générosité sublime, pour déposer sur les
lèvres la nourriture céleste. Voilà comme on
innove, à la manière héroïque et humaine d'un
Corrège ou d'un Justus.

La mansuétude dernière de celui qui va mourir,
cette charité suprême d'un corps épuisé et renon-
çant, je l'évoque auprès de cette Annonciation
assise de Nelli. Je mets celle-ci en pendant à la
Cène debout et je me demande où est la puissance,
où est le sublime et, simplement, où est l'idéale
vérité ? Justus a dressé son Christ, il ne l'a pas
couché ! Le Christ de François d'Assise, c'est ce
Christ-là. Au milieu de cette Ombrie, qui le garde
jalousement parmi les montagnes urbinates, il
rayonne sur toute cette contrée de noblesse et de
fertilité. Pérugin et ses élèves sont le fruit corrompu
de cette terre vigoureuse. Ils ne peuvent y plaire
— ils finissent par y écœurer.

XV

DU VESTIARIUS A CARDUCCI

Spolète.

Dans quel cercueil suis-je venu m'étendre ?
Depuis Foligno j'ai marché parmi la fraîcheur printanière, bourgeons impatients de verdir, ruisseaux inépuisés, sources cristallines dont Pline déjà s'émerveillait, saules et peupliers ombrant de leurs silhouettes argentées le fond des eaux transparentes, enfance des choses inanimées et si mouvantes pourtant de joyeuse renaissance.

« De la montagne couronnée de sombres hêtres qui, en murmurant, ondoient au souffle du vent, et d'où la brise emporte au loin l'odeur des sauges et des thyms sauvages, les troupeaux descendent encore vers toi, dans les soirées humides, ô Clitumne ; le jeune Ombrien baigne encore dans ton onde sa docile brebis... »

Carducci pouvait chanter la source fertile et ses ombrages sur le mode paternel. Le temple qui, du haut d'un socle rocheux, préside à ces accueils, s'il est chrétien pour les savants, est païen pour nous. Son portique au-dessus des eaux naissantes et des frêles rameaux, inspire aux poètes les mêmes accents que dictèrent les dieux.

« Salut, ô verte Ombrie et toi, divinité de la source limpide, ô Clitumne ! Je sens la patrie antique frémir dans mon cœur et sur mon front brûlant planer les dieux de l'Italie. »

Quiconque se penche vers le miroir étincelant est la proie du même frémissement, courbe la tête sous un souffle pareil. Nicolas Poussin composa de cette grâce profonde ses payages de rivières jaillissantes et de frontons qui s'écroulent. Lord Byron y conduisit Childe Harold. Depuis Virgile jusqu'à Carducci, la patrie antique renaît incessamment, revit d'une verdure semblable et nouvelle. C'est toujours le même dieu, Pater Clitumnus, qui parle par toutes les voix. D'un cœur moins lyrique mais tout autant nourri de latine vertu, je m'enivre de respirer aux bords limpides, de recevoir la caresse du gai soleil à travers les branches à peine feuillues, je m'associe aux poètes de tous les âges. Aujourd'hui, comme autrefois, tout proclame la jeune beauté de la vieille terre, la vigueur éternelle, la vie qui ne veut pas mourir, ressuscite à chaque avril. Pourquoi Spolète, au bout de ce chemin renaissant, est-elle une tombe, le cercueil où je ne veux pas m'étendre encore ?

Je ne veux pas mourir dans la solitude ni les ténèbres. Trévi sur son rocher pointu, oiseau à la couvée et qui laisse prendre son aile, eût suffi au post-scriptum de mon étude ombrienne que le Spagna réclame. Jamais je ne pourrai subir durant deux sombres nuits, l'oppression de cette ville déserte et lugubre ! Pas plus vieille sans doute, la triste Spolète, que ces paysages où je viens de voir s'ébattre les troupeaux de Mélibée, mais sa perpétuité

immuable rabaisse trop brutalement l'impuissance
humaine devant la facile jeunesse de la terre. Elle
décourage de vivre, tandis que, parmi les ormeaux,
on ne sent pas la déchéance où chaque heure nous
entraîne. Renaître ! Du moins aimer avec une
vigueur reviviscente des beautés qui se renouvellent !

Dans les rues ruineuses et abandonnées, je songe
à la fuite, lorsque des accords stridents frappent
mes oreilles. Quel cortège ! Bannières, plumets
blancs, cuivres pointus, de partout débouchent des
files musiciennes. Elles montent, descendent les
pentes de la montagne d'où Spolète jalouse l'Ombrie et parcourent la ville en vue d'un vain réveil.
Je viens à Spolète en un jour mémorable. Aujourd'hui, 29 avril, l'Italie célèbre la prise de Rome
par Garibaldi. Elle sent planer sur son front les
dieux de l'Italie que Carducci vit se lever d'entre
les saules du Clitumne. Et c'est encore le poète
qui chante la faveur nouvelle de la renaissante patrie :

« O valeureux rebelle d'Aspromonte, ô superbe
vengeur de Mentana, viens, monte au Capitole et
raconte à Camille, les hauts faits de Palerme et de
Rome... O notre père, gloire à toi ! Dans l'effroyable frémissement de l'Etna, dans les épouvanta-
bles tempêtes des Alpes, c'est ton cœur de lion qui
gronde contre les barbares et les tyrans. »

Tandis que les cortèges déposent couronnes et
drapeaux devant un buste dressé au milieu d'un
gazon, je m'approche et je lis l'inscription qui célèbre un Spolétain. Soldat, législateur, historien.
Mais avant tous les autres, inscrit le premier sur la

pierre, il est un titre à la gloire et à l'amour : Co-
spiratore. Quel stigmate ! Conspirateur, voilà le
plus grand mérite pour un Italien. Cet homme a
conspiré, il est immortel. Toute l'Italie est dans ce
trait, vivace, infrangible et inoublieuse. Que fai-
sais-je de croire à la mort ! Spolète, si abandon-
née qu'elle soit, garde indestructible le sentiment
de la patrie enfin composée. Les brises chargées de
saules et de thyms montent de la vallée. Elles apportent le souvenir d'autres hauts faits qui préparèrent l'Italie et leur réunion dans l'hommage
présent prête à la 'cavadérique cité le plus frais
éclat. Je vais pouvoir, sans nausée, pousser la
porte du sépulcre et compter sans répugnance
les héroïques ossements dont regorge le roc rajeuni.

Spolète est aussi haute que Pérouse. Comme
Pérouse, elle contemple un vaste paysage à ses
pieds. Et Spolète sans clairons est sinistre. Elle
s'étage au flanc de la montagne que la citadelle,
la rocca, seule, couronne, écrasée elle-même sous
le mont Lucco, lourd de ses chênes touffus. Spolète porte le poids de deux rochers, l'un construit
par les hommes, l'autre jeté par Dieu. Elle plie et
se tasse honteuse. Élevée de trois cent cinquante
mètres au-dessus de la mer, elle s'enfonce sous les
quatre cents de la rocca et les huit cents du Lucco.
Appuyée à la chaîne des Apennins qui la séparent
du berceau romain, si elle fait face à la verte Ombrie elle ne la regarde d'aucune terrasse. Et ses
rues, indifférentes au spectacle, ne pensent qu'à
grimper, tête baissée. Un long serpent, vingt fois
replié sur lui-même, tout ratatiné en ses anneaux

par peur de glisser du rocher choisi pour son repos,
part de la porte basse et conduit jusqu'au pied de
la rocca. Il contourne des murailles lisses, impé-
nétrables, s'étrangle entre des pignons surplom-
bants, longe des maisons dont la première porte
ouvre sur le rez-de-chaussée et la seconde, à l'autre bout du bâtiment, sur le premier étage, fait
quelquefois le tour complet d'une église ou d'une
ruine, puis, après avoir, pour former le corso
central, soustrait aux nœuds quelques anneaux,
repart vers la rocca, plus ramassé, plus serré encore. De temps en temps, une ruelle toute noire se
détache. J'entre dans l'une d'elles qui me paraît
particulièrement calamiteuse. Une maison aux volets clos, à la porte étroite, m'offre une apparence
que je crois connaître. Sur le mur, deux plaques de cuivre sont vissées : 1er étage, comtesse
de X ; 2e étage, colonel Z. Cette rue n'est pas honteuse ; elle est au contraire des mieux habitées.
Elle va ainsi, d'un pavé bien lustré que personne
n'use, et renonce bientôt à attendre un peuple
évanoui. Des escaliers impraticables la terminent
et qui conduisent vers les hauteurs inaccessibles,
repoussantes comme elle, de la rocca cellulaire.
Des chats, dans ces rues. Mais rien qu'eux. C'est
le délaissement même. La comtesse reste chez elle
et le colonel préfère la caserne. Le corso, tout à
l'heure, comptait juste trois passants. Deux cafés
ouvrent leurs vitrines de marchands de primeurs :
l'un d'eux, dès sept heures du soir, ferme sa porte
inutile. La rude ascension à laquelle je me livre
ne parvient pas à me réchauffer. Je me sens intrus,
comme si j'arrivais par hasard visiter un agonisant.

Les couacs patriotiques résonnent heureusement pour me rendre confiance.

Encore une fois ragaillardi, je descends dans les caves. Spolète est bâtie sur des ruines dont elle entretient de son mieux, sans le dégager, l'ensevelissement. Son instinct funèbre lui fait exagérer le précepte de Didron, dont l'élève Viollet-le-Duc méprisait si fort cette leçon : « En fait de monuments anciens, il vaut mieux consolider que réparer, mieux réparer que restaurer, mieux restaurer qu'embellir; en aucun cas il ne faut jamais ajouter ni retrancher. » Spolète compte sur la poussière des siècles pour la consolidation. Elle réduit son zèle à l'éclairage. Tout un appareil électrique circule sous la montagne. En bas, près de la porte, c'est un vieux pont dont on va voir les piles en dégringolant le long d'un puits. En haut, la place occupe l'hémicycle comblé d'un théâtre. La via dell'Arco passe sous un arc dressé par Drusus, le fils de Germanicus. Mais cet arc, pour le franchir aujourd'hui, il faut presque baisser la tête. Ses bases sont sous terre. On peut les voir néanmoins. Une église leur est accotée. Un sacriste vous conduit sous ses autels. Cette crypte est un temple antique. Une église chrétienne sur un temple païen, voilà une belle synthèse. Sous l'avare lueur de quelques lampes Edison, de vieux fûts tournent leurs antiques cannelures, dégoûtantes de poussière impalpable. Qu'ils devaient être fiers sous le soleil, ce soleil qu'ils ne verront plus ! On pleure sur eux, taillés pour les baisers de l'astre chaleureux et non pour l'éternelle nuit. On les plaint comme des êtres vivants, comme ces chevaux de mine qui ne seront jamais remontés. Des pioches ! qui dégageront ces colonnes et aussi ce pilier de Drusus, qui rendront à la cité d'où Marius défia Sylla sa lumière légitime. Et l'on consolide en esprit, puisque Didron ne veut pas que l'on répare, les aspects d'autrefois, le temple clair et hardi, l'arc léger, le pont « sanguinaire », tous ces vestiges qui auraient, malgré leur ruine, par leur libération, plus de vie que ces masures d'hier dont ils sont la trop pitoyable victime.

Sous la terrasse, enfin, du palais municipal, un dernier débris, celui-ci réparé et même, ô Didron, restauré. C'est, dit-on, la maison de Vespasia Polla, la mère de Vespasien. Une grande chambre éclairée par des soupiraux, un vrai chai bien carrelé. Dans un renfoncement s'évase une petite piscine et sous les fondations, un peu déblayées, du palais, s'indiquent des caveaux dont on a découvert une partie de revêtement ancien. Le custode promène une lampe électrique dans tous les recoins et cette façon d'éclairer l'histoire romaine est la plus lugubre qu'on puisse concevoir...

Franchissant le vestibule du municipe, je me suis dirigé vers le dôme. Il faut encore descendre pour y parvenir. La petite place où il s'élève ressemble à un fond de puits. La rue se précipite droit sur elle, bordée de hautes maisons — dont l'une est couverte d'amusants graffiti — qui en accentuent encore la pente raide. Aucune échappée, ni à droite, ni à gauche, ni au-dessus où la rocca surveille. C'est le champ d'une lorgnette, cathédrale vue au vérascope. La façade romane possède, grâce au refuge qu'elle offre aux yeux,

plus de grâce qu'on n'en pourrait attendre de cet art
sévère. Le porche Renaissance l'aide à sourire
d'ailleurs et les petites chaires qui le flanquent.
Bernin daigna remanier l'intérieur. Ce baroque
insulte à l'œuvre de Filippo Lippi, à sa fresque
célèbre de la vie de la Vierge et à son tombeau.
Devant eux, j'ai bientôt oublié l'art détestable du
napolitain. Mes plus frais souvenirs de Toscane
m'assaillent. Je revois Prato, si gaie, si aimable.
Je revois les fresques de la cathédrale par lesquelles Fra Filippo donna l'essor définitif à la
peinture. J'entends encore le rire homérique du
vieux Cosme des Medici lorsqu'il apprit l'enlève-
ment de Lucrezia et de Spinetta Butti, les deux
nonnes qui servaient de modèles, par le chapelain
Lippi. Je songe au sage Piero, le fils de Cosme,
qui négocia, pour l'ardent et toujours jeune
carme, la commande de ces fresques. Filippo,
accompagné de la fidèle Lucrezia, de leur enfant
Filippino et du fidèle Fra Diamante, son aide
inséparable, pour ravoir lequel il avait planté là,
sans les achever, ses fresques de Prato, vint à
Spolète où il devait mourir. Sous mes yeux qui
la désiraient depuis ces temps lointains de mes
premières visions italiennes, se déroule l'épitaphe
orgueilleuse que Poliziano grava dans le marbre
élevé à son père par Filippino et dont Lorenzo dei
Medici assuma les frais par piété artistique et
filiale.

Filippo, l'incorrigible amant, n'a plus de jeunesse que dans le cœur. A soixante-trois ans il
boit le poison d'un mari jaloux, épais spolétain à
qui sa patrie aurait dû inspirer le mépris de toute

vanité. Filippo a toujours refusé, malgré toutes les dispenses pontificales, d'épouser Lucrezia. Il entendait rester libre. Il le reste si bien qu'il en meurt. La fresque de Spolète semble se ressentir du souci, devenu un peu maladif, du vieil amoureux. Est-ce la main de Fra Diamante qui leur donna, en les achevant, la lourdeur dont elles me semblent pleine ? J'y vois, sans doute, comme à Prato, le souci réaliste et la préoccupation de vie. J'en admire l'effort, moins frappant, tout de même, qu'à Prato, après tant d'années de pratique et tant d'autres libérations nées de la sienne. La mort de la Vierge, surtout, est sublime de vérité et d'audace. Seul Filippo, le moine défroqué, pouvait oser allier ainsi la piété foncière et l'amour de la réalité. Il ne s'est jamais payé de mots, le moine paillard, et jusqu'en ses vieux jours son tempérament pratique et naturaliste se laisse voir. Mais tout cela, si beau en certaines parties que ce soit, manque de flamme et de conviction. Pas plus qu'à Pérugin, il n'est juste de demander à Filippo, de partager, au fond de son cœur, les sentiments qu'il exprime. A lui, comme à Pérugin, comme à tous les artistes, il est légitime de demander qu'ils les éprouvent du moins au moment où ils les expriment.

Cette émotion, passagère mais indispensable, je l'ai rencontrée dans Giovanni di Pietro, dit le Spagna. Si jamais ma sévérité ombrienne avait besoin de se légitimer davantage, celui-ci suffirait à cette nécessité, par le ferme exemple qu'il m'apporte de ce que l'école aurait été sans la funeste carrière de peintre à la mode qui perdit Pérugin.

Le Spagna marche de pair avec Bonfigli, si solide lui aussi dans la douceur, comme l'Ombrie; il est l'élève, avec Pinturicchio, de Fiorenzo di Lorenzo par qui il hérite de Verrocchio et de Benozzo la forte tradition florentine. Au musée de Spolète, il triomphe tout autant qu'à Trévi où je craignais son charme sans comparaison. Giovanni di Pietro possède autant de grâce que le Pérugin le plus penché. Mais ses dessous sont d'une vigueur inconnue au Pérugin. Sa manière blanche est, en outre, d'une exquise suavité. Sur ses fonds de lait, s'envolent des chairs roses bien vivantes, en des poses attendries, sans maniérisme aucun. Cette figure de Vierge prédit déjà l'humanité idéale de Corrège, tandis que ce saint François contient toute la pénétration psychologique d'un quelconque florentin. On sent des corps musclés sous les plis harmonieux de ces vêtements. Les saintes Catherine et Cécile, les saints Antoine et Jacques sont des figures du plus grand caractère, d'une personnalité exacte. On les distingue toutes entre elles, éclatantes et scrupuleuses. Le Spagna, ami de Raphaël, se détache avec celui-ci de l'école; ils nous montrent tous deux la faute que commit Pérugin lorsqu'il affadit l'art ombrien. Le Spagna est, à Spolète, une lumière suprême, il impose son souvenir réparateur.

Le rocher de la Rocca commande la ville et règne sur la campagne. Je sors de Spolète pour le contourner et je rencontre le paysage le plus radieux qui sauve, sans doute, la vieille cité de l'abandon complet, la rend même peut-être douce à habiter. Je n'ai pas encore vu en Italie, même en

Toscane, autour de Florence, de lieux aussi grandioses enserrer d'aussi près une ville. Les restes de Spolète sont conservés dans une châsse somptueuse.

La Rocca siège derrière Spolète et, derrière la rocca, un ravin, plus qu'un ravin, une gorge profonde, détache des montagnes la ville et sa citadelle. D'un côté, l'Ombrie étalée jusqu'aux lignes bleuâtres de Pérouse, tout ce paysage de forte douceur où je viens de vivre des jours inoubliables. De l'autre, entre le mont Lucco, la ville et la rocca, de fantastiques vergers, jardins d'Armide, bois de Castalie qui abritent leur luxuriance par quatre-vingt mètres de fond. Le Tessino y court et les féconde. Au-dessus d'eux, l'amas feuillu des monts, en pendant à la citadelle, impose sa majesté bienveillante et fraîche. Leur ligne ondule, faisant jouer ses ombres et ses clartés selon les essences. Un viaduc relie les deux bords et se termine, parmi les arbres, par une tour svelte toute envahie de végétation. De-ci de-là, le clocher d'un ermitage, un hameau, une villa. La route serpente et vire comme dans un parc machiné. Par instants on se croit sur quelque chemin d'Auvergne contournant un lit de torrent. Placée à l'intérieur du coude que fait la plaine ombrienne qui va maintenant se diriger vers l'Ouest, Spolète étend ses bras fleuris dont elle veut embrasser l'Italie, ce qu'elle faillit faire au temps des ducs qui bâtirent la première rocca, au temps de Lucrèce Borgia qui l'habita entre deux maris, pour s'y recueillir.

Ainsi, sur les monts qui la pressent, j'ai fait le tour de Spolète. Ce paysage d'une fraîcheur ma-

jestueuse vaudrait à lui seul la halte que Filippo
Lippi et le Spagna imposent déjà. Le contraste entre
Spolète et sa campagne est saisissant. Tant de
misère au milieu de tant de richesses ! Tant de
délabrement parmi cette prodigieuse nature inon-
dée de lumière et parée de toutes les floraisons.
Je prolonge le long des escaliers de San Pietro,
ma flânerie, pour n'avoir pas à regagner le taudis
qui m'attend. Que ne puis-je passer la nuit
sur ces pierres, gardé par les saints du portail ?
Pourquoi n'irais-je pas demander asile à San Paolo
abrité sous ses chênes ou à l'ermite qui va tout à
l'heure, du haut du San Guiliano, tirer sa cloche ?

Le crépuscule tombait lorsque, ayant longtemps
marché, j'ai quitté la ruine du Crocifisso. La ruine ?
Les ruines plutôt, deux en une et une en
deux. Temple et église à la fois, l'un utilisé par
l'autre et croûlant tous deux. Le temple tient davantage mais il est environné d'un tel affaissement
qu'il ne paraît plus qu'une charpente. Plus de
trente colonnes doriques d'une taille considérable,
devant lesquelles s'étend une façade remaniée au
iv° siècle, au-dessus desquelles s'évase une abside
et par-dessus lesquelles se dresse un dôme, le tout
ensemble dévasté, dirait-on, par une commotion
volcanique, tous ces restes se mêlant, antiques et
chrétiens, les voûtes crevant sur les chapiteaux
grecs morcelés, les ogives s'étayant sur un trigly-
phe sans lignes, les piliers secouant le dôme dont
ils ne veulent plus être offensés, des étais, des
échafauds, des trous béants sous les pieds, partout
des morceaux de fragments de débris enchevêtrant
tous les âges ! On a entrepris la restauration de

cette merveille-là, dont on ne retrouvera jamais la pareille en sublime et horrible désastre. C'est ici vraiment, que Didron paraît un sage. Non point assez sage pourtant. Devant cet extraordinaire mélange et cette incomparable ruine, on voudrait simplifier son précepte : en fait de monuments antiques, il ne faut même pas consolider.

*
* *

Assis sur un mur bas, j'ai attendu, au bord du chemin, que la nuit fût close. J'ai vu la ville s'envelopper peu à peu de vapeurs mauves et s'effacer dans le crépuscule. Seule, là-haut, la rocca brillait toujours, vigilante et sereine. Sous son abri, me fiant à ses yeux exercés, j'ai laissé les ombres m'envelopper et m'envahir les souvenirs. Spolète fut le théâtre des événements les moins connus et les moins imaginables, non pas seulement de l'histoire de la papauté, mais peut-être de toutes les histoires. Le chaos en est vertigineux. A en lire le récit dispersé dans vingt ouvrages, les yeux n'en croient pas eux-mêmes. C'est bien l'impression que donnent ces temps, d'invraisemblance et de cauchemar. Au pied de Spolète, je voudrais mettre un peu d'ordre dans ce chaos, et en le ramassant pour la synthèse de mes souvenirs, l'éclairer peut-être dans mon esprit encore troublé par son abondance et sa folie.

Spolète est le centre et le principal siège de la papauté féodale, que nous avons tant de peine à comprendre. Entre Charlemagne et Grégoire VII, la papauté subit le sort commun. Pouvoir temporel, grâce aux donations de Pépin et de Charles, elle imite les autres pouvoirs de ce temps et cherche à se faire une place dans l'Europe, qui se constitue en nation. Comme celle-ci, la papauté veut exister en un royaume dont l'Italie lui apporte la base prestigieuse. Elle aussi, tout naturellement, est la proie de familles puissantes qui tirent chacune de leur côté pour canaliser à leur profit les aspirations populaires. Dans ces conflits entre dynasties, les ducs de Spolète jouent un rôle primordial. Ce sont eux qui feront courir à la papauté spirituelle, catholique, les plus grands dangers en s'efforçant de la transformer en fief héréditaire. Des femmes de génie gouverneront l'Église romaine et, au nom du Christ et de la vieille Rome, tenteront l'unité que César Borgia sera sur le point de réaliser et qui se fera, mais contre la papauté décidément rebelle à l'absorption, par d'autres ducs, allemands ceux-là, et qui s'indiquent à peine comme petits comtes de Savoie lorsque Grégoire VII apparaît.

Si l'on veut voir clair dans cette histoire si confuse, il convient de poser ces jalons, malgré l'imprécision fatale des distances qui les séparent. La France et l'Allemagne se font aux dépens de l'empire carlovingien. L'Italie est partie de cet empire et, tout comme ses sœurs transalpines, elle veut aussi se faire. Elle y mettra plus de temps, parce qu'elle est une proie que les autres convoiteront, parce qu'elle s'appuie sur l'Église qui réclame non pas l'Italie mais le monde chrétien tout entier, parce qu'il y a en elle un mélange de temporel et de spirituel qui refrène et excite à la fois les convoitises et que Rome donne non pas seulement un royaume mais une suprématie universelle ; mais la lutte se réduit à ceci : quelle famille sera reine, qui sera pape ? Du neuvième au onzième siècle la papauté sera purement et strictement un fief, tout comme les provinces françaises ou allemandes, que des familles se disputent ; ces familles sont nécessairement amenées à se disputer le trône de Pierre qui doit leur assurer définitivement le domaine et le rayonnement. Le pape n'est plus qu'un seigneur, l'agent d'une coterie. Pour qu'un pape de quatorze ans ait pu s'asseoir sur la chaire pontificale, mis là par une femme qui y avait déjà dressé son amant, il faut bien admettre que celui qui se disait le représentant de Dieu sur la terre, usurpait ce titre et ne représentait plus que des intérêts familiaux et personnels.

Charlemagne, en dotant le pape, n'avait, tout compte fait, qu'une idée : se doter soi-même. Il considérait le pape comme un baron chargé de gouverner à sa place. Il avait un agent à Rome qui surveillait l'élu sacré et cet élu devait nécessairement plaire au légat impérial qui s'arrangeait, en tout cas, pour le rendre docile. D'où nécessité pour l'empereur, pour son agent, de fortifier les familles aristocratiques de la ville et des environs qui, tournées un jour contre lui, pourraient aider le pape à se dégager. La puissance de ces familles deviendra considérable le jour où l'empereur ne sera plus Charlemagne, mais un Charles le Chauve ou un Charles le Gros, ou Carloman, ou ni l'un ni l'autre, lorsqu'il n'y aura plus d'empereur, au fond, que nominalement, bref le jour où il n'y aura plus d'empire. Les seigneurs italiens, mis là par les Francs à la place des Lombards, se demanderont alors quelle est leur infériorité sur les fantoches germaniques et francs. Ils aspireront à l'empire et, ayant la Papauté sous la main et dans la main, ils s'en serviront. Leur appui est nécessaire pour l'élection du pape qu'ils peuvent jeter dehors s'il ne leur convient pas. Ils en concluent que la papauté doit leur plaire, puis les favoriser, enfin leur appartenir.

Les ducs de Spolète sont venus de Bretagne, où ils gouvernaient au nom de Charlemagne, remplacer les ducs lombards dont ils épousent, d'ailleurs, les filles. Le vieil héritage d'Aistulf et de Didier est à la base de leur conception du pontificat. Et le jour où un royaume autochtone voudra se former autour de Béranger, Guy et Lambert de Spolète, deux frères, fils de Guy l'ancien qui était fils du premier Lambert venu en Italie au temps de Lothaire, seront les champions tout indiqués des seigneurs féodaux inquiets des progrès de Béranger, qu'ils avaient suscité. Ils sont l'expression même de la féodalité franque contre l'émancipation populaire italienne. La proximité de Rome, qui est à peu près sous leur coupe et qu'ils convoitent fatalement, va leur donner lustre et puissance.

La lutte entre les héritiers de Charlemagne les aide miraculeusement. Charles le Chauve et Louis le Germanique se disputent l'Italie. Rome acclame le Chauve. Celui-ci se hâte de se faire confirmer cette acclamation par Guy et Lambert, auxquels il rend Spolète que Louis II leur avait enlevée.

Forts de leur titre impérial, du haut de leur fief
d'empire, Guy et Lambert attaquent le pape auquel ils prétendent imposer de n'être que leur
commis, en attendant qu'ils le dépossèdent. Pour
eux le siège pontifical n'est pas différent du leur,
il est fief impérial, donc au plus digne, c'est-à-
dire au plus fort. L'empereur, quel qu'il soit,
reconnaîtra le possédant, s'il paie bien. Jean VIII,
le pape, appelle l'empereur à son secours. Une
partie de sa cour toute féodale l'abandonne et se
rallie à Spolète, autour de Guy et de Lambert;
Formose est parmi ceux-là. En 884, de toute la
famille carlovingienne il reste deux rejetons, en
tout : Charles le Simple, âgé de quatre ans, en
France, Charles le Gros, en Allemagne. Voilà tout
l'appui du pape contre les féodaux qui veulent
englober son domaine, considérable, dans leur fief
qui est seulement nominal. C'est le royaume,
c'est l'unité qui, toujours, se cherchent.

Charles le Gros n'a rien de plus pressé, on le
devine, que de confier la garde du pape aux Spolétains. Le loup et l'agneau s'arrangeront. Charles
a le titre de roi d'Italie. On lui promet des sub-
sides. Il n'est pas temps de se montrer difficile
Les choses ne traînent pas. Jean VIII est bientôt
empoisonné et assommé à la fois pour plus de
sûreté, et les fugitifs, Formose en tête, rentrent à
Rome où ils installent comme pape l'un d'eux,
Marin, puis Adrien, puis Etienne et reprennent
leurs fonctions lucratives.

Chacun est nanti. Les ducs de Spolète sont les
maîtres séculiers; ils ont le bras. Ils l'ont si long
qu'Etienne couronne Guy, héritier de Guy et de

Lambert, empereur, malgré l'existence d'Arnolphe, le successeur de Charles le Gros. Lambert, fils de ce Guy, est pareillement couronné, par Formose cette fois qui, sous main, supplie Arnolphe de venir le délivrer — de qui? des Sarrazins menaçants? non, des Spolétains. La papauté est revenue exactement au temps de Pépin et de Didier. On a Formose, Arnolphe et Guy, au lieu de Etienne II, Pépin et Aistulf. Les noms sont changés, la situation est la même.

Avec cette aggravation pour la papauté qu'aucun Charlemagne n'apparaît à l'horizon. Arnolphe descend pourtant, arrive à Rome où Formose le couronne et marche sur Spolète où l'attendent, du haut de la rocca, Lambert et sa mère Agiltrude. Comme son père Carloman, Arnolphe est frappé de paralysie sur la route. Ce n'est plus qu'un cadavre, qu'on se hâte d'emporter en Allemagne. Formose en meurt de saisissement. Il est remplacé par Etienne VI; Lambert marche sur Rome, instruit le procès de Formose, devant le cadavre déterré et bientôt jeté au Tibre. Spolète est maîtresse absolue de la papauté. Théodore II, ayant essayé d'une réparation à Formose, est assassiné au bout de vingt jours et, deux papes à la fois ayant été élus pour lui succéder, Lambert interprète cette élection comme une présentation à son choix; il installe Jean IX. La papauté a appelé les Francs pour se délivrer des Lombards. Les Francs s'en emparent, mais il n'y a plus d'empereur pour la délivrer des Francs ! Il viendra un jour, mais ce sera pour remplacer les Francs et nommer lui-même le pape.

En attendant ces jours encore plus sombres, Benoit IV a remplacé Jean IX. Puisqu'il n'y a plus d'empereur, le pape cherche un autre appui. Il le trouve dans l'aristocratie romaine qui, suivant le mouvement italien général, veut se rendre indépendante, libérer Rome de la sujétion féodale. De même que l'Italie du Nord lutte contre Béranger, de même Rome va entrer en lutte contre Spolète. C'est la première indication du mouvement seigneurial, dont j'ai vu à Mantoue l'éclosion et la fin. Pendant que Lambert et Béranger se disputent à qui fera l'unité italienne, Rome essaie d'instaurer son indépendance municipale; ne voulant pas être le fief de la famille des Lambert, elle va devenir le fief de la famille romaine de Théophylacte.

Théophylacte est le principal fonctionnaire de la cour pontificale. Il a les fonctions de vestiarius, c'est-à-dire qu'il a les clefs du trésor. Il est l'administrateur des biens de l'Église, donc son maître. Il est duc et magister militum, l'unique consul, l'unique sénateur, par conséquent chef aussi. Il le fait bien voir. Benoit IV règne trois ans et meurt en 903. Après deux essais qui ne conviennent pas à Théophylacte, Serge III est nommé pape, qui se trouve, comme par hasard, avoir pour maîtresse, Marozia, la fille de Théophylacte. Il en aura, malgré les trente années d'âge qui les séparent, un fils qui sera bientôt pape sous le nom de Jean XI. Dégageons de ces détails, qui ne sont révoltants que si nous considérons la papauté non par ce qu'elle est devenue dans la main des hommes du xe siècle, mais ce qu'elle devrait idéalement être et ce que, seulement, le progrès des mœurs lui permettront de devenir, dégageons la signification sociale. Le puissant duc de Spolète mort — on retrouvera bientôt sa descendance — la papauté, tout comme les villes qui se donnent aux évêques féodaux pour échapper au roi oppresseur, devient fief aristocratique romain. Rome est entrée dans le mouvement autonome des cités : ni Lambert, ni Béranger, ni un Germain, mais un Romain ! Et ce Romain, c'est Théophylacte, à côté duquel prennent la première place, et même avant lui, sa femme Théodora et sa fille Marozia.

Serge III, l'amant de celle-ci, vit sept ans. Après lui Anastase III, deux ans. Puis Lando, six mois. Enfin Jean X qui doit sa promotion à sa maîtresse Théodora, la femme de Théophylacte. Jean X est un vaillant guerrier. Les Sarrazins menacent Rome, par conséquent la famille papale. Jean X marche sur eux et en délivre l'Italie. Il n'a pas accompli seul cette tâche. Le marquis de Toscane, Albéric, l'a aidé. Il faut le satisfaire et l'annihiler. Car il est puissant, ce marquis de Toscane ; ayant assassiné Guy, le dernier rejeton du duc de Spolète, il a pris possession de ce duché. On lui donne comme épouse, Marozia, la « veuve » de Serge III, la fille de Théodora et de Théophylacte, la mère du futur Jean XI. En 924, Béranger étant mort, Albéric devient complètement indépendant et maître d'un territoire considérable — auquel son mariage adjoint la papauté, puisque le pape est l'amant de sa belle-mère.

Ce pape, Jean X, trouve enfin pénible la sujétion où il se trouve. Il essaye de la secouer en s'appuyant sur les familles rivales de celle de Théo-phylacte. En 928, Marozia le fait assassiner. Elle nomme à sa place deux papes qui ne la satisfont pas et, impatientée, installe sur la chaire de Pierre son fils, âgé de quatorze ans, Jean XI. Albéric meurt sur ces entrefaites. Marozia n'est pas prise de court. Elle offre sa main et ses domaines à Hugues de Provence qui cherche à succéder à Béranger, dans le Nord. Que Hugues réussisse et voilà l'unité faite. Mais d'Albéric de Toscane et de Spolète, Marozia a eu un fils, Albéric. Celui-ci va disputer au second mari de sa mère et à son frère le pape, fils d'un pape, la couronne bientôt royale et le pouvoir pontifical. Il assiège le château Saint Ange; Hugues s'échappe. Pendant vingt ans, Albéric est le maître absolu. Il nomme les papes qui détiennent exactement le même pouvoir que nos rois sous les maires du palais, domine à peu près complètement en Italie, d'où il chasse Hugues définitivement, et interdit finalement à l'empereur Otton de venir à Rome, lors de sa première descente, en 951.

Ce que tentera plus tard César Borgia, Albéric l'essaye. Il veut créer la dynastie romaine, royale, italienne. Le petit fils de Théophylacte, héritier des marquis de Toscane, des ducs de Spolète et du pape, frère utérin de celui-ci, s'efforce, par un gouvernement modéré, équitable et sage, de constituer une dynastie. Il cherche des appuis en négociant son mariage avec une fille de l'empereur grec, comme fit Charlemagne, et en offrant au fils de cet empereur une fille de Marozia, sa sœur par conséquent. On peut même croire qu'il serait par-

venu à opérer dans l'Eglise la réforme qu'Hildebrand y réalisera, puisqu'il s'était abouché **avec**
Odon, abbé de Cluny. Il n'en a pas le temps. Il
meurt en 954, mais en faisant, toutefois, jurer à
ses serviteurs qu'à la mort du pape Agapit II, son
fils Octavien serait nommé. Il le fut, en effet,
l'année suivante sous le nom de Jean XII. Le
coup est fait. Et c'est exactement ce que César
Borgia voudra réaliser, la fusion entre la papauté
et la royauté, le pouvoir pontifical devenu **un**
pouvoir purement national, laïque et dynastique.

Que fût-il arrivé si Jean XII eût été digne,
comme l'était César, trahi par elle, de sa fortune ?
On peut conjecturer, peut-être, qu'un pape moins
débauché n'eût pas obtenu davantage qu'il n'obtint. Otton ne fut sans doute pas moins descendu, appelé par les villes contre le royaume et il
ne fut pas moins venu à Rome déposer le pape
romain, donc dangereux pour son pouvoir, et y
installer, comme il le fit, un pape germanique,
Léon VIII. Celui-ci est bientôt remplacé, **sur**
l'ordre de l'Empereur, par Jean XIII qui est fils
d'une sœur de Marozia, par conséquent petit-fils
de Théophylacte et cousin d'Albéric. La papauté
reste dans la famille. Avec ou sans l'empereur elle
demeure dynastique. En 972, Jean XIII meurt.
Benoit IV est nommé par l'empereur, qui meurt à
son tour. Profitant de l'interrègne, un nommé
Cressentius, frère de Jean XII — par conséquent
fils d'Albéric et petit-fils de Théophylacte — dépose Benoit et l'étrangle. La famille se bat **avec**
l'Empereur à coups de papes. En 996, Otton III
descend en Italie et impose à Cressentius **son**

pape, Jean XV, et enfin Grégoire **V**, fils du duc
de Carinthie. C'est le premier pape non italien.
A peine Otton III a-t-il le dos tourné que Cressentius dépose Grégoire et met Jean XVI sur le
trône. En 998, Otton revient, Jean XVI s'enfuit,
est rattrapé, mutilé et chassé ; Cressentius est dé-
capité et, l'année suivante, le français Gerbert est
nommé pape par l'empereur sous le nom de Sylvestre II. Une émeute que conduit Jean Cressentius, fils de l'autre, chasse le pape et l'empereur
qui meurt à Ravenne. En 1003, Sylvestre revient
mourir à Rome et Jean Cressentius nomme trois
papes tour à tour, jusqu'à ce qu'il trouve plus
simple de se nommer lui-même. Mais la famille
d'Albéric est nombreuse. Elle compte une branche
dite des comtes de Tusculum. A la mort de Jean
Cressentius, elle s'empare du pouvoir et c'est le
fils du comte de Tusculum qui devient pape
sous le nom de Benoit VIII. Henri II le reconnaît
et se fait couronner par lui. Et voilà la famille de
Théophylacte et d'Albéric, marquis de Toscane et
duc de Spolète, de nouveau en possession directe
du pontificat. Elle finit par nommer son aîné Grégoire consul, tandis que son cadet est fait pape.
C'est Benoit IX ; il a douze ans. Les beaux temps
de Jean XII renaissent, jusqu'au jour où Benoit IX
ayant déclaré qu'il veut se marier, une émeute le
chasse de Rome. Il vend sa place à Grégoire VI
qui tire Hildebrand de son couvent et fait de lui
son chapelain et son conseiller.

Il était temps. J'ai connu à Plaisance les raisons
profondes, sociales, du salut pontifical. En 1073,
Grégoire VII sera élu pape. Les temps qu'il a si

laborieusement préparés, sous huit papes, nommés par l'empereur mais par son influence et son autorité, sont révolus, qui verront la renaissance de l'Église. Pouvait-elle tomber plus bas ? Benoit IX, en voulant se marier, était logique du moins. L'ambition de la famille de Théophylacte serait atteinte. La papauté deviendrait un royaume comme les autres, un beau royaume italien. Que deviendrait-elle en tant que religion ? On le devine aisément. Hildebrand sauva la foi et perdit le royaume qui, après lui, ne put jamais se constituer, malgré les plus brillants succès et les passagers triomphes.

Ce qui frappe aujourd'hui, au pied de cette rocca de Spolète qui vit au temps des ducs et au temps d'Alexandre VI Borgia les deux essais de la transformation de la papauté en monarchie italienne, c'est l'abjection où cette ambition avait fait tomber le trône de saint Pierre, à un Serge III, installé par sa maîtresse, à un Jean XII nommé par sa mère, à un Benoit de douze ans qui veut se marier et enfin à la nomination des papes par l'empereur, comme de simples préfets. C'est à cela que l'appel des Francs par la papauté aboutit. On arrive à se demander si le royaume lombard, qui désirait tant se faire bien venir, n'eût pas mieux valu. Et cela dura cent cinquante ans, au cours desquels le Saint-Siège demeure la propriété d'une famille, la famille de Théophylacte et de Marozia.

Telle est l'histoire folle que la rocca et Spolète me rappellent. Grâce à elle, la ville morte se dresse dans la nuit, ressuscitée. Le cercueil s'est entr'ouvert et voici que se mêlent à la brume qui monte de la plaine ombrienne, tous ces morts exécrables et magnifiques de scélératesses et de passions. Leurs fantômes s'élèvent doucement vers la vieille citadelle, bâtie par Albornoz à la place de la leur. Ils contemplent à leurs pieds la luxuriante campagne qui faisait leur richesse. Ils regardent la ville où ils se retrouvent encore. Sous la lune que le Giuliano renonce enfin à retenir plus longtemps dans son lit, Théophylacte, le vieux vestiarius, étend les bras et maudit ses enfants à qui il ne manqua qu'un peu de génie pour régner encore aujourd'hui sur l'Italie. Jean et Benoit ricanent à la voix du vieillard, tandis que Marozia se voile le visage. Leur vision m'accompagne tandis que je remonte vers la ville. Elle fera ma nuit bien funèbre, digne du moins de Spolète, jusqu'au matin où les musiques unitaires chasseront les revenants et leur diront ce que, avec de la simple conduite, de petits comtes, descendus avec Otton III, les Savoie issus de Bérold le Saxon, ont pu accomplir. La couronne tressée par les grâces dont Carducci ceignit le front de la reine Marguerite, c'est à Marozia que le chantre du Clitumne et de Garibaldi l'eût alors offerte.

XVI

IL FAUT LAISSER TOMBER LES FLOTS

Terni.

La vallée du Teverone est séparée de la vallée de la Nera par une chaîne des Apennins que le chemin de fer, quittant Spolète, a bientôt franchie. Il plonge sous un tunnel, après s'être élevé au-dessus de la plaine ombrienne, et débouche le long de torrents encaissés qu'il suit docilement. Terni est située au pied du versant occidental des montagnes. C'est une grande ville, que peuplent les ouvriers des aciéries de l'État. Terni est le Creuzot italien. Aujourd'hui cette ville industrielle est comme morte. Voici deux mois que les ouvriers sont en grève. Les usines sont fermées, les rues sont désertes. Seuls des soldats l'animent, jouant aux barres afin de distraire leur faction qu'aucune violence n'a encore troublée. Autour des usines, rien que leurs jeux pacifiques. Les grilles sont ouvertes et les plates-bandes fleuries du pavillon patronal attestent que personne n'est encore venu piétiner autour des ateliers. L'Italien a attendu pendant plusieurs siècles son autonomie politique ; chaque jour il supporte de tous les services publics les

plus invraisemblables délais et retards ; ses revendications sociales, il en attend la réalisation avec
la même tranquillité et la même confiance. Sobre,
ignorant du bien-être intime, lui qui vit en plein
air et ne se grise que de soleil, il ne souffre pas
beaucoup de sa placidité foncière. Les usines de
Terni chôment ; les ouvriers sont la moindre victime de ce chômage. Si l'organisation industrielle
de notre temps doit être bouleversée par la résistance organisée des manœuvres, c'est en ce pays
qu'elle sera le plus profondément touchée, par ces
hommes tranquilles, insouciants et frugaux, qui
passent en ce moment devant l'aciérie sans même
tourner la tête. Leur faculté passionnelle s'est
concentrée depuis des siècles sur l'indépendance
nationale et la liberté de conscience. Elles seules
sont capables de les pousser aux extrêmes. Pour le
reste, comme en tout, ils attendent, appuyés sur
leur patience et leur sobriété.

La Terni que je vois n'est donc en rien celle
que j'aurais dû voir, avenues silencieuses, bâtiments éteints. Le tramway même qui devait me
conduire aux cascades a suspendu sa marche.
Mais n'est-ce pas plutôt une bonne fortune,
au regard des raisons pittoresques et sentimentales
qui me font m'arrêter ici, entre deux trains ? Une
fine dame italienne, lorsque je lui exprimais mon
intention de pèlerinage chateaubrianesque, me
répondait :

— N'allez pas à Terni ! Vous souffririez trop
des usines dont on a déshonoré les cascades !

Elle n'avait pas prévu cette grève qui rend au
paysage presque tout son charme passé. Les usines

restent bien accrochées au flanc des rochers. Les
énormes conduites d'eau serpentent toujours au
fond du torrent. Mais plus rien ne les anime. Aucune
vapeur, aucun sifflement, aucune fumée, aucun
homme. Le vetturino qui m'emporte circule parmi
des manières de ruines dont le paysage n'est pas
souillé. Rien ne m'empêche de voir dans ces murs
accrochés à la montagne raide quelque burg que
la gorge justifie ; dans ces conduites, l'aqueduc
antique que la ville légitime. Par la mort, tout
se nivelle et les masures que sont les scieries, du
moment qu'elles gardent le silence, se marient aux
chênes verts aussi bien que les châteaux forts. Ce
sont les hommes qui, selon le mot de ma gentille
dame, déshonorent les paysages. Leur activité
irrespectueuse est seule à les polluer. Il semble
que les choses s'entendent entre elles contre nous
et que, derrière notre dos, elles se réconcilient.

J'ai facilement fait abstraction des taches, grâce
à la fuite de mes semblables et la vallée de la
Nera s'est déroulée sous mes yeux, aussi
solitaire qu'il y a cent ans, lorsque Chateaubriand
y conduisit la mourante Pauline. De chaque côté
du torrent les montagnes sont à pic, couvertes de
chênes, de sapins et d'ormes. Très hautes, elles ne
laissent apercevoir qu'une étroie bande de ciel,
découpée en festons par la pointe des arbres. De
temps en temps un renflement autour duquel les
eaux et la route tournent, une excavation annon-
ciatrice d'un petit torrent dont on franchit bientôt
le lit desséché. La Nera, qui vient des monts
Sibyllins, s'est heurtée bientôt à la chaîne des
Apennins et s'y est taillé un passage. La gorge

a l'air d'avoir été fendue à la hache ou à coups de mine. Le Tibre séducteur appelait l'amoureuse Nera qui s'est frayé le plus court chemin pour rejoindre son maître. Par le glaive ou le bélier le rocher a été coupé et la Nera court éperdue parmi les débris. Folle Nera ! Elle n'a pas vu que là-haut, sur la montagne qu'elle mutilait, le Velino passait, indifférent à ces ardeurs et confiant dans son lit. Elle ne voulait rien que son amour, pazza per amore, et brisait tous les obstacles sans songer aux pièges. Elle rompit la roche. Le Velino tomba sur elle et l'écrasa. Où est-elle, maintenant, la petite Nera, parmi ces eaux abondantes qui se précipitent en hurlant? Le Velino fait voler en poussière ses membres dispersés et c'est lui qui, maintenant, roule vers le Tibre séducteur. Dans les bras de son amant la Nera n'arrive plus que méconnaissable, victime de sa hâte et de son imprévoyance.

La chute est magnifique. De la montagne, en angle droit avec la Nera, le Velino tombe en une nappe énorme sur un premier fond de rochers situé à cent mètres au-dessous de son lit pacifique. De là, il rebondit encore une fois pour rejaillir soixante mètres plus bas où il absorde la Nera et tous deux font une dernière chute, de vingt mètres, enlacés. La poussière qui s'élève de ces cent quatre-vingt mètres de cascades obscurcit le ciel tout alentour. Avant même qu'on entende les grondements du Velino en fureur, on est envahi de brume et inondé de gouttelettes que le soleil traverse pourtant, jetant sur vous le plus merveilleux prisme multiplié. Peu à peu la voix terrible se fait entendre, grandit et c'est dans le fracas de tous les orages que l'on aperçoit enfin, dans sa puissance, le cataclysme provoqué par celle qui en fut la première victime.

Le cocher refuse de me mener plus loin. Son cheval en sueur ne peut braver cette pluie fine qui nous couvre déjà. Seul, je m'avance à la voix qui m'appelle. Je cours le long du torrent, j'enjambe ses mille ruisseaux, perdu parmi les pierres assiégées et les flaques bouleversées. Les arbres pleurent désespérément, les rocs semblent fondre, la route est un bourbier, la terre coule, les herbes se couchent trempées, partout, au ciel, sur les choses, sur le passant en vain serré dans son manteau, l'eau pénètre, inonde et glace. Plus encore vient me terrifier le hurlement continu, tonnerre sans répit, de la chute. Lorsque je passe tout près de la petite cascade, son fracas me paraît une flûte légère auprès du formidable rugissement de la première. Celle-ci est magnifique d'ampleur, lisse, arrondie, lente et verte encore. Le soleil la frappe derrière et elle brille bien qu'elle lève, entre elle et lui, ses voiles de poussière. De chaque côté, de grands pins la flanquent, tout en haut, comme deux gardes du corps chargés de surveiller sa colère. La seconde chute ne peut se distinguer au milieu des vapeurs. Elle disparaît sous les eaux dispersées, que le vent emporte et dont il la couvre. Elle n'est plus alors qu'une houle, l'écume sur les vagues invisibles, dont on devine seulement la fureur. Et là-bas, aveugle et sourde à tout ce qui n'est pas ses amours, la petite Nera trottine, se hâte vers sa perte. Elle résiste tant qu'elle peut, roulée bientôt, disparue et la petite cascade de vingt mètres indique, par sa tranquillité, que le géant troublé dans sa placidité, sa vengeance accomplie, se calme enfin...

J'ai grimpé le rocher ardu, m'agrippant aux arbustes et cueillant les cyclamens d'un rose pâle, trop lavé, qui poussent entre les pierres mouillées. Face à la dévastation splendide, au spectacle magnifique de fureur et de puissance, je me suis assis à l'abri d'un rocher et d'un chêne vert suintant et noueux. Est-ce ici que le grand celte ennuyé conduisit sa défaillante maîtresse, lorsqu'il accomplit la brave charité de la recevoir dans ses bras, où elle voulait mourir ? Est-ce ici que Chateaubriand entendit résonner ces mots sublimes adressés par une mourante à celui qui déjà ne l'aime plus et à qui elle veut, dernière coquetterie si touchante, apprendre la résignation : « Il faut laisser tomber les flots » ?

Chateaubriand n'avait pas besoin de cet encouragement. Il aidait les flots à se précipiter, loin de les laisser choir. Son geste de Terni et de Rome n'en est que plus généreux dans sa simplicité et sa bravade. Joubert disait de lui, à propos de la consolation dont il parfuma les derniers jours de Mme de Beaumont : « Il est impossible qu'un tel homme ne commette pas quelques étourderies, s'il n'est pas capable de fautes graves. Sa bonne essence... ». Joubert est injuste ici. Chateaubriand, amenant à Rome la triste Pauline, n'était pas étourdi. Peut-être était-il déjà ce qu'il a toujours été, avide de compromettre sa gloire ; il y eut toujours chez lui une sorte d'impatience du succès pratique, de la réussite mondaine et publique. Ambitieux, il n'avait jamais rien de plus pressé que de renoncer à l'objet de ses rêves, se plaisant à devancer la vie qui casse tous les hochets. Chancelier de l'ambassade de France auprès du Vatican, entré dans la diplomatie selon son vœu, n'ayant de cesse que son ami Fontanes ait obtenu de Bonaparte qu'il acceptât ses services, il n'eut d'autre souci que de se rendre impossible. Il remplissait Rome de ses extravagances, dont la moindre n'était pas de rendre visite au roi détrôné de Sardaigne. Le Pape l'avait reçu, le *Génie du Christianisme* ouvert sur la table. Tout le monde, subjugué par sa jeune renommée et ses charmes, l'entourait de prévenances et de délicatesses ; et ce mari de Mlle de Lavigne, ce diplomate accrédité auprès de l'Église catholique, courait au-devant de sa maîtresse pour l'amener à Rome mourir auprès de lui ! Avec rage il foulait aux pieds toutes les convenances, acharné contre soi-même, comme s'il voulait s'apprendre à mépriser les vanités humaines. Il jouissait chaque jour de la volupté du cilice, de martyriser sa personne pour glorifier son esprit.

Dans la consolation de Mme de Beaumont, il y a bien de cet instinct, qui est le frère des sentiments de René quittant Celuta sur cet ordre. « Celuta tu resteras veuve ». Il lui faut détruire ce qu'il édifie et à peine l'a-t-il édifié. Lorsque Bonaparte dit à Fontanes : « Votre protégé je le ferai amener ici, pieds et poings liés, sur une charrette ! » René dut s'écrier : « Enfin! » Quelle injustice ce serait, pourtant, de ne voir dans le voyage de Terni que cette coupable disposition à se rabaisser soi-même dans les plus généreuses fièvres ! N'oublions jamais ce que Joubert a appelé la bonne essence. Chateaubriand avait aimé profondément Pauline de Montmorin ; c'était auprès d'elle qu'il avait écrit, à Savigny, le *Génie du Christianisme*. Ils étaient tous deux la fleur de beauté, d'amour et de génie du salon de la rue Saint-Honoré et de Villeneuve-sur-Yonne. Un jour vint cependant où les succès enivrèrent le jeune homme. Les femmes l'adulèrent. Il les aimait, il les aima. Fervaques, où régnait Mme de Custine, lui fit délaisser la douce et faible Pauline. Celle-ci ne se plaignit pas, atteinte déjà et si habituée au malheur, elle dont tous les appuis en ce monde avaient été tranchés par la guillotine. Elle se contentait des miettes d'amour que son ami voulait bien lui donner, en repaissant ses nuits solitaires, en embaumant ses derniers jours. Elle le voyait, il lui baisait la main. Son enfance tragique était encore étonnée de ce bonheur.

Lorsqu'il fut envoyé à Rome, elle ne put soutenir cette absence. Elle s'étiola plus rapidement encore, et, sentant sa fin prochaine, elle écrivit à son ami qu'elle voulait mourir auprès de lui. En vain Joubert, Fontanes, Molé et tous les autres s'efforcèrent-ils de combattre ce projet insensé et périlleux. Chateaubriand n'hésita pas. Pauline l'aime, il l'a aimée, il ne lui refusera pas la suprême joie. Elle mourra certaine qu'il n'aima qu'elle, jamais. Bertin reçoit Pauline à Milan et la conduit à Florence où Chateaubriand est venu la chercher. Quel embrassement ! Et combien cet homme qui n'aime plus, et qui est Chateaubriand, doit ici exercer avec volupté son exécrable charme, sa force de séduction et de mensonge ! La pitié, la charité subliment cette trahison et c'est une Pauline heureuse qu'il conduit vers Rome.

Au passage, ils s'arrêtent à Terni et, parmi ces tonnerres, Pauline confiante et rassurée, songe à son amant et lui prêche la résignation : « Il faut laisser tomber les flots » ! Comme lui, elle mentait. Jamais femme ne dut plus désirer vivre que celle-là en ces heures enchantées. La plus grande preuve d'amour, René la lui donne en cet instant. Il immole sa carrière et sa renommée, pure jusqu'ici, à la fantaisie dernière de son amie. Il a suffi qu'elle eût ce caprice pour qu'il volât au-devant d'elle, insouciant des conséquences. Mourir ! Ah ! qu'elle dut vouloir vivre et protester contre la chute des flots ! Mais il fallait tromper l'amant qu'elle voulait croire désolé, le consoler de sa mort et bercer son désespoir de sa philosophie. Et lui, pressant cette main transparente, jurait que tout lui était indifférent hors celle qu'il tenait sur son cœur. Tout est indifférent à René, même Pauline ! Que du moins son dégoût de tout serve à rendre douces les heures suprêmes. C'est peut-être la seule fois de sa vie où Chateaubriand fera servir à quelque action étrangère à lui-même sa lassitude des hommes et des choses. La démission jetée à la face de Bonaparte au lendemain de Vincennes est de la même époque ; un peu de la même abnégation s'y trouve. Plus tard, René se fera du mal à lui-même et fera souffrir ses maîtresses sans se racheter. Celuta restera veuve

et il ne s'en souciera jamais. A Terni, le plus
magnifique mensonge sortit de quatre lèvres et le
plus beau sacrifice, même peu coûteux, fut accompli. Quelques semaines après, Pauline mourait à
Rome et le monde, stupéfait de tant d'audace et
de charité, prouvait, par son silence, au jeune
homme frondeur que son geste avait été compris
et était respecté. Une seule fois, Chateaubriand
avait retenu les flots et il emportait de son acte
l'admiration qui lui était douce. La tombe de
Mme de Beaumont dressée à Saint-Louis-des-
Français, où elle se voit encore, proclame la bonne
essence du pèlerin de Terni. Comme ces cascades,
René peut écraser de sa force et bouleverser
de son flot les folles Neras qui se jettent imprudemment sur son chemin. Comme le Velino il les
grandit de son génie, les prolonge de sa puissance
créatrice ; sa violence destructive, après les avoir
foulées avec superbe, les relève, les place à côté
de lui et les porte vers le grand fleuve séducteur,
l'immortalité.

XVII

LE CHANT DU CYGNE

Orvieto.

Où est-elle? Au-dessus de la Paglia, à quelques kilomètres du Tibre, solitaire au milieu d'une large vallée, un gros rocher se dresse, où les arbustes le disputent au calcaire; au pied de ce rocher une gare, qui porte le nom d'Orvieto. Est-ce une erreur ou une prétention? car de ville point. On ne voit rien, aucun clocher, aucun mur. A moins que cet amas de terre et de pierres ne soient le mur lui-même? Les beaux remparts, alors! L'homme n'eut qu'à profiter de la nature, comme au temps des cavernes. Il s'est tapi derrière le roc envahi de ronces, couvert d'humus. Si ville il y a, elle est bien cachée. Elle a creusé ce rocher, comme on fouille une noix et s'est tassée au fond.

Un funiculaire ne permet pas d'en douter. Orvieto est là-haut, puisque deux cents mètres de ficelle vous tirent. La boîte ascendante traverse, à mi-côte, un long tunnel et vous dépose sur un terre-plein. Mais de ville pas encore. Des pelouses, des herbages plutôt, quelques masures, un vieux donjon sous lequel on vient de passer, mais de maisons autour d'un campanile, aucunes. Ce rocher est peut-être un plateau au bout duquel Orvieto s'est assise ? Des voitures s'offrent à vous tirer d'incertitude. Orvieto n'est qu'à deux pas, non point cachée peut-être, assurément couchée. La pierre, le beau bloc de pierre dont les fentes fleurissent d'églantiers et de genêts, la pierre est taillée en cuvette, cuvette au fond de laquelle siège la ville. Autrefois, elle s'étageait aussi sur les pentes intérieures. Son rôle social et politique a diminué. Elle a fait comme lui et aujourd'hui elle n'occupe plus guère que la moitié, le centre naturellement, du territoire choisi par ses fondateurs, ce beau vallon perché à trois cents mètres au-dessus de la plaine.

La position est magnifique. Elle est forte aussi et secrète. Tout concourt à la rendre enviable, si elle n'est plus redoutable. Orvieto commande la route de Rome à Sienne, le cours de la Paglia, prolongement du Tibre ; elle commande aussi la Chiana et voilà que, de toutes parts, la Toscane aboutit sous ces murs. Qui veut, du Nord, porter la main sur Rome, doit compter avec Orvieto. Toute descente se heurte à sa faction. Aussi est-elle pour la papauté la plus importante citadelle. Orvieto emportée, Rome est prise. Les anciens romains, avant les papes, s'en étaient rendu compte. Ils l'avaient soumise et saccagée au point de ne plus jamais lui permettre de se relever. Les papes lui rendirent son rang, elle leur était secourable. Dès qu'une émeute éclatait à Rome, ils s'y réfugiaient et attendaient, dans cet asile imprenable, que les temps fussent plus calmes.

A l'Est, du côté où on entre aujourd'hui, c'est le roc même qui constitue le rempart. Nul besoin de muraille, de tours, sauf celles de la rocca qui surveille le Tibre et la Paglia. A l'Ouest, au contraire — où le massif rocheux est moins abrupt et descend non certes en une pente douce, du moins sans à pic, vers la vallée qui se relève bientôt pour former une autre cuvette, celle du lac de Bolsena, — à l'Ouest tout un appareil de fortifications est bâti sur le roc même, s'y enchevêtre, en épouse les moindres anfractuosités ou protubérances. D'un côté, Orvieto ressemble à un nid d'abeilles, de l'autre à une cabane de castors.

Celle-ci est superbe d'ingéniosité victorieuse, d'effort couronné. Tout ce que le sol a fourni de ressources on l'a utilisé et, lorsqu'il s'est dérobé, on l'a machiné. Si un ruisseau, on le barre et une porte le franchit. Si une défaillance du roc, on la comble et une tour la défend. Les murs suivent bien les lignes du massif naturel, mais ils les suivent à contre sens. Là où il est élevé, ils sont bas; là où il fléchit, ils sont hauts. Et c'est là où il est le plus bas qu'ils sont le plus haut, et inversement. La seule forme en laquelle ils l'imitent docilement est la rondeur, rondeur cabossée, hérissée de pointes. Ils tournent avec lui, présentent les mêmes profils, projetant seulement en hauteur les bastions qu'il allonge. Tourelles et loges fuient avec le rocher qu'elles écrasent, qu'elles renfoncent et qui les soutient et les assure. La ligne commune grimpe et descend, cahotée et cassée, superbe de poids et de puissance, d'une unité, d'une fusion totales. Au-dessus, des maisons courent, festonnent

le rempart de leurs loggias, de leurs toits rouges,
tandis que des portes ou des arcades extérieures,
pour la route, coupent, renflent, enfoncent, distri-
buent enfin en mille aspects d'excroissance ou de
retrait, ces murailles pleines de caprices, de sur-
prises, de jeux et de pièges. Tout cela patiné par
le temps d'un roux généreux, chaud, où les verdures de la ronce poussent impartialement, revêtant
l'œuvre des hommes et celle de la nature, du
même manteau. Orvieto s'y drape comme Don César dans sa cape et qui défie bien que l'on puisse,
tant il la porte noblement, distinguer, usées
qu'elles sont toutes deux, la broderie de la trame.

Une longue rue, le corso Cavour, traverse Orvieto
de part en part, de l'Est à l'Ouest, de la rocca à la
porta maggiore. Rue étroite et qui serait sombre
partout ailleurs que sur cette hauteur, où les vents
chassent toute vapeur et toute poussière. Une petite place s'ouvre devant le municipe, qui n'a
rien qui le distingue de tant d'autres; à côté du
municipe, une jolie petite église, San Andrea,
flanquée d'une tour à dix pans. Çà et là, à droite
et à gauche du corso, quelques ruelles conduisent
aux remparts, de plain-pied ou par des escaliers
périlleux. L'une d'elles passe devant une pauvre
petite église toute ruinée, San Giovenale, l'une
des plus vieilles et lamentables que j'aie encore
vues, d'un art presque barbare avec ses grosses
colonnes qui semblent d'un bois mal équarri, avec
sa nef centrale étranglée, ses fenêtres percées en
meurtrières, et des restes de fresques si tristes, si
malheureuses de mêler leur richesse à tant de
pauvreté ! Une autre conduit à San Domenico,

qui n'a d'attrait que d'être bâti sur une crypte de Sanmicheli, où se voit l'inspiration du grand Bramante et de contenir un tombeau, par Arnolfo di Cambio, le modèle de tous les tombeaux de la Renaissance, de ce modèle familier à tout cœur vénitien : le sarcophage adossé au mur et entouré de draperies ouvertes par deux anges sur la statue couchée. Plus loin, l'un à droite, l'autre à gauche du corso, mais si pareils qu'il est impossible de les séparer dans le souvenir, le palais du podestat et le palais des papes. Et n'est-ce pas saisissant, déjà, une telle parité ? Un large massif, carré long, posé sur des arcades aveugles qui forment le rez-de-chaussée. Le premier étage auquel on accède par un escalier extérieur est percé de fenêtres à plein cintre encadrant de fines colonnettes, romanes chez le podestat, gothiques chez le pape. Cette différence seule les date. Au second étage quelques lucarnes et, au-dessus, des créneaux. Même intention de forteresse, de puissance sévère et précautioneuse. Tous deux redoutent le populaire, au même titre, puisque les mêmes ambitions tyranniques et temporelles les ont élevés.

Orvieto est un gros bourg, très vieux, et qui paie auojurd'hui par la difficulté d'y introduire les éléments du bien-être moderne, sa force empruntée seulement à la nature, sa position en un mot, inutile et vaine désormais. Sur une base vénérable, dont des tombes étrusques disent le souci que les hommes d'autrefois eurent de ce roc-sentinelle, Orvieto se réduit chaque jour, laissant entre ses remparts et elle-même des espaces incultes et inhabités. Faire le tour d'Orvieto, c'est s'offrir un spectacle magnifique, unique. Mais y pénétrer ?

Fermez alors les yeux, si vous ne pouvez supporter que la magnificence et, d'un trait, faites-vous conduire de la rocca au Dôme ; vous serez comblé. Deux merveilles sont ici, l'une contenant l'autre, ce que l'Italie a produit peut-être de plus étincelant et de plus puissant : la cathédrale, chef-d'œuvre gothique aussi resplendissant que le Dôme de Sienne et les fresques de Lucca Signorelli dont on peut dire que Michel-Ange seul put oser, sans baisser les yeux, les regarder.

L'écrin, d'abord. A l'heure même où la Papauté commence à sentir la nécessité de quitter Rome, où elle s'apprête à l'exil d'Avignon, elle ordonne, pour un dernier essai de prestige, la construction du monument le plus riche qu'elle ait jamais élevé, puisque le dôme de Milan et Saint Marc de Venise ne doivent rien à son initiative directe non plus qu'à ses deniers. Le miracle de Bolsena en fournit le prétexte. Un prêtre ayant douté de la transsubstantiation fut convaincu par des gouttes de sang qui apparurent sur le corporal tandis qu'il accomplissait les rites de la consécration. Vingt-cinq ans après ce miracle, en 1290, la cathédrale d'Orvieto est fondée pour en perpétuer la mémoire, et vingt ans plus tard on y célèbre la première messe. Depuis cinq ans déjà les papes étaient partis de Rome, abandonnant l'ingrate terre dont ils avaient tant abusé. La piété, cependant, ne se ralentit pas et, en 1310, la façade est commencée. En 1321 le toit est posé. Les décorateurs prennent alors possession du

monument et le couvrent, d'âge en âge, extérieu-
rement et intérieurement, de leurs œuvres : les
dernières mosaïques de la façade datent de nos
jours.

La cathédrale d'Orvieto, mémorable dans l'histoire, l'est aussi dans l'art. Sa façade a tenté et
presque obtenu la réconciliation du gothique avec
le ciel d'Italie. Ce style aigu, fait pour les climats
brumeux où les plantes montent chercher la lumière à travers les nuages éternels, où l'âme, pour
voir le ciel, doit gonfler ses ailes et s'envoler, où
tout invite à se dresser et non pas à s'étendre, le
style gothique se fait ici le serviteur de la lumière
qui descend et se sacrifie aux exigences légitimes
du soleil qui paresse. Des formes effilées, des ogives, des clochetons piquant vers l'azur comme si
l'azur ne s'abaissait pas jusqu'à eux ; mais ces piliers,
ces frontons et ces pinacles soumis aux nécessités
de rayonnement que le radieux climat impose. Le
basalte noir et le calcaire blanc sont le thème fon-
damental de l'œuvre. Ils sont les deux notes,
comme au début de la Neuvième Symphonie, qui
vont se retrouver sous toutes les combinaisons
harmoniques, au fond de toute la polyphonie. Ce
n'est plus que colonnettes, roses, dentelles, blanches et noires ; mais strié, incrusté, tordu, coupé,
et parsemé des plus divers agréments, métaux,
pierres, ou même simple décoration peinte ou pla-
quée. Les trois porches, trinité classique de l'art
gothique, sont composés chacun comme une boîte
d'aquarelle. Il y a du marbre vert, du marbre rose,
des ors tordus en arabesques, du bronze même
par petites plaques, en repoussoir. Puis, ce cadre,

ces cadres une fois dressés, on y insère des tableaux plus éclatants encore. Au milieu de chaque fronton, une mosaïque lutte d'éclat, et les éteint, avec les variations des ogives. De chaque côté de celles-ci, d'autres mosaïques encore. Au-dessus de la galerie, toute basse, deux autres, plus grandes. Une autre enfin, au faîte, colossale, répandant sur le tout sa gerbe irradiée. C'est le défi à l'impossible, la manifeste volonté d'acclimater le gothique ennemi de la lumière sur une terre saturée de soleil,

gothique qui s'approprie les arts lumineux pour se hausser lui-même à leur maîtrise, les oblige à l'exalter, à l'imposer dans leur domaine. La lutte est belle et si jamais l'architecture pouvait être indépendante, pouvait exister en soi, sans se soucier de l'atmosphère, elle triompherait ici de toutes les règles, de toutes les lois ; elle imposerait une forme unique, la même pour toutes les terres, puisqu'elle réalise un chef-d'œuvre, qui est de faire vivre au grand jour des formes nées pour la nuit.

La sculpture l'y aide. Trois porches, ai-je dit ; trois porches séparés et délimités par des piliers. Sur ces piliers, les artistes siennois ont gravé dans le marbre toute la Bible. D'une facture naïve et souvent lourde, ces reliefs sont admirables de chaleur, d'ombres et de clartés. Toujours la recherche des vibrations du prisme et ce qu'on leur reproche de transparence est ce qui me paraît constituer leur beauté. Voici, par exemple, ce groupe en prière. Des corps à peu près informes et vêtus de simples tuniques flottantes. Le vêtement est léger, translucide ; on voit la chair au travers. Quel singulier contraste, au premier abord, entre l'exécution maladroite et le raffinement de ces draperies impalpables! C'est qu'elles ont été mises là non pas pour la réalité, ni la pudeur, mais pour le soleil. C'est pour que celui-ci les pénètre et réveille les ombres. Ces figures sont superficielles mais les traits en sont accentués; elles sont mièvres quelquefois, mais elles «tournent» aisément. C'est l'abnégation même d'un art qui se dévoue au seul effet général. La sculpture s'astreint à servir l'ensemble décoratif, elle lui immole toutes ses ressources et, avec l'architecture et la peinture mosaïste, elle compose l'ensemble le plus éblouissant. Cette façade, au surplus, n'a pas été dressée pour qu'on la détaillât, mais pour qu'on en subît l'éclat. Avec la cathédrale de Sienne, elle démontre que rien n'est impossible au goût, lorsqu'il est accompagné du bon sens et soumis à une inspiration sans défaillance ni trouble. Le gothique, au prix, il est vrai, de quelques sacrifices, comme de renoncer aux lignes toutes droites, simples et nues, a presque vaincu les lois les plus rigides, puisqu'elles émanent de la nature. Il vit et triomphe, fier et harmonieux, dans l'air le plus pur.

Voilà pour l'écrin et voici pour le bijou. De Lucca Signorelli, je connaissais déjà les fresques de Monte Oliveto. Déjà j'avais admiré sa force rude, sa fougue dramatique et sa couleur éclatante, comme saturée. Est-ce parce qu'il fut astreint à l'anecdote? Fut-il gêné par les sujets précis où la fantaisie a des limites? Ou bien le Sodoma l'éclipse-t-il sous sa volupté et sa réalité souvent excessive, si elle est émouvante toujours? A Monte Oliveto, Signorelli est un grand peintre; il n'est que cela.

A Orvieto, où il vint lorsqu'il quitta le désert d'Accona, il est plus qu'un grand peintre, il est la peinture même, réalisant dans la perfection l'idéal de cet art qui est de fixer des formes dans l'espace et dans la lumière. Rien ne le gêne ici. Les sujets qu'il choisit l'autorisent à toutes les imaginations, à toutes les audaces : l'Antéchrist, la fin du monde, la résurrection, l'enfer, le paradis. Toute l'humanité et tout l'idéal. Il se jette à travers ce champ illimité avec une ardeur frénétique. L'émotion en est intense et suffocante. Des nus, des draperies, les costumes les plus divers, tous les personnages synthétisant tous les états de toutes les âmes. Ici, autour de l'Antéchrist, la foule populaire se presse et montre sa bestialité, sa stupidité ou son avidité. Là les humains sortent de terre, éblouis ; ils se serrent les uns contre les autres, ne croyant pas leurs yeux ni leurs mains de se revoir et de se toucher, déjà superbes de pureté dans leur ardente et pudique nudité. Là-bas, autour de Dieu, ils se pressent ravis et rayonnants de béatitude. Plus loin enfin, ils grouillent tordus et hurlant dans les flammes, tandis que le ciel ouvert offre ses délices, pleines d'anges magnifiques, aux chevelures rutilantes, aux formes généreuses, les uns chantant, les autres pinçant la lyre et dont les poses sont les plus modestes dans la hardiesse qu'on puisse oser concevoir. Sur ces diversités, sur ces émois si différents et si vrais, dont pas un ne choque par une expression inaccessible à nos infimes sens humains, Signorelli a jeté son coloris chaleureux ; aucune chair n'est aussi ardente que celle-ci ni aussi vraie, sous sa couleur de brique, ce ton brun un peu roux qui accuse le sang le plus chaud ; ce pourpoint bleu et blanc, ces braies rouges, ces robes vaporeuses des anges, sont d'une splendeur dans la hardiesse crue qui donne des sensations d'abîme côtoyé et évité à force de virtuosité et de mesure ; la richesse est inépuisable de cette palette si bien combinée, harmonisée, opposée et fondue avec le tact le plus hardi, et dans l'ordonnance la plus neuve et la plus grandiose. L'énergie du dessin est plus étonnante encore. Si l'on songe que l'artiste qui conçut et exécuta ces nus musclés et trapus, fut élevé à la même école que les peintres ombriens, on reste confondu de son génie qui l'emporta si loin d'eux. Le modelé de ces corps arrachés à la terre, de ces anges heureux et sains, de ces draperies, de ces robes et de ces chevelures, compte parmi les plus audacieux et les plus impeccables. Quels groupements dans ces nus magnifiques, loyaux et provocants ! Le premier, Signorelli osa s'attaquer au nu pour lui-même, au nu dont l'exécution est la seule raison d'être de l'œuvre entière et il atteignit du premier coup au chef-d'œuvre, au modèle fertile en désespoirs. Cette couleur, ce modelé et cette « invention », il les mit au service d'une imagination aussi abondante qu'aisée, non pas facile mais fertile. On voit ici représentés tous les sentiments, tous les caractères, toutes les attitudes, chacun avec sa nuance, sous sa particularité. Extase des élus, effarement des ressuscités, joie des amants, avidité des sectateurs de l'Antéchrist, niaiserie du populaire, majesté divine, sérénité des séraphins, inspiration des anges musiciens, tout est sur ces murs, toute la gamme que chantent l'âme et le corps humain. Durant ce long voyage que je viens d'accomplir et dont voici l'avant-dernière étape, je n'ai jamais éprouvé l'exaltation puissante que je ressens ici. A Parme, Corrège m'a procuré une ivresse aussi forte, mais qui était moins profonde, tenait moins aux fibres nobles et pures de l'âme et de la raison. J'étais transporté d'allégresse, de joie ravie, de charme et de grâce caressante. Je n'étais pas subjugué de puissance, de majesté, de sérénité, de virilité. Par Signorelli, l'art florentin, l'austero toscan, arrive à sa réalisation complète, absolue. Il ne lui restera plus qu'à frémir du souffle de Michel-Ange. Avec Signorelli, qui n'était pas un monstre comme Buonarotti, il atteint sa suprême expression humaine et idéale à la fois. Signorelli a tout vu, tout compris, tout rendu. Le cycle est achevé. A part le génie qui échappe à toute règle comme à toute mesure et qui va se montrer si prodigieux au Vatican, l'art de la fresque a dit son dernier mot. Il mourra sur la plus haute et la plus émouvante note de son chant.

*
* *

A l'heure peut-être la plus décisive pour la papauté, Orvieto jouà un rôle primordial. Depuis cinquante ans, l'Italie est livrée à elle-même. Le pape est parti ; il continue à Avignon les mêmes mœurs qui l'ont rendu intolérable dans la péninsule. Tandis qu'il reste sourd à la voix de Pétrarque et de sainte Catherine, les villes italiennes s'organisent et vivent d'elles-mêmes, par elles-mêmes, sans maître étranger. Peu à peu, l'ancien domaine, non seulement le royaume des donations, mais aussi le patrimoine, s'émiette, se considère indépendant et ne reconnaît plus d'autorité que celle du podestat ou du seigneur, que chaque ville s'est choisie. Si douce que soit Avignon aux petites ambitions de la cour et aux intérêts personnels de chaque pape, le prestige romain hante le rocher des Doms. Va-t-on laisser se perdre ainsi ce qui faisait la force du pouvoir pontifical, son appui territorial contre les ambitions nationales de la France et de l'Allemagne — et surtout sa ressource matérielle ? Le jour où la papauté n'aurait plus que le prestige moral, dont la France montre la faiblesse par le mépris où elle la tient malgré toutes les apparences du respect, ce jour-là verrait la fin de l'Église romaine. Il faut reconquérir le domaine, le ramener sous la crosse pastorale et, par la reconstitution de l'État, vivifier la papauté. C'est la guerre qui s'impose contre des villes où les pouvoirs démocratiques ou personnels se sont installés. Qui la conduira ? — Albornoz.

Œgidius Alvarez Carillo d'Albornoz — quel nom pour un parnassien, et quel vers ! — est le type le plus achevé du personnage dont fourmille l'histoire de l'Église depuis Charlemagne. Il se perd à la vérité. Albornoz en est un des derniers exemples, mais il en est le plus parfait. Si tous lui eussent ressemblé, les maux de l'Église et du monde eussent été moindres. Albornoz est de la race des Héribert, cet archevêque de Milan que j'ai entrevu à Plaisance. Il descend en droite ligne de ces évêques allemands qui étaient plus souvent au camp qu'à l'autel, pourvus d'héritiers pour lesquels ils faisaient la guerre. Henri le Noir en trouve des centaines derrière lui à chaque descente, aussi braves soldats qu'avides seigneurs. Ils conquièrent les villes, montent à l'assaut et pillent. L'un d'eux s'assit sur le trône de Saint-Pierre, en la personne de Jean X qui chargea lui-même les Sarrazins à la tête de ses troupes. Léon IX partit de même en guerre contre les Normands. Un jour, sous les murs de Rome, deux troupes exclusivement composées de prêtres et de moines se livrèrent une bataille dans les règles pour décider à qui, d'Alexandre II ou de Cadalous, appartiendrait la tiare : Hildebrand conduisait l'une. Albornoz est le prêtre-soldat dans toute son acception, c'est-à-dire un soldat-né que les hasards de la politique ont fait prêtre, mais qui remplace le plus souvent son cilice par une cuirasse. La dignité n'est là que pour le prestige et le rapport, surtout le rapport. Le premier souci est la guerre, offensive, défensive ou simplement récréatrice. L'Église et les armées rassemblent toutes les ambitions et concentrent toutes les richesses. Qui est dans l'une désire fatalement avoir un pied dans l'autre. Le soldat souhaite un évêché ou une abbaye et l'évêque aspire à commander une troupe. Les événements obligent d'ailleurs. Sitôt qu'on est nanti, il faut se défendre contre les jaloux, à moins, et c'est le plus fréquent, qu'il ne soit irrésistible de s'agrandir. Les descentes impériales en Italie, les ambitions de tous les féodaux, ecclésiastiques ou laïques — il n'y a pas de différence —suscitées par les chevauchées germaniques à travers le monde, ont éveillé tous les appétits. L'Église excite ceux-ci pour qu'ils lui profitent;

elle encourage la force chez ses dignitaires. Albornoz ne se distinguait de ses pairs que par le génie et le désintéressement.

Il a commencé sa carrière dans l'armée d'Alphonse XI, roi d'Espagne, dont il est le porte-étendard. Ses services militaires lui valent en 1337 l'archevêché de Tolède. C'est un bénéfice; c'est à peine un titre; ce n'est, en aucune manière, une fonction. Sur les Maures, il gagne la bataille de Salado. Mais Pierre-le-Cruel n'a pas pour lui les égards qu'avait Alphonse. Albornoz quitte l'Espagne et vient à Avignon où il offre à Clément VI ses services. Clément commence par le nommer cardinal et, en 1353, il le charge de la plus belle mission qui puisse échoir à un soldat d'Église, la conquête du domaine italien, émancipé depuis la fuite de son maître. La tâche est considérable ; elle est même totale puisque, sauf deux villes, Montefiascone et Montefalco, toutes les villes et tous les territoires ont recouvré leur autonomie. Elle est délicate, en plus, parce qu'il faut prendre garde d'inquiéter les seigneurs voisins qui guettent la proie et ont intérêt à ne pas laisser se reconstituer un royaume auprès de leurs principautés. Albornoz triomphera de ces obstacles avec une audace et une prudence incomparables. Ce condottiere, car c'en est un en réalité, accomplira son œuvre d'une manière magistrale et il gardera, malgré ses succès, l'âme la plus ferme, la plus sceptique et la plus sage. A quoi n'aurait-il pu prétendre ? On va voir comment il se paya.

Il part d'Avignon à la tête d'une armée composée d'aventuriers français et espagnols. Sa première halte se fait à Milan où il trouve un compère, Giovanni Visconti, l'archevêque, le chef de la race. Visconti a tôt compris ce que vient faire Albornoz de ce côté des Alpes. Il sympathise et donne un conseil : évitez Bologne où vous serez mal reçu ! Albornoz entend que Visconti lui offre un marché et il consent à lui laisser Bologne, quitte à la reprendre lorsqu'il sera le plus fort. Il descend vers Rome par la route de Pise et de Florence où il est bien accueilli, parce qu'on espère de lui qu'il annihilera bientôt la puissance de Milan. Il passe à Sienne et atteint enfin l'une des deux villes qui reconnaissent la suprématie du pape, Montefiascone. A peine y a-t-il pris quartier qu'il voit arriver vers lui une députation des Romains. Les factions déchirent la capitale catholique. Rienzi vient d'en être chassé ; les Colonna et les Orsini se disputent le pouvoir. Le peuple romain demande à Albornoz de le protéger contre ses oppresseurs. Pendant ce temps Rienzi reparaît. Albornoz comprend la force du tribun qui s'appuie sur la démocratie romaine et, pour éviter que Rienzi rompe tout lien avec le pape, il se l'attache : il proclame solennellement Rienzi sénateur. La révolution romaine devient pontificale, Rienzi n'est plus que l'agent du pape contre les ambitions féodales et seigneuriales. La papauté reprend son rôle guelfe. Rienzi peut ne pas répondre à l'attente ni d'Albornoz ni des Romains, il peut être égorgé ; le fait reste, capital : Rome s'est tournée vers le pape, lui a tendu la main. Encore une fois, la papauté rassemble l'Italie soulevée contre ses tyrans. Le guelfisme, jamais las, bien qu'on l'ait tant abusé, reprend sa route et Albornoz le conduit. Fort du sentiment populaire qui le soutient, Albornoz va maintenant conquérir le royaume.

Il court, d'abord, au plus pressé ; il court à Orvieto. Un préfet pontifical, Giovanni di Vico, y règne, narguant le pape et se considérant comme le seul maître. Albornoz somme Vico de rendre Orvieto. Vico éclate de rire. Il est excommunié. Albornoz ne comptait évidemment pas beaucoup sur l'effet de cette malédiction, préalablement nécessaire pourtant. Il l'appuie d'une marche rapide et, le 9 juin 1354, après quelques combats et malgré l'appui du Visconti qui a envoyé des secours à Vico, Albornoz entre en vainqueur à Orvieto. Huit villes, aussitôt, envoient leurs clefs à Albornoz. Avignon exulte, puis s'inquiète. Albornoz n'a-t-il pas eu l'imprudence, qui est au contraire une sagesse, de ménager Vico ? Albornoz n'est pas d'humeur à se laisser morigéner. Il déclare nettement qu'il partira si on le désapprouve. Avignon courbe la tête et, au bout de quatre mois, Albornoz peut lui faire savoir qu'il a reconquis tout le patrimoine et le duché de Spolète. Restait le plus difficile : la reprise de la Romagne.

Galeotto dei Malatesti et son frère Malatesta détiennent Rimini et Pesaro. Ils ne demandent qu'à s'arranger. Mais Albornoz entend dicter ses conditions et non discuter. Il offre à Gentile, tyran de Fermo, de conquérir avec lui Rimini et Pesaro. Grâce au concours de l'empereur Charles IV, Albornoz, qui a l'habileté de se faire aider par le plus légitimement jaloux des compétiteurs, Albornoz vient à bout des Malatesti qui se soumettent.

Après lui, Gentile da Fermo est réduit, puis le Polenta de Ravenne. Ordelaffi da Forli est plus difficile à saisir. Il s'est enfermé dans Forli, et sa femme, Cia, dans Cesena, où elle soutient, sur la ville haute, dite la Murata, un siège héroïque. C'est en vain que son vieux père la supplie de se rendre. Elle refuse, ayant juré à son mari de ne jamais céder. La ville l'y oblige; Albornoz offre à Cia tous les honneurs de la guerre, qu'elle accepte pour ses soldats et non pour elle. Le 21 juin 1357, Albornoz entre à Cesena. Il n'a plus que Forli à prendre pour avoir achevé cette première partie de sa tâche, lorsque, tout à coup, il est rappelé.

Avignon a suivi avec anxiété les progrès de son légat. Tant de succès deviennent dangereux. Qu'est-ce qui empêche Albornoz, après avoir tout conquis, de tout garder? Avignon juge Albornoz sur elle-même. Au risque de tout reperdre, elle lui intime l'ordre de repasser les Alpes. Albornoz regagne la Provence, indifférent à toutes les vanités comme à toutes les ingratitudes. Il n'est pas débotté que tout se gâte en Italie. Le pape le supplie de repartir. Tranquillement, sans s'émouvoir davantage que lorsqu'il dut revenir, il se rechausse et reprend sa campagne où il l'avait laissée, sous les murs de Forli qui tombent enfin.

Il va falloir maintenant avaler le gros morceau, mis de côté au début et d'accord avec Visconti, Bologne. Cette ville est aux mains d'Oleggio qui voudrait bien ne la donner ni à Visconti ni au pape, mais la garder pour lui. Albornoz offre sa protection à Oleggio qui, entendant déjà les pas de l'armée du Visconti, est bien obligé de s'aboucher avec le cardinal. Il doit être mangé — il choisit sa sauce. Le 17 mars 1360, Albornoz signe avec Oleggio un traité, par lequel il prend Bologne pour l'Eglise et donne à Oleggio la seigneurie de Fermo. Pendant un an, Albornoz tient la campagne contre Visconti, dénué de toutes ressources, sans argent; Avignon, toujours soupçonneuse et avide, ne lui envoie aucun subside et il n'en trouve pas dans un pays où, sauf la ville, tout est aux mains de l'ennemi. Il demande partout des secours. Personne ne l'écoute. Ce n'est qu'à une ruse de Malatesta qu'il doit enfin de remporter sur Visconti une victoire importante. Autour de lui, pour partager la poire milanaise, qui paraît mûre, se serrent alors Cane Grande de Vérone, Carrara de Padoue, Este de Ferrare et Gonzaga de Mantoue. Visconti est écrasé à la bataille de Salarmolo, 1363. En dix ans, Albornoz a rendu au pape tout son domaine auquel cette dernière victoire va ajouter le Milanais.

Quelques mois après, le pape, Urbain V, signait avec Visconti une paix qui laissait à celui-ci son territoire, donnait Bologne au pape — mais en chassait Albornoz. Traité indignement, en suspect et en traître, Albornoz lève les épaules et rentre à Viterbe où, en attendant l'arrivée d'Urbain V, qui s'est décidé à regagner Rome, maintenant qu'Albornoz la lui a rendue, il rédige ses *Constitutions œgidiennes* qui vont servir de charte au royaume. Puis, le pape tardant un peu, il guerroye dans le Napolitain et revient enfin recevoir Urbain, à Corneto. Il le conduit à Viterbe et le premier mot qui tombe de la bouche du pape est pour réclamer des comptes.

Pendant quinze ans, Albornoz a touché les revenus ecclésiastiques des provinces qu'il a conquises. Qu'a-t-il fait de cet argent?

— Mes comptes? répond Albornoz. Je vous les donnerai demain.

Le lendemain, il prie le pape de s'approcher de l'une des fenêtres du palais et il lui montre sur la place un chariot traîné par quatre bœufs et tout. chargé des clefs des villes et forteresses qu'il avait recouvrées :

— C'est à acquérir ceci que j'ai employé les revenus de l'Eglise.

Le pape interdit s'en tira par une pantalonnade :
— Je suis donc en reste, répondit-il.

Bien entendu ce fut encore Albornoz qui paya. Lorsqu'il mourut, quelques semaines après, en juillet 1367, à Viterbe, il préparait une ligue qui avait réuni contre Visconti, le pape, l'empereur, Naples, Padoue, Ferrare, Mantoue, Reggio, Verone, Sienne et Pérouse. Jusqu'à son dernier souffle, il travailla sans espoir et sans désir, pour le plaisir et le devoir. Il n'est pas dans toute l'Eglise du Moyen Age et peut-être même de tous les âges, il n'est pas parmi les prélats de ce temps, tapis à Avignon, « cette sentine » comme disait Pétrarque, autour d'un pape aussi peu recommandable que ses courtisans, il n'est pas de figure aussi belle, héroïque et pure que celle d'Œgidius Alvarez Carillo d'Albornoz, condottiere et cardinal.

XVIII

AUX PORTES DE ROME

Lorsque je franchis la porte florentine, la nuit est tombée. Sur la vaste place dont l'ampleur est si peu congrue à cette petite et vieille ville, sur la place de la Rocca où ma fenêtre, rare fortune en Italie, prend air et fraîcheur, je ne distingue que des ombres. A droite, la Rocca, l'ancien palais du pape, caserne aujourd'hui, reste impénétrable et les quelques rares fenêtres qu'elle allume ne font qu'accentuer son mystère. En face, la nuit complète, maisons invisibles que ne troue même pas un point brillant, étoile accrochant à un pignon sa pointe. A mes pieds, un dessin de pyramide ou d'échafaud. Et c'est la fontaine de Vignola, l'une des belles fontaines prodiguées en cette ville bâtie aux confins des plaines romaines et qui se signale par sa seule chànson, sa douce chanson que les jets d'eau, de projection et de volume inégaux, harmonisent à la tierce et à l'octave.

Sur la lande, les sorcières sortent des rochers et se réunissent pour leur cercle, où le destin de Macbeth sera fixé ; elles agitent leurs follets et dansent autour. Ainsi, des maisons invisibles, des formes se détachent. Elles arrivent par la rue dont j'aperçois, à gauche, la ligne de lumières et se concentrent autour des reverbères qui s'allument enfin. La Rocca s'ouvre, des aciers et des cuivres scintillent, la musique militaire prend place auprès de la fontaine. Elle joue bientôt ses valses faciles et les ombres aussitôt de remuer. Elles tournent, piétinent ; le bal est commencé. La leçon de danse plutôt. Ce cours de danse est pour jeunes hommes. Ces couples enlacés, en effet, ne sont que de garçons. Écoliers, apprentis, tout le petit peuple ouvrier de Viterbe vient ainsi chaque soir, aux sons de la fanfare du régiment, apprendre à valser. Étrange dans la nuit et du haut d'une fenêtre, ce popolano est innocent dès que l'on se mêle à lui. Je suis descendu, j'ai circulé parmi les danseurs. Le plus âgé doit avoir dix-sept ans. Ce ne sont que bourgerons et cotes d'adolescents. Ils s'abordent, se prennent sans rien dire par la taille et sautent parmi la poussière. Les novices cherchent leurs aînés, s'en emparent et les entraînent. Docilement, ceux-ci les conduisent, les enseignent et les reprennent. Tout cela sans mot dire, ou presque. Un silence d'une impressionnante gravité préside à ces ébats. Quelques grandes personnes, officiers ou bourgeois, flânent un instant : elles parlent bas, elles aussi. On dirait une cérémonie pieuse que l'on craint de troubler. Lorsque la musique s'arrête, chacun s'en va de son côté, se promène et saisit le premier qui passe, dès que les cuivres résonnent de nouveau. Ils font des échanges au milieu des morceaux, vont des bras

de l'un aux bras de l'autre. J'ai suivi l'un d'eux ;
il a valsé avec sept camarades dans l'espace de cinq
minutes. En vain, je cherche les clartés du caba-
ret où ce jeune troupeau, en France, ne tarderait
pas à se précipiter. Tout est noir, aucun « bistro »
n'offre ses tentations. Ce peuple, je l'ai déjà et souvent remarqué, est sobre au dernier point. Il est
nonchalent et paresseux. Il reste du moins sans
vice dégradant. Cette danse elle-même, personne
ne cherche à l'interpréter avec malveillance. Ils
ne boivent pas ; ils ont le cœur candide ; ils
s'amusent à apprendre la valse et voilà tout. Au
bout d'un quart d'heure, la musique regagne la
Rocca, les groupes se dispersent aussi silencieux et
placides qu'ils sont venus. La nuit envahit de
nouveau la fontaine dont la mélodie va seule,
maintenant, bercer mon sommeil, plus bruyante
cent fois que les piétinements des danseurs muets.

Viterbe n'est peut-être pas la plus vieille de toutes les villes que je viens de parcourir. Elle est celle,
en tout cas, qui a conservé les plus antiques témoignages. Pavie ne possède plus rien qui rappelle la
grandeur lombarde. Viterbe est pleine de ces souvenirs. Aux portes de Rome, Aistulf et Didier se
perpétuent et parlent à notre cœur, s'ils ne peuvent rien dire à nos yeux saturés de beauté. Là
où ils furent arrêtés, là ils sont restés. Pour le souvenir de la défaite ou par dédain, on a laissé
debout ce qui faisait leur orgueil, ce qui n'est plus
aujourd'hui que leur pauvreté. Derrière les rues
modernes se cachent des ruelles infâmes, le quartier San Pellegrino parmi les autres, d'une gla-
ciale misère : ruisseaux fétides au milieu d'une

chaussée défoncée; maisons aux pierres superposées sans ciment et noires comme la nuit; escaliers déjetés et croûlants; pignons coupés et pantelants; arcades brisées, amas sordide des plus antiques murailles. De temps en temps, entre deux de ces horribles et vénérables masures, une église ouvre sa petite porte, toute grande. Rien n'est moins tentant que cet empressement. Tout voyageur d'Italie le sait : église ouverte est église pauvre. San Sisto n'a pas de custode exigeant. C'est qu'il ne possède de merveille que soi-même. Bâti ou plutôt reconstruit au ixe siècle, il a gardé des âges lombards tout un appareil qui le rapproche dans mon souvenir des plus émouvants spectacles ravennats, de l'arienne basilique des Goths, San Spirito. Trois nefs séparées par des colonnes renflées en leur centre et rugueuses, comme si on n'avait pas eu le temps de les polir ni de les égaliser. Surmontées de chapiteaux corinthiens, ces colonnes supportent un haut mur plein sur lequel, du côté des deux nefs basses, des arcs à plein cintre s'appuient. Au fond, un large et majestueux escalier monte aux transepts, courts, à l'intersection desquels, devant l'autel, des colonnes énormes, droites et lisses celles-là, enlèvent le dôme, voûté de pierre nue. Derrière enfin, l'abside, toute étroite et ronde, tapissée de petits cubes de pierre taillée, une mosaïque sans couleurs : l'effet est étrange, de cet ensemble grossier et raffiné en même temps. La lumière avare pénètre par de petites fenêtres de côté, laisse les nefs dans l'ombre et inonde l'autel et l'abside, avec astuce. Mais pourquoi donc aussi cette abside est-elle si menue?

Elle fut amoureusement traitée, le détail des encadrements le prouve. Pourquoi ne se développe-t-elle pas en harmonie avec le monument tout entier, petit sans doute mais non pas primitif et dont aucun détail n'accuse une inexpérience?

C'est que San Sisto est encastré dans l'enceinte même de la ville. Cette abside, c'est le mur lui-même, que l'on a quelque peu arrondi, mais non imprudemment bombé. L'église ne forme qu'un avec le rempart et se garde d'y faire brèche.

Ce mur, car ce n'est pas un rempart et non plus une enceinte, est superbe, comme l'était « le superbe Hippolyte », c'est-à-dire plein d'imposant orgueil et de légitime fierté. Tout droit, très haut, complètement nu, sans fossés, sans contrescarpes ni bastions, couronné seulement d'une dentelle de créneaux, il tourne, rigide, autour de la ville qu'il entoure exactement, comme un parc. Il la protège de sa simple surface. Il est d'un temps où les villes s'emportaient par irruption et où les flèches pleuvaient. Çà et là quelques tours carrées pour cette pluie et rien que des pierres lisses, sans protubérances où les assaillants pussent s'agripper. Les portes, ouvertes de place en place, permettent seules à d'autres qu'aux chats de pénétrer dans la ville. Cet appareil de clôture en palissade, je l'ai vu déjà, en France, à Avignon, mais d'une hauteur moitié moindre. Ici il est considérable de développement hardi. Ce haut mur plat, sans soutien, conservé par sa seule force intime, respire la majesté et la sécurité. Il forme exactement les quatre côtés d'une grande boîte dans laquelle la ville, introduite d'une seule pièce, et par le haut, est enfermée, à l'abri des accidents ou des coups.

Hélas ! au fond de son bahut, l'objet ne fut pas cassé, mais il y tombe en poussière. J'ai gagné Santa Maria della Verita, couvent désaffecté, dont le cloître, resté intact, est charmant de gothique fleuri et dont l'église, aujourd'hui salle de fête, contient une fresque un peu sèche et gauche, mais d'une édification inépuisable par les documents qu'elle apporte. Sous couleur de marier la Vierge Marie, Lorenzo da Viterbo représente les noces d'un seigneur du xve siècle. Oh ! nous sommes loin des noces de Cana et du repas chez Lévi ! Plus près peut-être, sinon, et à aucun point de vue, du grand art, du moins de la réalité, Lorenzo n'a pas, comme Véronèse, ajouté aux choses de son génie. Il n'a rien magnifié, mais tout rendu comme il le voyait, copié sur la nature même, avec toutes les verrues. Et s'il fallait rapprocher cette fresque de quelque autre ce ne serait même pas des Ghirlandajo de Novella, non plus que des Pinturrichio de Sienne, mais bien plus justement des Cossa de Ferrare. Elle est comme eux, un trésor. Elle a comme eux la grande quantité réaliste, premier mérite, base de tous les autres : une vision sévère de la nature rendue avec scrupule et exactitude. De plus que Cossa, pourtant, Lorenzo possède une couleur éclatante qui le rapproche, et en fait presque un frère du rude et lumineux Piero.

Par la porte romaine, après avoir longé pendant quelque temps le mur, je suis rentré dans « la ville aux belles fontaines et aux belles femmes » selon le mot de la légende. Il ne m'a été donné de vérifier que le premier terme. Je ne sais si la race a dégénéré, mais l'eau coule toujours aussi pure, sur toutes les places, au coin de toutes les places. De vasques en bassins, par jets ou par gouttières, elle se répand abondante et claire ; elle emplit la ville d'une musique qui accompagne tous mes pas, les encourage et les soutient de son allégresse. La lamentable place de la mort elle-même gazouille. Et ces fontaines jaillissantes sont la seule joie de cette ville noire, sale et décrépite, pourrissant dans son coffre. Il semble que les quartiers lombards ont rongé tout alentour, répandu leur lèpre et leur délabrement. Ruisseaux fangeux, maisons qui s'affaissent, rues désertes et polluées de détritus, cours aux relents infects, c'est partout le renoncement de soi-même, l'abdication de toute dignité. Tant d'eau, ô dieux ! vous avez donné, pour qu'on la méprise ! Çà et là, pourtant, Viterbe commence à se nettoyer. Il semble qu'elle a compris que le devoir des villes comme des personnes, est de se défendre contre les âges insolents et dévastateurs, de toujours paraître si ce n'est appétissantes, du moins ragoûtantes. Le voisinage de Rome a fait de Viterbe un but d'excursion pour les automobiles et la ville arienne, depuis longtemps découragée au fond de son bahut, reprend goût à la vie. Elle astique, restaure et essaie, sinon de se rajeunir, du moins de ne pas repousser. Pardonnons-lui son aspect lamentable d'aujourd'hui, en faveur de ce qu'elle sera demain. L'heure de la toilette pour les vieilles villes comme pour les vieilles dames, est, hélas la plus funeste. Sous le peigne et la brosse, la boîte à fard ouverte devant elle, Viterbe est épouvantable. Les quartiers lombards ont la beauté du vieux mendiant à l'œil exorbité, sanglant, devant lequel Rembrandt s'agenouille. Le palais épiscopal éventré, sans toit, rempli de plâtras, encombré de poutres pourries, est sinistre. Je vois bien la grâce qu'il aura, ce petit palais médiéval, élégant et fin, surtout en sa loggia à doubles colonnes et qui s'ouvre sur la campagne. A l'heure de sa restauration il est lamentable. On regrette son abandon d'hier, et pour son harmonie et pour cette restauration même dont on craint le zèle. Dans cette grande salle crevée, pantelante, des conclaves furent tenus, aux jours heureux où Innocent III venait de rendre à la Papauté sa force et son prestige. Que fait-elle à vouloir briller d'un nouvel éclat, à vouloir nous apparaître ce qu'elle fut aux temps qui ne renaîtront plus ! Demain comme aujourd'hui nous aimerions à pleurer sur toutes les misères ; les grâces restaurées ne nous permettront plus que de nous divertir.

Il est encore du moins, avec la cathédrale, vieille basilique défigurée au xvie siècle, un monument intact, le palais municipal. Sale et noir ainsi que toute la ville, il s'étend derrière un rang d'arcades, ouvre sa cour, fermée sur trois côtés seulement, au-dessus d'un vallon puant, et déverse par-dessus des balustres les eaux de sa fontaine. Des mains soigneuses ne sont pas encore venues l'épousseter. Les salles du musée qu'il contient gardent une vétusté héroïque. Elles défient les temps avec acrimonie. Vitrines désordonnées, débris de chapiteaux, de corniches, de bandeaux, de boiseries, de tombeaux, entassés pêle-mêle, culbutés et, parmi ces moisissures, un chef-d'œuvre, un joyau magnifique, la Pieta de Sebastiano del Piombo. Le voyageur maudit souvent la dispersion des tableaux, les courses qu'impose la recherche de ceux-ci. Si le sort qui attend leur réunion est celui de cette merveille-là, béni soit l'égoïsme du possesseur ! L'ami de Michel-Ange, Sébastiano, a donné ici, par cette Pieta, la mesure la plus nette de sa vigueur et de son sentiment dramatique. Ce Vénitien, élève de Giovanni Bellini, méprisait Raphaël. Il avait tort. Tout en le condamnant, comprenons-le et voyons du moins ce que son réalisme puissant, sa forte énergie devaient condamner chez le peintre des vierges aux petits oiseaux. Michel-Ange aida, dit-on, Sebastiano de ses conseils. C'est qu'il savait à qui il s'adressait, à un artiste aussi rude que lui, aussi tourmenté de grandiose et de saisissement. Déjà, j'ai vu bien des *Pieta*, bien des Vierges au Calvaire. Aucune ne m'est apparue avec tant de puissance. Il faut aller jusqu'en Flandre pour rencontrer l'égale de celle-ci. La Pieta de G. Masys, à Munich, seule, pourrait s'en approcher ; encore est-elle empreinte de quelque maniérisme. Sebastiano a donné à la Vierge douloureuse, dont les lèvres se serrent pour garder en son cœur son désespoir et ne pas le prostituer aux compassions qu'attirent les plaintes, une expression sublime d'humanité et d'orgueil maternel. N'est-ce pas, aussi, légitimement que me revient le souvenir de la mère divine que j'ai vue à Modène, au pied de la croix, à genoux, le buste renversé, les yeux clos au milieu d'un visage ravagé ? Sebastiano rejoint son compatriote Cima da Conegliano, tous deux réalistes, l'un par innocence, l'autre par l'extrême culture et tous deux, par ainsi, démontrent que l'art le plus sûr, c'est encore d'imiter la nature, de l'interpréter selon son propre génie, mais en la serrant toujours au plus près, en saisissant les formes fugitives pour « les fixer dans l'espace et dans la lumière ».

La pluie convient à Viterbe. Elle n'a pas manqué à mon après-midi que j'ai passé devant la maison où mourut la fille de Lucien Bonaparte, Lœtitia. Des aigles dorés en rappellent seuls la gloire. Un industriel a acquis ce débris impérial et en conserve soigneusement les aspects. Le fauteuil où je suis assis provient, paraît-il, de cet asile déchu : quelques-uns des meubles parmi lesquels vécut le président des Cinq-Cents servent aujourd'hui à l'usage des passants. Vers le soir, la pluie ayant cessé, je suis monté jusqu'à la Quercia. Au bout d'une longue route qui traverse la campagne toute plate, l'abbaye de la Quercia dresse son porche rustique et son campanile au milieu d'un pauvre hameau. Quatre reliques m'y attendaient : un Robbia aussi beau que les plus beaux du Bargello ; le cloître gothique couronné d'une loggia ; le plafond de la nef, magnifique de richesse, d'opulence et d'éclat ; le tabernacle, marbre et bronze, d'Andrea Bregno, chef-d'œuvre de l'école lombarde, oublié par Burckardt — et je suis revenu vers Viterbe sur un regret. J'aurais voulu pouvoir me reposer auprès des cascades et sous les quinconces de la villa Lente. J'aurais aimé, parmi leur fraîcheur, finir ce long voyage et reposer mon esprit dans leur tendresse. Après tant de beautés, il serait doux de regarder couler les buffets et éclore les bourgeons. Et voilà qu'à Viterbe aussi, comme dans chaque ville parcourue, un prétexte m'est fourni de revenir. Au terme de ma course se rassemble, autour de la villa Lente, tout ce qui m'échappa, au jour le jour. Partir ! Mais revenir ! Revoir et voir aussi pour la première fois ! L'Italie regorge. A mesure qu'on la visite, les chefs-d'œuvre augmentent, le désespoir vous prend de jamais les connaître tous et c'est la consolation du départ que de se jurer qu'on les découvrira au prochain voyage. Aux souvenirs se mêlent les désirs et le plus grand charme que possèdent les premiers est dans l'impatience des seconds. Cultivons nos regrets ; laissons-leur de quoi s'alimenter ; ils nous font penser à ce qui nous exalte, ils entretiennent l'enthousiasme de leur inconnu. Ils sont la plus exquise forme de la piété fidèle.

*
* *

Demain j'entrerai à Rome, enfin ! J'ai demandé autrefois, dans un petit village padouan, Arqua-Petrarca, et penché sur la tombe de Pétrarque, j'ai demandé aux cendres héroïques les raisons et les conséquences des révolutions italiennes. Le mouvement fédératif, ce grand essor municipal des cités en quête d'indépendance et de liberté, j'en ai saisi le sens sur les lèvres closes de celui qui le formula. J'ai pu, au hasard du chemin, en surprendre les manifestations diverses et unes.

De l'Etat pontifical, j'ai pu aussi, en ce voyage qui se termine aujourd'hui, j'ai pu noter la formation, l'éclosion, l'essor, l'apogée et la décadence, dans les villes où ces phases se sont fait particulièrement sentir. Et s'il est sage de réserver la part de Rome, il n'est pas téméraire de dégager, même sans avoir interrogé la ville éternelle, la philosophie générale des périodes historiques dont les villes que je viens de parcourir marquent les étapes. Une Rome idéale s'élève ainsi, faite de tous les souvenirs provinciaux et, sauf peut-être quelques retouches que peut m'imposer la Rome matérielle, je puis conclure. La Rome des Savoie et la Rome antique, enserrant et noyant la Rome papale, ne m'en diront sans doute pas plus sur celle-ci que ses sujettes. Le pontificat temporel est tout entier dans les cités qui l'abritèrent et le tinrent en échec tour à tour. Il est ici-même, à Viterbe, où se déroulèrent deux événements, peu considérables en eux-mêmes mais si caractéristiques, qu'ils donneront à mes conclusions une force nouvelle. Par eux, on éprouve le sentiment italien, par conséquent les raisons qui firent, de nos jours, échouer définitivement la papauté dans ses prétentions d'une monarchie éternelle, jusqu'à son fond. Le tuf même apparaît.

Barberousse vient de signer la paix de Constance. Soutenues, en général, par la papauté, les villes ont obtenu l'autonomie municipale qu'elles ont tant souhaitée et si douloureusement conquise. Elles se développent sous leurs consuls et déjà s'indique la lutte des villes et des châteaux que j'ai étudiée à Brescia, particulièrement. A ce moment précis, Innocent III monte sur le trône pontifical. Il arrive à l'heure où la liberté qui semblait perdue, renaît. Il comprend toute la gravité de l'heure pour le pouvoir temporel : comme l'empire, la papauté, elle aussi, peut être un jour balayée d'Italie par les villes émancipées et prospères. Va-t-elle donc entrer en lutte armée avec elles ? Innocent n'a pas les moyens de le faire et, les aurait-il, que le sort des Allemands peut être au bout de ses efforts. Il ne lui reste qu'une ressource, c'est d'accaparer le mouvement, de le faire papal, de s'en dire le protecteur et, par ainsi, de l'absorber au profit de l'Église.

La ville de Rome a suivi ses sœurs italiennes dans leurs aspirations autonomes. Le premier devoir pour Innocent est de réduire les velléités romaines, d'être le maître d'abord dans sa ville, d'où il pourra rayonner et vaincre. Mais Rome résiste à Innocent dont elle devine les intentions despotiques. Il est nécessaire de la satisfaire par des apparences, afin de mieux lui refuser les réalités. Viterbe va servir à ce mirage.

La capitale du patrimoine, du domaine donné au pape par Mathilde, Viterbe, s'était alliée aux Allemands, lorsque Barberousse était venu mettre le siège devant Rome. Elle avait pris part au pillage et avait emporté, comme trophée, les portes de bronze du Latran. Pendant trente-deux ans, Rome attendait sa vengeance, qu'Innocent lui fournit enfin, pour la tromper mieux, en 1199. Autour de Viterbe, comme autour de toutes les villes, de Brescia entre autres, tournaient les féodaux qui cherchaient le moyen d'y pénétrer et de s'en rendre maîtres. Parmi ces féodaux, se voyait surtout le seigneur de Vitorchiano. Les Viterbois sont impatients de réduire ce seigneur qui tient la campagne, c'est-à-dire les sources du travail et de leur subsistance. Ils l'assiègent dans son château. Vitorchiano, qui sait la rancune de Rome contre Viterbe, appelle les Romains à son secours. Que va faire Innocent? Va-t-il marcher contre Viterbe et non seulement détruire une ville dont il est suzerain, mais encore travailler au profit de l'un de ces seigneurs qui sont le perpétuel danger de la domination universelle, catholique? D'ailleurs, il risque aussi de rendre les Romains, après leur victoire, plus insolents encore qu'ils ne le sont. Il ne peut, d'autre part, se dérober à la volonté des Romains, sans risquer de les soulever encore une fois et de compromettre son plan de confiscation papale. Son jeu va être de prêcher la paix, sans rien faire pour l'obtenir, au contraire. Il se dressera alors comme arbitre et jouera le rôle de tous les arbitres qui est de s'emparer de l'enjeu. La guerre éclate donc entre Rome et Viterbe. Les Viterbois sont mis en déroute et Innocent lève l'étendard conciliateur. Il impose sa paix par laquelle les Viterbois rendent les portes de bronze, jurent fidélité au sénat, renoncent à Vitorchiano et démolissent un fort construit en avant de Viterbe. Mais ils conservent le territoire et leur autonomie. Les Romains mécontents se rebiffent, chassent Innocent, qui revient bientôt et finit, en 1204, par s'imposer à Rome, qu'il gave de bienfaits, d'ailleurs, asiles, hôpitaux, administration sage. Fort de cette soumission de Rome enfin conquise, Innocent va pouvoir poursuivre son entreprise d'absorption.

Viterbe est l'une des premières sur qui il
exerce ses forces; elle résiste et, pour résister,
elle favorise l'hérésie. Elle confie ses destinées
municipales aux patarins, catarrhes, appelés com-
munément vaudois. Innocent l'abreuve de malédictions : « l'odeur de votre putréfaction, écrit-il
à ses sujets, a infecté déjà toute les régions avoi-
sinantes; Dieu lui-même en a mal au cœur ».
Cette image plus saisissante que noble, n'émeut
guère les Viterbois qui font comprendre au pape
qu'ils tiennent peu à l'hérésie et beaucoup à l'autonomie. Innocent accourt à Viterbe, promet tout
ce qu'on lui demande et, en janvier 1207, il y
promulgue les décrets qui doivent extirper l'hérésie. Et ce qu'il offre à Viterbe, comme à toutes les
autres villes du patrimoine et des donations, dont
le mouvement émancipateur est parallèle à celui
de Viterbe, c'est l'ordre et la paix dans le sein de
l'Eglise romaine. Il réunit à Viterbe une assemblée
des abbés, comtes, barons, podestats et consuls du
domaine des Marches et de l'Ombrie et y formule
les règles qui doivent rendre la vie douce sous la
crosse. Le peuple, abusé de belles promesses, ter-
rifié des incursions féodales et des invasions impériales, se jette dans les bras du pontife et les
administrateurs de la cité deviennent les fonction-
naires de la Papauté. Non sans soubresauts, surtout
dans les Marches, où l'on voit Ancône songer à rentrer sous la domination allemande. Qui l'emporte ?

Dans la partie du patrimoine voisine de Rome,
c'est Innocent. Viterbe s'est tue définitivement.
La vieille ville lombarde rentre dans sa carrière
monarchique. Elle souffrira stoïquement, en 1210,

et sans se détacher, lorsque Otton de Brunswick viendra l'assiéger au cours de sa lutte avec Innocent. Dans le reste de l'Italie, reprend au contraire avec plus de vigueur que jamais la vieille querelle qui va se concréter sous les dénominations de gibeline et de guelfe. Il faut lire dans l'ouvrage de M. Achille Luchaire, *Innocent III*, le détail de la longue résistance de la terre de la donation. Partout on se refuse à l'emprise de l'Église : « L'esprit municipal, dit M. Achille Luchaire avec une lucidité remarquable des lois historiques, tendait partout à s'identifier avec l'esprit laïque. Les aspirations de la commune indépendante devenaient de plus en plus incompatibles avec la domination d'un chef religieux. »

Et voilà, toujours, éternellement, le vieil esprit républicain et fédératif des cités. En ce sens, M. Luchaire a bien raison de parler de « la faillite du pouvoir temporel ». Nous savons aujourd'hui qu'en effet ce pouvoir est failli. L'était-il en 1215 ? Le concile de Latran, réuni après que le futur empereur Frédéric est venu soumettre au pape, pour le comte d'Otton, tout ce que son père Henri VI avait si âprement défendu, le concile de Latran marque au contraire le triomphe de la papauté. Lorsque Frédéric II reniera ses promesses et recommencera la lutte, Innocent III sera mort depuis un an, en 1216.

Ces incidents de Viterbe ne sont que l'expression d'une même pensée poursuivie à travers les siècles, par tous les papes. A la fin du viiie siècle, la papauté, par l'organe d'Etienne II, se trouva interpréter le sentiment italien, lorsqu'elle appela les

Francs qui devaient débarrasser l'Italie des Lombards. La Rome de Pierre pouvait alors constituer son prestige le gardien de l'indépendance, de la liberté, l'indépendance vis-à-vis de l'étranger, la liberté vis-à-vis des tyrans intérieurs. Elle préféra se ranger parmi ceux-ci. Le résultat, ce fut Théophylacte. Grégoire VII mit de l'ordre dans cette anarchie, releva le trône pontifical de ces hontes. Il ne sut pas l'affranchir du rêve, déjà vieux, de monarchie. Et les destins temporels s'accomplirent.

L'Église catholique, c'est-à-dire universelle, devint une monarchie comme les autres, soumise, comme ses sœurs, aux fluctuations des trônes de ce monde, périssables, à leurs progrès comme à leur décadence et à leur disparition. Dante la nommait : « Celle qui est assise sur les eaux ». Il n'est pas de plus saisissante image. Ballottée de tempêtes en tempêtes, elle ne put les dominer et elle finit par sombrer, engloutie. Son rêve de domination spirituelle, au lieu de le poursuivre, une fois assurée de vivre, par ses armes religieuses, elle s'entêta à le réaliser par des moyens purement mortels. Elle semblait douter de sa propre expansion, et ne pouvoir se répandre dans les âmes qu'en tenant les corps. A tous les peuples elle prétendit dicter des lois humaines. La rupture de la Réforme et la résistance, respectueuse toujours mais toujours irréductible, de la France, ne l'enseignèrent pas. Et l'anathème de Dante à Constantin garde encore aujourd'hui sa force et sa justesse : « De quels maux fut la source, la dot que reçut de toi le premier pape opulent ! » Riche de trésors divins, l'Église ne pensa qu'aux trésors de ce monde et

elle s'épuisa à l'impossible tâche d'accumuler ceux-
ci. Le 20 septembre 1870, elle connut sa faute.
L'effort de tant de papes pour faire de l'Église
un royaume aboutit au royaume italien. Par la
porta Pia défoncée entra le roi laïc et sortit le monarque catholique.

L'Église connut sa faute ; l'a-t-elle comprise ?
Renan, dans sa tendresse pieuse, entrevoyait une
une Église délivrée des soucis matériels et prédisait
une renaissance catholique où l'Église, épurée,
s'épanouirait selon sa mission divine de gouverner
les âmes, présidant au beau domaine de la foi. Il
la voyait plus grande ainsi, lorsqu'elle aurait renoncé à tout souci de domination monarchique,
régnant exclusivement sur les cœurs. Autant que
la diversité des caractères peut permettre des
prévisions, il ne semble pas que l'espérance de
Renan puisse se réaliser. Au subtil Léon XIII a
succédé un pape qui a repris la vieille route acerbe,
purement romaine. Non, sans doute, Rome ne vise
plus à la domination séculière, du moins elle semble ne plus la réclamer que pour la forme. Mais
prenons garde que, ses vieilles mœurs despotiques,
ne pouvant plus les exercer sur les peuples, elle
les exerce avec une énergie plus grande sur les
fidèles. Ce qu'elle imposait autrefois aux empereurs, elle l'impose aujourd'hui au clergé et aux
membres de son église, une soumission absolue à tous
ses ordres, un renoncement complet à toute individualité nationale. Rome semble ne pouvoir abdi-
quer sa chimère et ce que la rigueur du siècle lui
interdit sur les citoyens, elle le pratique avec une
ardeur redoublée sur le pauvre peuple de ses prê-

tres. Dans le grand bouleversement social qu'a
été, est toujours et sera longtemps encore, la sé-
paration de l'Eglise et de l'Etat en France, elle n'a
voulu voir qu'une menace contre sa propre puissance monarchique. Et son système gouvernemen-
tal, elle le transporte tout entier dans le domaine
religieux. Elle se raccroche désespérément à son
despotisme, comme si l'oppression, l'écrasement
et la ruine étaient les seuls moyens de tenir les
âmes. Elle réduit le clergé français à la mendi-
cité, l'oblige à abandonner les biens qui l'auraient
nourri, les maisons qui l'abritaient, afin de le garder plus sûrement sous sa dépendance. Elle se
sent présente dans toutes les consciences, fût-ce au
prix de leur désespoir. Ce que Rome rêve, c'est
un clergé français raréfié, mais qui lui doive tout,
afin de prolonger sa suprématie. Rome, on commence à s'en rendre compte, verra avec satisfaction
nos curés chassés peu à peu, par le besoin ou la
violence, des églises, des presbytères. Elle cons-
tituera alors en France des « missions » où le prêtre
ne sera plus le frère par la naissance et par la con-
sanguinité des fidèles, mais un étranger sans attaches citoyennes et dont le seul lien sera celui qui le
rattachera à quelque congrégation dont le chef sera
romain. La France, pays de mission, voilà ce que
Rome veut, ce à quoi elle tend en défendant les
associations cultuelles, qui auraient permis aux
prêtres de vivre avec honneur et indépendance.

De fortes raisons, purement personnelles à la
France, l'y engagent, sans doute. Le clergé français n'a jamais été très romain. L'histoire religieuse
de notre pays n'est qu'une suite d'efforts, du côté

de la monarchie française, marchant d'accord **avec**
les prêtres français, pour rester national, du côté de
Rome pour réduire à l'obéissance passive rois et
clergé. Depuis le soufflet d'Anagni jusqu'à la décla-
ration de 1682, le clergé français a traversé les
siècles en s'affirmant indépendant de Rome. Il **a**
fallu la piété profonde de nos rois pour que le
schisme fût évité. Le Concordat rendit à Rome **le**
service de la garantir contre tout danger gallican.
Dès qu'un prêtre manifestait quelque velléité française, Rome faisait appel au bras séculier qui, peu
désireux de s'attirer des difficultés avec un pouvoir
dont il se servait pour sa politique intérieure —
toute l'histoire du second Empire en témoigne —
brisait le récalcitrant. D'où vient cette attitude sécu-
laire, indépendante de Rome, du clergé français,
il est facile de le savoir. Il vient de ce que, con-
trairement à ce qui se passe en Italie et en Allemagne, la France se forme et grandit sans que
Rome se mêle jamais de ses destinées. Les prêtres
français suivaient la France et, ne devant rien à
Rome, ne se sentaient avec elle que des attaches
spirituelles. Ils déniaient au pouvoir pontifical
toute puissance sur un temporel qui était l'œuvre
des rois. Enfin, la Sorbonne, la seule source théo-
logique où s'abreuvât le monde catholique, connaissait son prestige et il ne fallait pas lui demander de se reconnaître sujette d'un pape qui lui
empruntait ses canons. C'est en France que toute
la doctrine catholique s'est formulée. Rome ne fit
qu'adapter à ses ambitions et à ses commodités les
règles édictées par les savants français. La France
était doctrinale, Rome casuiste. Rome adoptait et

pratiquait ce que Paris avait rédigé. Jusqu'au Concordat, la France vécut ainsi dans l'indépendance matérielle soutenue par les rois, dans la supériorité intellectuelle consacrée par les décrets. Le Concordat rompu, le clergé français va-t-il vouloir refaire à Rome la loi ? Rome n'a vu que ce danger ; elle s'est hypnotisée sur ce péril et pour l'éviter elle prend nos prêtres par la famine. Elle leur crie très haut : « Je ne vous abandonnerai jamais ! Frappez à ma porte vous y trouverez toujours aide et subsistance ! » Elle dit la vérité ; cela est son plus cher désir que le clergé français soit obligé de lui devoir son pain. La faim remplacera le Concordat et les gouvernements. Et Rome obstinée dans son rêve monarchique, aujourd'hui comme autrefois ne pense qu'à garder des sujets. Elle veut des peuples et non des âmes. Elle transporte dans le monde religieux les mêmes préoccupations et continue à vouloir gouverner, comme autrefois, par la terreur et la servilité. La prophétie de Renan s'éloigne de plus en plus de toute réalisation. Le pouvoir spirituel se raccroche désespérément aux moyens temporels — au risque de périr lorsque les prêtres, qui sont de pauvres hommes, se lasseront enfin. Et se trouvera alors confirmée la parole de Juvénal : *Et propter vitam vivendi perdere causas.*

Un pape viendra-t-il qui réalisera la vision de Renan, d'une Église épurée, héritière de notre Sorbonne, gardienne de la doctrine sacrée et mère spirituelle ? Rien ne permet de l'espérer. Rome succombe sous le poids de son passé et l'effort qu'il lui faudrait faire pour s'en dégager paraît au-des-

sus de ses forces. J'ai pu, tout au long de ma
route, compter les ruines dont elle l'a semée. Elle
reste écrasée, étouffée sous leur poids. Ce n'est
pas impunément que l'on travaille avec un tel
acharnement à une telle besogne. L'exemple de
Pie IX, le « libéral » Pie IX, dit assez ce qu'on
peut attendre d'elle. La malédiction de Dante à
Constantia reste tout entière, implacable, douloureusement éternelle. L'Église a dévié de sa vraie
route, dès ses premiers pas. Et ce n'est pas dans
une Europe qu'elle a lassée et lasse chaque jour,
qu'elle trouvera demain, même si elle le voulait,
l'aide dont elle aura besoin pour reprendre le vrai
chemin.

Rome spirituelle et doctrinale, la Rome apos-
tolique et chrétienne a droit à tous les respects,
celui qu'on doit à toutes les aspirations les plus
élevées du cœur humain, même lorsqu'on ne les partage pas. La Rome que j'ai vu naître, grandir et
mourir depuis Pavie jusqu'à Modène en passant par
Orvieto, Bologne et Ancône, ne peut réclamer que
notre attention et notre jugement serein. Et lorsque, demain, j'entrerai à Rome, ce ne pourra être
que pour y trouver la synthèse pontificale de ces
arguments épars, ce ne pourra être que pour
y prendre, devant le spectacle de la monarchie prospère et triomphante, un regret de plus du beau
rôle fédératif et vraiment national que Rome aurait pu, aurait dû jouer.

TABLE DES MATIÈRES

IMP. DURAND
CHARTRES.

www.ingramcontent.com/pod-product-compliance
Lightning Source LLC
LaVergne TN
LVHW050306060726
842525LV00002B/425